経営者支配とは何か

日本版コーポレート・ガバナンス・コードとは

今井 祐 著

文眞堂

はしがき

本書が扱うのはコーポレート・ガバナンス論における「経営者支配の正当性論」である。この学問としてのスタートは比較的最近の、バーリ＝ミーンズ（Berle & Means）が一九三二年に出版した『近代株式会社と私有財産』が出発点と言われ、その後、P・スウィージー、R・A・ゴードン等によるコーポレート・コントロール論に続いていく。

バーリ・ミーンズは「経営者支配論、即ち、現代大企業はもはや株主＝会社所有者によって支配されているのではなく、所有者ならざる経営者によって支配されている」というあまりに衝撃的な主張を、アメリカ大企業二〇〇社の実証研究に基づいて行った。また、「所有者支配から経営者支配へ」という現象に伴う「支配の正当性（新しい支配者、経営者は正当な支配者か）」という支配の正当性論議に触れ、その原因として、経営者支配は、企業規模の大規模化、即ち、発行株式の増大が株式所有の分散化・流動化をもたらした結果、株主は支配力を失い、代わって経営者が支配力を持つようになったといわれている。

コーポレート・ガバナンス論の基本は「会社とは社会をよりよくすることに貢献するものであらね

ばならない」と思う。会社は、ともすると、利益極大化の観点から、個別最適化に走り易くなるが、コミュニテイ・市民社会から見て、日本国から見て、地球環境から見ての最適化の観点から見直すことが必要とされる。これは、「その会社に対する社会的コンセンサス（受認）なくして経営者による会社支配の正当性はあるのか」の問題でもある。

そもそもコーポレート・ガバナンスの〝Governance〟は「統治する、支配する（人々の行動を）左右する」といつた意味を持つ〝govern〟から派生した言葉である。語源はギリシャ語の〝kubernan〟で、これは「船の舵を取る」を意味している。一三世紀ごろから「権威を持って支配する」との意味を持つようになった。この「権威を持って支配する」の「権威（正当性）とは何か、誰が権威（正当性）をあたえるのか、どうすることによって権威（正当性）は与えられるのか」を考えるのが本書の目的である。

企業は生き物であり、新しい動きが日々世界中で展開されている。従って、最近のデータによる検証をおこなわないと方向性を見誤る可能性がある。古いデータに基づく結論が陳腐化している場合も見受けられる。

序章「経営者支配の正当性とは」では、二〇一一年一月の第九回法制審議会会社法制部会における社外取締役の義務化に関わる議論で、「経営者支配の正当性の根拠」即ち「経営権の権威の拠りどころ」を巡って激しく且つ啓発的議論があった。

第1部「コーポレート・ガバナンスの基礎知識と事例研究・歴史」では、第1章で「コーポレート・ガバナンスの基礎知識」を学び、その知識を基に、第2章「川崎重工等における社長解任事件における取締役会決議の正当性」において、コーポレート・ガバナンス機能の中で、究極のガバナンスである取締役会の監督機能（会第三六二条）、即ち、暴走トップが現れた場合や業績が上がらないが長期に居座る経営者がいた場合にどうするかについて、六社の社長解任に関わる事例研究を通して、その解任を決めた取締役会決議の正当性等を検証する。その結果、多くの我が国のコーポレート・ガバナンス上の問題点がクローズアップされてくる。それらの問題の答えは第2部「コーポレート・ガバナンス理論と経営者支配の正当性付与の条件」の中に出てくる。また、我が国のコーポレート・ガバナンスの議論には米国のコーポレート・ガバナンスの歴史から多大な影響を受けている。したがって、次に、第3章「米国のコーポレート・ガバナンス」で米国の歴史を学ぶ。これは、正に、エンロン、ワールドコム、リーマン・ブラザース、ジェネラル・モーターズ（GM）等の経営破綻とその反省としての再発防止のための法案や規則の成立・実施の繰り返しである。

第2部「コーポレート・ガバナンス理論と経営者支配の正当性付与の条件」では、第4章「コーポレート・ガバナンスにおけるエージェンシー理論」と第5章「コーポレート・ガバナンスにおけるスチュワードシップ論」を述べている。これらはコーポレート・ガバナンス論における中核的理論であり重要である。ジェンセン＝メックリング（Jensen & Meckling：1976）のエージェンシー理論で述べているように、株主と経営者との間のエージェンシー関係において、経営者は株主の単なるエージェントとはみなされない。そこに「経営者支配の正当性」が問われる意味がある。また、株主構成で主流となりつつある国内外の機関投資家が「日本版スチュワードシップコード」を実施する時に必要とされる、会社のあるべき姿を示す「日本版コーポレート・ガバナンス・コード案」を本書は提言している。これも本書の「経営者支配の正当性付与の条件」の一部を構成している。次に、第6章の「経営者支配の正当性の根拠」では、難解さで有名なチェスター・バーナードの「権限受容説」、「道徳的リーダーシップ（Moralistic Leadership）」、やA・A・バーリーの「経営者良心」論、「社会的合意（public consensus）」論、P・ドラッカー論に対する三戸公教授の批判論、奥村宏教授の「所有の盗奪」論、に加え、「会社はだれのものか」にも敷衍していく。第7章本書の「経営者支配の正当性論」は第6章を踏まえての、本筆者の考え方として「経営者支配の正当性付与の条件」を提言している。第8章「日本航空（ＪＡＬ）の再建に見る、稲盛経営哲学の普遍性」は第7章「本書の経営者支配の正当性付与の条件」を実現した事例研究として「稲盛和夫の道徳的リーダーシップ（チェスター・バーナードによる呼称）によるＪＡＬの再建」を取り上げた。

第2部「独立社外取締役の必要性と取締役会構成の多様性・専門性」は第5章で提言した「日本版コーポレート・ガバナンス・コード案」と第7章で提言した本書の「経営者支配の正当性付与の条件」に関連しており、これらなくして両提言は成立しない。

第9章藤田（二〇一〇）の「独立取締役制度の是非」と第10章「米国における独立取締役の構成比」は藤田論に対する筆者の意見である。

第11章「フィルムの巨人コダック社凋落の真因」はその原因の一部に本書がこれまで取り上げてきた「行き過ぎた株主主権論と取締役会構成上の問題点等」が含まれた事例研究である。

第12章は「多様性、専門性のある取締役会構成」は、独立性以外に、グローバル企業との競争に際し、いま正にこれが求められている。その中で「米国ゼロックス社の快挙」を事例研究として取り上げ、二代にわたる女性ＣＥＯの登用（Gender Diversity）の成功事例として解説する。

第4部「本筆者の意見・提案のまとめ」は最後の、第13章として「全体としての本筆者の意見・提案のまとめ」を行っている。

本書の中で、一三の事例研究を諸説の裏付けや参考のために説明・解析している。コーポレート・ガバナンス論は単なる空理空論であってはならない。そして、第1章、第4章、第6章には、研究者あるいは学説が網羅されているが、随所に「まとめ」を設け、本書の主張・意見をのべている。とりわけ、後半の第8章～第9章、及び第11章～第13章は殆ど本書の意見・提言が中心となっている。特に第13章は全体のまとめとしての主張・提案である。又、随所に経営倫理学者の理論も紹介している。何故ならば、コーポレート・ガバナンスは制度とその運用と経営者の資質（倫理観等）の三位一体の改革・良化がなくてはならず、どれが欠けてもうまく行かない。やはりコーポレート・ガバナンス論の基本は「社会をよりよくすることに貢献する会社」の追求であらねばならないと思う。「経済なき道徳は戯言である。道徳なき経済は犯罪である（二宮尊徳）」を肝に銘ずるべきである。

最後に本書を執筆するに当たっては、浜辺陽一郎青山学院法科大学院教授及び神谷隆史元理科大学大学院総合科学技術経営研究科教授から、ご助言をいただき真にありがとうございました。また、高橋浩夫白鴎大学大学院経営学研究科教授、水尾順一駿河台大学経済経営学部教授、西藤輝元中央大学大学院総合政策研究科客員教授から、関連する論文や著書をいただき、誠にありがとうございました。記して感謝申し上げます。また、河野大機東北大学教授は我が国におけるチェスター・バーナードの研究者の第一人者の一人であると共に、我が母校の一橋大学雲島ゼミの後輩であり、まだまだ多くのことを教えていただかねばと思っていた矢先、先年、急逝され誠に残念の極みであります。

また、本著書を出版するに当たって、文眞堂の前野隆専務取締役及び前野弘太編集部兼情報システム課長の両氏をはじめ多くの方々から、多大なるご協力を賜り、真に感謝申し上げます。

なお、文中引用の学者名は同姓の方々が複数登場する場合や複雑な名称の方々のみフルネームで紹介し、他は苗字のみにしております。詳細は巻末の参考文献を参照してください。

二〇一四年六月三〇日

今　井　　祐

目　次

序章　経営者支配の正当性とは

1　はじめに

二〇一三年六月一三日川崎重工（以降「川重」と略す）が取締役会で長谷川聡社長（当時）を解任し、三井造船との経営統合交渉を白紙撤回した。同一三日の取締役会時、「川重」には社外取締役が全く存在しなかった。本件に関し、早稲田大学上村達夫教授は

「取締役会で前社長を解任した一三日の時点では社外取締役はおらず、これでは対外的な説得力が乏しい。社内取締役だけの、会社だけの内輪もめと思われてしまいがちだ」「代表取締役解任のように重大な経営判断をするときや危機的な状況に陥ったとき、社外取締役の存在が生きてくる。訴訟を起こされた場合などもそうだ。社外取締役は株価の引き上げや、配当を増やすために招くものではなく、経営の正当性の根拠（傍線は筆者挿入）を強めるところに最大の意義がある」（中略）「経営陣が経営の目的、ミッション（使命）を実現しているかチェックするのが社外取締役の仕事

だ。使命が実現する立派な経営をしていれば結果的に株主の利益になるが、『株主のため』に経営しているというのは順序が逆だ」(『日本経済新聞』二〇一三年六月二二日)と述べている。

日本経済のグローバル化に対応し、我が国企業経営の効率性・公正性・社会性を確保するため、国際的に確立したコーポレート・ガバナンス体制を実現することが喫緊の重要課題である。二〇一一年一〇月二〇日の英紙フィナンシャル・タイムズは社説で「オリンパスで発生している危機は日本の Poor Corporate Governance の産物である」と論評した。また同紙は、二〇一三年一〇月二九日に「ジェパニーズ・マフィア・スキャンダル」との見出しで、佐藤康博みずほ銀行頭取が記者会見で陳謝する写真を大きく掲載した。翌日の三〇日の「日経電子版」では「先ずはコーポレート・ガバナンスの仕組みを変えることだ。今度のみずほ銀行の不祥事では、監査役の存在意義がいかに小さいかが浮き彫りになった。社外取締役の導入義務付けはもはや避けられない」と述べている。

因みに、米国の調査会社GMI(二〇一〇年九月二七日時点の調査)によると我が国の世界コーポレート・ガバナンス・ランキングは三六位で中国より低い(社外取締役の数等を基準にしている。中国企業の不正会計疑惑を考えると正確性には疑問あり)。

これらの事件が起こる前から、我が国のコーポレート・ガバナンスに対する欧米からの批判は強かった。二〇〇八年五月、ACGA(Asian Corporate Governance Association)など共同提案機関は「日本におけるコーポレート・ガバナンス白書」(White Paper on Corporate Governance in Japan)をまとめ「独立した立場からの経営陣の監督」等の提案をおこなった。これは単にアジアの代表(九三団体）による提案ではなく、米国三団体、英国四団体、オランダ、カナダ等の一一の機関投資家が共同提案機関として参加した、まさにグローバルな提案である。続いて、二〇〇九年一二月には、「日本におけるコーポレート・ガバナンス改革の提言」（Statement on Corporate Governance Reform in Japan）を発表し「監査役との比較における独立取締役の役割」を提案し、KANSAYAKUの機能が分かりづらいと述べた。その上、民主党の政策集で「公開会社法案」が取り上げられたこと等を受け、二〇一〇年四月二八日、千葉法務大臣は法務省法制審議会会社法制部会（以下「法制審部会」と略す）を、岩原紳作東京大学教授を部会長にして、会社法の見直しを開始するよう要請した（諮問第九一号）。「法制審部会」は二〇一二年八月一日まで延べ二四回開催され、「社外取締役の義務化」は盛り込まれなかったが、「会社法改正の要綱案」として纏め、同年九月七日に法相に答申した。二〇一三年の秋の臨時国会に提案され、二〇一四年一月二四日から開催された通常国会で審議され、同年四月二五日衆議院を通過し、今国会で成立する見通しである。

2　第九回「法制審部会」における社外取締役義務化に係わる議論(1)
（平成二三年一月二六日開催）

(1)　第一読会における議論

この「法制審部会」の第九回で、第二読会が開始されたのであるが、これに先立ち、「社外取締役の義務化」の当否に関する第一読会の議論のまとめを岩原部会長がおこなっている。そのあらすじは次のごとくである。

① **立法事実に関する議論**

・社外取締役の強制といった制度改革を行う必要について立法事実を確認する必要がある（八丁地委員、田中幹事等）。

・他国企業と比べた日本企業のパーフォーマンスの悪さは、経営のあり方、コーポレート・ガバナンスにも由来しているのではないか、一般株主の利益が軽視されていることに原因があるのではないか（濱口委員等）。

・そういったことを改善するため日本の会社のガバナンスの在り方を改革する必要があるのではないか。

・日本企業のROAは英米企業の三分の一程度であり、業績が悪くても経営トップの交代が行われない。このことに対する、とくに海外の投資家の不満が非常に強い（静委員等）。

・経営のパーフォーマンスの悪さが目に見える形で出ているときに、会社内部者だけで構成されている取締役会で、経営トップを交代させることが難しいのではないか（神田委員、田中幹事等）。

・ガバナンスの改革を、主に利益相反の監督機能の充実という観点から検討すべき（荒谷委員等）。

② **こういった問題に対処するため法的措置を行うべきか**

・各企業の自発的な努力に任せるべきであり法的に一定のガバナンス体制を強制することは適当ではな

いという意見。

・株式持合いなど現状の日本企業のガバナンスを前提にすると事実上の経営者支配になっていて、各企業の自助努力で改革していくのは難しいので法的に一定のガバナンス体制を求めることはやむを得ないという意見。

③　具体的な規制内容は？

・一人の社外取締役の設置強制だけでは改革の実効性に疑問があるという慎重論。

・一人では不十分としても社外の目が入るということそれ自体に意義があり、更なる改革へのきっかけになるとする積極論（静委員、前田委員、神作幹事等）。（後略）

(2)　第二読会における「経営者支配の正当性とは」

①　経団連意見

続いて第二読会に入り、八丁地委員（経団連）欠席により意見朗読。

・社外取締役の選任の一律的な義務付けは各企業の規模・業種・業態に適したガバナンス体制の構築を制約する。社外取締役の選任の要否は各企業が自主的に判断すべき。

・法的に社外取締役の選任を義務付けるのなら（事務局資料にいう期待される）機能は社外取締役でなければ担うことができないとの明確な根拠が必要。

・監査役会設置会社において、社外取締役の選任の義務付けは必要ない。

② 上村委員（早大）の意見

その後、これに対する賛否両論が縷々出るが、この内、特筆すべき、上村委員（早大）の意見を掲載する（傍線は筆者挿入）。

・私はコーポレート・ガバナンスとは何ですかと言われたら経営権の根拠をいかに説明するかという話であろうと答える。あるいは会社支配の正統性の根拠とでもいおうか。
・これまでは会社の所有者である株主から選ばれた取締役なのだから、私には権威があるという説明がせいぜいではなかったか、一種の血統書探し。
・ところが実際大事なことは選ばれた直後でも正当な理由なく解任されるし、実際はそのことが決定的な権威をもたらすわけでもない。むしろ、その後いろいろチェックを受け続けるわけで、その様々なプロセスの権威が大事。自分に対して牽制的な機能を持つガバナンス・システムの担い手たちが今、経営者を信任しているという事実こそが経営権の権威のよりどころだと思う。（中略）
・八丁地委員の意見書を見ると、要するにガバナンスというのは企業が自主的に決めるものだとされている。つまり、自分たちの経営権の根拠がなにかという話ではなくて、根拠は俺たちで決めるのだ、といわれているように聞こえる。ということは、要は何の制約もないのが一番望ましいが、うるさいからやるか、みたいな感じすら受けてしまう。
・経営による会社支配を根拠付けるシステムとは何かを論ずることが大事なので、それを経営者が決めるんだという言い方で通用するのか。私は経営者の方のセミナーがあると、自分の経営権の根拠は何か二〇分で書いてくださいと申し上げることがあるが、まず書ける人がいない。結局ガバナンス・システムが合理的なものとして設計されていれば、そうしたシステムが経営トータルに信任している、いざとなれば違法行為、不正行為があればチェックできる人たちが信任しているということ自体に権威のよりどころがあるのだと思う。

・実証研究についてのお話があったが、株価が上がるのはプラスの評価だが、株価が下がるような状況でも社外取締役がいる会社は訴訟になったとき強いシステムだし、ひどい状況こそ社外取締役の出番かもしれない。社外取締役がいるから果断なことができることが大事。

・日本企業は株主のうち法人が占める比重が非常に高い。循環的な持合いも相当残っている。個人は二割ぐらい。機関投資家も余り育ってない。そういう意味で、日本の企業は、欧米のような市民社会の目を意識した場合の社会的な正当性の根拠が著しく弱い。今のグローバルなマーケット・システムの下で資本市場を大いに活用していく時代に過去の法人中心社会の正当性はもう強調できなくなってきている。

・そう考えると日本の経済界の発言権の根拠は現時点では他のどの国よりも低くて弱いと思う。経済界としては、とおっしゃるその経済界の権威自体が揺らいでいるのではないか。（後略）

(3)　まとめ

以上は現在の我が国のコーポレート・ガバナンス上の問題点を的確に表現している。会社支配の正当性とはなにか、経営権の権威とは何か、経営者のおごり、欧米の市民社会の目を意識した場合の社会的な正当性の根拠とはなにか、などの問題点を理解するために、先ず、コーポレート・ガバナンスとは何かの基礎知識を解説し、次に、コーポレート・ガバナンスの究極の目的である、取締役会による監督機能（会第三六二条）の発揮事例を検証する。即ち、川崎重工、オリンパス、日本振興銀行、三洋電機、JAL、三越、などの社長ないし会長の解任劇にまつわる取締役会ないし執行役会における解任決議の正当性はどこにあるのかなどの論点整理を行い、その問題意識を持って、以降の章に入っていただきたい。即ち、バーリ＝ミーンズ（Adolf Augustus Berle, Jr./Gardiner Coit Means）が一九三二年に著した『近代株式会社と私有財産』（*The Modern Corporation and Private Property*）を起点として、その後、約一世紀に及ぶ、大企業の所有と支配論、株主主権論とステークホルダー論、エージェンシー理論、英国のスチュワードシップ理論と金融庁による「日本版スチュワードシップ・コード」等を踏まえ、本書による企業向け「日本版コーポレート・ガバナンス・コード案」の提言を行う。次に、会社はだれのものか、会社支配の正当性の根拠（経営権の権威の拠り所）などについての系譜を辿り、本書における「経営者支配の正当性付与の条件」を提言する。また、藤田理論（二〇一一）の「社外取締役不要論」などへのコメントを幾つかの事例研究を交え解説し、最後に全体のまとめとして、著者の意見・提言を述べ、「社会をよりよくすることに貢献する会社」とは何か、について論じてみたい。

注

（1）「第9回 法制審部会」議事録、一～二頁、「会社法制部会資料9」、一～三頁、Bizlaw_style 会社法、二〇一一年三月二九日記事参照。

第1部　コーポレート・ガバナンスの基礎知識と事例研究・歴史

第1章　コーポレート・ガバナンスの基礎知識

1　コーポレート・ガバナンスの言葉の由来

コーポレート・ガバナンスという用語は用いられてないが、コーポレート・ガバナンス理論の萌芽は一九三二年のバーリ＝ミーンズが、著書『近代株式会社と私有財産』を著し、「所有と経営の分離」を伴う近代株式会社の問題点に言及したことからスタートしていると言われている。菊澤（二〇〇四）によると、一九六〇年代になると「ガバメント（government）」や「ガバナンス（governance）」という用語が登場してきた。より具体的にいえば、イールズ（R. Eells）の著書 *The Government of Corporations*（Free Press, 1962）によって、はじめて、贈賄・公害問題等を多発させた企業経営をめぐって、ガバメント（政府の介入を求めた）という言葉が用いられたのである。

そもそもコーポレート・ガバナンスの〝Governance〟は「統治する、支配する（人々の行動を）左右する」といった意味を持つ〝govern〟から派生した言葉である。語源はギリシャ語の〝*kuberman*〟で、これは「船の舵を取る」を意味していた。それがラテン語に入って〝*gubernare*〟となり、さらに古代フランス語の〝governer〟を経て英語にたどり着き、一三世紀ごろから「権威を持って支配する」との意味を持つようになった[1]（吉村：二〇一二）。この「権威を持って支配する」の「権威（正当性）とは何か、誰が権威（正当性）をあたえるのか、何によって権威（正当性）は与えられるのか」を考えるのが本書の目的である。権威を正当性と読み替えても良い。

日本の新聞紙上に（コーポレート・ガバナンスという言葉が―筆者挿入）初登場したのは『日本経済新聞』であり、当時、一橋大学教授の竹内弘高の論文においてであった。ただし当時は「コーポレート・ガバナンス」の後に括弧書きで「企業統治」なる訳語が当てられている。これが登場したのは約二〇年前の一九九一年五月一三日のことであった[2]。企業統治なる用語に対し、企業は範囲が広すぎる。企業とは「継続的・計画的に同種の事業活動を行う独立の経済単位」であると定義される[3]。私企業には法人格のない「個人企業」という企業形態で事業を営むものもある。そこには統治の問題は存在しない。したがって、「株式会社統治」ないし「会社統治」と呼ぶべきであるとの論（加護野・吉村：二〇一〇）には説得力がある。

Management（企業経営）についても触れておくと「その語源はラテン語で『手で御する』を意味するmanusからきており、イタリア語では『馬を乗りこなす』という意味がある。経営とは人（社員）を動かして事業を行うことなのです」（久保田：二〇一三）。また、「経営とは、他人を通して事をなす」こと、つまり〝Doing things through others〟なのである」（伊丹：二〇一三）。

Corporate Governance（企業統治）とManagement（企業経営）とは、特に我が国においては、監督と業務執行が重なり合う部分が相当ある。いわば、マネジメント・ボードとでも言うべき性格を有しているのが通常である（藤田：二〇一三）。即ち、我が国の会社法では、取締役は、定款に別段の定めがある場合を除き、株式会社（取締役会設置会社を除く）の業務を執行する（第三四八条）。また、取締役会は、次に掲げる職務を行う。一．取締役会設置会社の業務執行の決定、二．取締役の業務の執行の監督、三．代表取締役の選定及び解職（第三六二条の②）。また、次に掲げる取締役は、取締役会設置会社の業務を執行する。一．代表取締役、二．代表取締役以外の取締役であって、取締役会の決議によって取締役会設置会社の業務を執行する取締役として選定されたもの（第三六三条）である。我が国の会社法は上記の如く「業務執行」なる文言が随所にでてくる。我が国は明らかにアングロサクソン型の監督を中心としたモニタリング・モデルの取締役会ではなく、業務執行と監督が明確に分離されていないので、取締役会では取締役は業務執行をやりながらお互いに監督も行わなければならない二足のわらじを履いていることになる。モニタリング・モデルに関する、米国における発祥については第10章の3「米国における社外取締役の過半数の起源」、及び世界の趨勢については、この章の3「我が国及び欧米におけるコーポレート・ガバナンスの主権者の推移」の２）を参照されたい。我が国においても、モニタリング・モデルについて、「法制審部会」の第一九回、部会資料二一の五頁、及び第二一回議事録の二一頁で中心的に扱われており、法律とは別の考え方が会社法学者間で主流となりつつある。いずれにしても、Corporate Governance（企業統治）が Management（企業経営）の上位概念であることは間違いない。

まだ広く人口に膾炙する段階に至ってないが、最近の新しい動向にも触れておく。ISO26000は二〇一〇年一一月に九九カ国（先進国三一カ国、新興国・途上国六八カ国）、六ジャンルセクター（消費者、政府、産業界、労働、NGO、学術研究機関他）から四七〇人以上のエキスパートが参加し、作業部会において五年以上の歳月をかけて、まとめ上げられたものである。

田中（二〇一二）「国際規格ISO26000とCSR経営」によると、組織統治（Organizational governance）なる用語が使用されている。「ISO26000における、組織統治とは、組織がその目的を追求する上で、意思を決定し、実施するときに従うシステムのことである。効果的な統治は、説明責任、透明性、倫理的な行動、ステークホルダーの利害の尊重、法の支配の尊重、国際行動規範の尊重及び人権の尊重の原則を、意思決定及びその実行に組み入れることを基本とすべきである。ポイントとして、

①　組織として意思決定すること

②　他の中核主題（人権、労働慣行、環境、公正な事業慣行、消費者問題、コミュニティへの参加・発展）の土台であること

実践事例として、

①　コンプライアンスの推進で社会の要請に応える

②　ガバナンス（組織統治）の推進による企業価値の向上などが含まれる」と述べている。

組織統治は企業統治を包含する概念である。

組織統治とは企業だけでなく、行政、大学、病院、NPOなど全て（国家を除く）タイプの組織体を

対象としたガバナンスのことである。特に近年、大学や病院のガバナンス問題が社会的に注目されている。

したがって、ＣＳＲ（Corporate Social Responsibility）も企業に限定されず、対象となる組織体を特定しないので、ＳＲ（Social Responsibility）に統一されている。

我が国の企業についていえば、ＫＤＤＩ、リクルートＨ／Ｌ、東芝、凸版印刷、ソニー、オムロン、武田薬品、日本写真印刷などの企業が「組織統治」なる用語を既に使用している。前二社のホームページでは組織統治の名の下にトップメッセージとかＣＳＲマネジメントとかコーポレート・ガバナンスの項目を順次置いている。それ以外の会社でもＣＳＲレポート等において、ISO26000比較対照表の「組織統治」の項目に経営理念、トップメッセージ、ＣＳＲマネジメント、コーポレート・ガバナンスなどを包含している企業が多くなってきている。

また、「経団連」は企業行動憲章（二〇一〇）の序文で「近年、ISO26000（社会的責任に関する国際規格）に代表されるように、持続可能な社会の発展に向けて、あらゆる組織が自ら社会的責任（ＳＲ：Social Responsibility）を認識し、その責任を果たすべきであるとの考え方が国際的に広まっている」と述べている。なお、ISO26000の幹事会に相当する「議長諮問委員会」の委員に、日本からは「経団連」関係として富田秀美（ソニー）と「連合」元経済政策局長の熊谷謙一、両氏が参加した。

2　コーポレート・ガバナンスの定義

株主主権論、従業員主権論、ステークホルダー論、狭義と広義まであり、考え方が学者により多岐にわたる一〇人の学者・研究者に登場していただくが、それぞれにコーポレート・ガバナンスの定義が異なる。

(1)　宮島英明等一〇人によるコーポレート・ガバナンスの定義

① 宮島英明論（二〇一二）『日本の企業統治』、二頁

田中亘（二〇一三）は『月刊監査役』No. 612（二〇一三年四月二五日）でコーポレート・ガバナンスについて、有力な見解として、宮島（二〇一一）の「ステークホルダー全体の経済的厚生の増進を図るために経営者を規律付ける制度的な仕組みのデザイン」なる定義を紹介している。宮島（二〇一一）は『日本の企業統治』で、これを次のように解説している。即ち、

「その（コーポレート・ガバナンスの―筆者挿入）具体的な目的を長期的な企業価値の最大化にあると捉える。従って、有効な企業統治の評価の基準は、権限の配分、モニター、報酬制度などの仕組みによって、各企業構成員（経営者、中核的従業員）の人的資本水準（技能や熟練度の水準）

や、勤労意欲の動機付けの水準が、長期的な企業価値を最大化するようなレベルとして達成されているか否かにある」

と小佐野（二〇〇五）を引用しながら述べている。

② 伊丹敬之論（二〇〇〇）**『経営の未来を見誤るな―デジタル人本主義への道』及び『日本型コーポレート・ガバナンス―従業員主権企業の論理と改革』**

「人本主義とは、資本主義に対照する意味の私の造語である。（中略）人本主義はヒトが経済活動のもっとも本源的かつ希少な資源であることを強調し、その資源の提供者たちのネットワークのあり方に企業システムの編成のあり方の中心的原理を求めようとする考え方である」（前書の七一頁）。

「経営者監査委員会による次期経営者候補の選定とコア従業員によるその信任投票という牽制のシステムを構想している」（後書の二五七頁）。

「指名委員会ではなく監査委員会となっている理由は、経営者チェックの三つの条件（情報、コミットメント、逆操作耐性）のうち、情報的条件を整備する効果を経営者監査のプロセスが持っているからである」（二六七頁）

と述べている。さらに曰く、

「企業の競争力の源泉は何か、誰が担っているのか、を考えてみれば、コア従業員が競争力の源

図表 1-1　４つの企業統治機関

出所：伊丹（2000），293 頁。

泉として株主より優位にあるは、自明であろう。（中略）労働サービスの企業特異性と柔軟性という労働サービスのそもそも持っている本質と、日本の労働市場と資本市場の環境状況、という二つの観点からコア従業員と株主を比べた場合、企業にとって本質的貢献の重要度という点からコア従業員のほうが高いのが一般的である」と述べている。更に、「企業活動へのコミットメントにおいてもコア従業員のほうが大きいし、リスク負担においても、従業員の賃金のかなりの部分が利潤分配的な色彩を持っているときには、従業員もまた株主と同じようなリスクを負担している。業績悪化による解雇のリスクも大きい。その企業に注ぎ込んだ過去の時間とエネルギーの大半が無になってしまう。（後略）」（九六～一〇〇頁）
と述べている。

これら等からコア従業員の方が株主より主権者たるにふさわしいと述べている。

③　加護野忠男論（二〇一〇）加護野・砂川・吉村『コーポレート・ガバナンスの経営学』、四頁

「会社法や主流派の経済学は、株主の合理的な期待や要求に沿った企業経営を主眼とする。本書では、こうした経営を『良い経営』とは必ずしも判断しない。経営学を論ずるもの（特に日本）の多くは株式会社企業を、それ自体としての存在意義をもつ社会的制度とみなしてきた。誰のために存在しているわけではない、誰のものでもない、という『会社制度観』あるいは『独立制度観』と呼ばれる会社観を持ってきた。会社観とは、会社をどのような存在とみなすかという立場である。経営学では、米国や英国では主流とされている『会社用具観（手段観）』、そのなかでも株主だけのために会社が存在しているとする『株主用具観』では、会社を捉まえてはこなかった。そして、株主が『一元的』に統治の主役の座にあるとは考えてはこなかった。多様な利害関係者が『多元的』に統治に関わるべきであり、そして実際に関わってきたと考えてきた」

と述べている。

④　**ガブリエル・オドノバン論（佐藤剛（二〇一〇）『金融危機が変えたコーポレート・ガバナンス』、九三頁、原典：Gabrielle O'Donovan（2003）,** ***A Board Culture of Corporate Governance*****）**

「会社は長期に亘る戦略的目的であるビジョンを達成することを目的に、経済的価値、精神的価値を生み出し、株主、債権者、従業員、顧客、サプライヤー等のステークホルダーを満足させるために経営活動を行っている。コーポレート・ガバナンスはこうした経営活動を効果的に行う為の経営の構造を作り、運営し、管理するシステムである。そしてこのコーポレート・ガバナンスのシステムを経営が高い倫理観のもとで法規則に従い、環境や地域社会のニーズを満たすことを担保するものでなくてはならない」

と定義している。

⑤ **高橋浩夫論**（二〇〇一）「**日米におけるコーポレート・ガバナンス問題の背景と本質**」『**中央大学企業研究所年報**』、一九〇頁）

「近年の日本企業のグローバリゼーションの進展の結果として外国人株主からの影響力も直視しなければならない。外国人株主はステークホルダーの一つとしてその最大のプレッシャーになるであろうし、この他にも消費者、従業員、地域社会からの会社への様々な要求がある。これからの企業はステークホルダーから、それもグローバルな経営の中で考えるステークホルダーに応えるコーポレート・ガバナンスのあり方を構築してゆかなければならない。それに応えながら企業価値を高めていくための経営者へのガバナンスのあり方がコーポレート・ガバナンスの本質であろう」。

⑥ **水尾順一**（二〇一三）『**セルフ・ガバナンスの経営倫理**』、一六五頁

コーポレート・ガバナンスとは、

「適法性と倫理性を踏まえた企業が、その存続と発展を前提として、顧客、従業員、経営者層、株主、取引先、広く市民社会や環境主体も含めた多様なステークホルダーとの協働を通じて、創造

する付加価値の適正配分を行う制度的枠組み」と定義している。

⑦　**出見世信之論**（二〇〇八）日本経営倫理学会編『**経営倫理用語辞典**』（一執筆者の一人）、一〇〇〜一〇一頁

「企業統治と訳されることが一般的である。狭義には株主と経営者との関係と会社機関構造を意味するが、広義には企業とその利害関係者（ステークホルダー）との関係を意味し、『会社は誰のために存在するのか』という問題にも関わってくる。「所有と経営の分離」の下で、経営者をいかに牽制するかという問題に関わってくる」。

⑧　**宮川寿夫論**（二〇一二）『**配当政策とコーポレート・ガバナンス**』、**五〜六頁**

「本書は企業の所有権は株主に帰属し、企業の目的は所有者である株主の価値最大化にあることを動かせない前提としている。これに対して企業は株主のためだけではなくステークホルダー全体の利益のために経営されるべきとの考え方が存在する。本書ではその考え方に正面から異を唱えるわけではない。（中略）企業は株主の所有権のもと株主価値を最大化するというのは仕組みを活用するためのルールである。時代の流れや経済環境に順応するよう企業は変遷する。しかし、その度に企業の支配権の所在や目的が同じように変わってしまうのではなく、所与のルール化で強調すべ

きものや補うべきものを考察すべきではないであろうか。（中略）そもそも株主というのは特定の人間を指しているのではなく企業という仕組みを成り立たせているための機能を意味しているに過ぎない。ステークホルダーのうち誰の利益を優先するかといっても、人は従業員であるとともに株主でもあり、株主であるとともに顧客や取引先でもある」

と述べている。

⑨　**富永誠一論（二〇〇九）日本コーポレート・ガバナンス・ネットワーク協会『独立社外取締役』、二頁**

「株主が求める「経営監督機能」を第一に考えないと収拾がつかなくなる。そのため、本書ではもっぱら狭義のコーポレート・ガバナンス、すなわち「株主・取締役会・経営者の関係」についてとり上げる。これらの三者が適度な緊張関係を築き（取締役会の規律付け）、長期的な視点から企業価値の継続的な向上、毀損防止を目指すためのシステムであると位置づける」。（注：当協会の理事である若杉敬明論に近似している。）

⑩　**若杉敬明論（若杉・矢内（二〇〇〇）『グッドガバナンス・グッドカンパニー』、一一七〜一一八頁**

「企業が基本的にどのように支配ないし統制されているかという状態をコーポレート・ガバナン

ス（企業統治）という。（中略）大きな株式会社であれば、実際の企業活動を支配しているのは経営者である。株式会社のコーポレート・ガバナンスとは『株主が、株主が決定した企業目的を実現するように経営者を牽制すること』」と定義される。

(2) まとめ

一〇の論をまとめて紹介したが、多数決をとっても意味をなさない。ガバナンスの主体については、ステークホルダー論からスタートし、株主主権論の順序で並べたが、その中間に狭義と広義で使い分けている論があり、かつ従業員主権論も存在する。法学関係（会社法では株主の合理的期待に応えることが企業統治の目的と考えられている）や主流の経済学（エージェント理論に基づきプリンシパルである株主の意思を経営に反映することが企業統治の目的と考える――第4章参照）、特に金融論関係には株主主権論者が多い。実態論からより多面的に考える経営学や経営倫理学関係にはステークホルダー論者が多い傾向がある。この問題は第3章の3「株主主権論かステークホルダー論か」及び第6章の7「会社はだれのものか」で更に詳しく論じ、最後に、第7章の6で「本書におけるコーポレート・ガバナンスの定義」を述べる。次に「我が国及び欧米におけるコーポレート・ガバナンスの主権者の推移」を纏めておくので参考にされたい。特に我が国及びドイツ、フランスの状況は一五年～二〇年前の状況とは様変わりしつつあることを以下で示しておく。

3　我が国及び欧米におけるコーポレート・ガバナンスの主権者の推移

(1) 我が国における資本主義の始まりと主権者の推移

我が国の「資本主義の父」といわれたのは渋沢栄一である。彼は一橋家家臣・平岡円四郎の推挙により一橋慶喜に使え、一八六七年パリで開かれた万国博覧会に、一橋慶喜の名代として出席し、これを成功裡におわらせ、同時にヨーロッパ各地を視察し、見聞を広めた。帰国後、フランスで覚えた株式会社制度を実践し、五〇〇以上の会社等を興した。第一国立銀行、東京瓦斯、東京海上火災保険、王子製紙、秩父セメント、麒麟麦酒、東京証券取引所、東京商法会議所（後の日本商工会議所）、日本赤十字社、などである。教育にも力をいれ一九一四年に商法講習所（現一橋大学）設立、如水会（一橋同窓会）の命名者でもある。一橋の名の縁は彼が一橋家に使えたことと、「世界に架ける橋」の両方の意味があるといわれる。また、如水会の如水とは荘子の言った「君子の交わりは、淡きこと、水の如し」から来ているといわれている。彼は、一九一六年に『論語と算盤』を著し、「道徳経済合一説」と言う理念を打ち出し、幼少期に学んだ『論語』を拠り所に倫理と利益の両立を掲げ、経済を発展させ、利益を独占するのではなく、国全体を豊かにするために、富は全体で共有するものとして、社会に還元することを説くと同時に自身も心掛けた。『論語と算盤』に「富をなす根源は何かと言えば、仁義道徳。正しい道理の富でなければ、その富は完全に永続することができぬ」と述べている。これは現在のＣＳＲ

（企業の社会的責任）に通底する概念である。

戦前（一九四五年以前）、の我が国の企業統治は株主主権型であった。戦前の商法では、株主総会は「最高且つ万能の機関」とされており、あらゆる事項を決議する権限を有していた。取締役及び監査役の選解任及び報酬の決定は株主総会の普通決議事項とされた。三井、三菱、住友の財閥系は財閥家族の出資する持ち株会社を持ち、株式は非公開であった。重要案件は財閥本社が決済していた。非財閥系企業の芙蓉、三和、第一勧銀においては、大株主が役員ポストを独占、経営権を保持していた。いわゆるエージェンシー理論（第４章参照）における、株主と経営者間の利害の不一致は起こらず、スチュワードシップ（株主と執事の）関係（第５章参照）が成立していた。

戦後は独占禁止法の改正による財閥解体により、企業系列の株式持合いとメインバンク制がとられる。銀行による、平時には経営に口を出さない（「経営者支配」の一時的成立）が非常時には口を出す企業統治がなされた。終身雇用・年功序列もこの時、定着し、従業員重視の経営が見られた。

⑵　各国の一九九〇年代から最近までの主権者の推移

菊澤（二〇〇四）は一九九〇年代初頭に日米欧仏独の経営者・管理者を対象にされた吉森のアンケート調査（吉森：一九九六、二〇〇一）、即ち、「企業の所有者は株主である。株主利益が最優先されるべきである」と「会社は利害関係者全体の長期的利益を増進するために存在する」という命題に対して肯定的に回答した経営者・管理者の比率について述べている。これによると、各国の企業所有イメージは

図表1-2　各国の企業所有イメージ

	アメリカ	ドイツ	日本
株主	76%	17%	2.9%
利害関係者全体	24%	83%	97%

出所：吉森（1996, 2001）。

図表１―２の如くとなる。[4]

米国では圧倒的に株主主権論であり、日本とドイツはステークホルダー論が圧倒的であった。

しかし、上記調査から一三～二〇年以上経った今日、日本の動向については、経済産業研究所が二〇一二年五月～八月に上場会社四一九社から回答をいただいている「日本企業のコーポレート・ガバナンスに関するアンケート」調査結果がある。その回答（複数回答方式）によると、重視している順に、①株主九四・七％、②従業員八八・三％、③取引先企業八二・六％、④地域社会七一・五％、⑤取引先銀行五九・五％、となっており、日本企業の経営姿勢が従業員や取引先企業などのステークホルダーから株主をより重視し始めていることを明確に示している。[5]

そこには、年功序列や終身雇用に変わって、能力主義に基づく裁量労働制導入や非正規社員の増加、役職定年制による年俸の大幅ダウン、ワールドワイドな仕入れ調達先の見直しなどが見られ、日本古来の、従業員や取引先との絆や帰属意識の希薄化が見られる。

ドイツでは監査役会（労資共同決定方式）が取締役の選任・解任を行う典型的な二層式であるが、二〇一二年九月のドイツ法律家会議において、すべての株式会社の機関構成として一元化（一層式）と二元化（二層式）の選択性が可決された。フランスでは、従来からの一層式に加え、一九六六年の会社法改正によって新たに二層制との選択制となったが、二層制を採用する会社は少なく、二層制組織の失敗といわれている（『商事法務』No.2023、一二頁）。幸か不幸か、株主に重点を置いた一層式で、且つモニタリング方式が世界的に力を得つつある。

4　コーポレート・ガバナンス原則とは

(1)　ＯＥＣＤのコーポレート・ガバナンス原則（一九九九年版）

ＯＥＣＤとはOrganization for Economic Co-operation and Development（経済協力開発機構）の略で、三四カ国が加盟し、パリに本部がある。ＯＥＣＤは一九九九年に公表したコーポレート・ガバナンス原則は次の五項目からなる。

①　株主の権利の保護
②　全ての株主の公正・平等な取り扱い
③　コーポレート・ガバナンスにおける利害関係者の役割と利害関係者の権利の尊重
④　情報開示と透明性の確保
⑤　取締役会の責任

これを二〇〇二年に米国で起こったエンロン事件（後述）等を踏まえ、二〇〇四年五月に改訂した。

その背景・問題点は次のごとくである。

⑵　ＯＥＣＤの二〇〇四年四月改定案の背景

①　エンロン事件の問題点

二〇〇一年のエンロン事件で、取締役会、監査法人、投資銀行、証券アナリスト、信用格付け機関等の機能不全が明確になった。

各機関の機能不全状況は次の通り。

第一は取締役会：一五人の社外取締役がいたが、執行役員への追及不徹底と利害関係者との不正取引の承認、粉飾を首謀したＣＦＯのアンドレー・ファストウ（Andrew Fastow）に全権を付与、

第二に監査法人（アーサー・アンダーセン）：虚偽記載の財務諸表に監査証明付与、

第三に投資銀行：財政状態を曖昧にする証券及び金融商品の開発・販売、

第四に証券アナリスト：破綻寸前までアナリストが買いを推奨、

第五に信用格付け機関：格下げせず機能不全、

第六にＳＥＣ：倒産必至となる迄調査せず

これらのことがＳＯＸ法（Sarbanes-Oxley Act of 2002）制定の契機となった。

これらを踏まえ、

②　ＯＥＣＤは以下の論点整理を行った。

第一は、コーポレート・ガバナンスへの参加者（取締役、監査役、アナリストなど）が独立性に欠け、おのおのの利益が衝突する事例が広範囲に増加してきたことである。この関連で取締役会が経営陣の監督に関して十分に自主的判断を行使できてないという状況も散見された。

第二には、情報公開の不完全性の広がり、すなわち、簿外取引、貧弱な収益認識に陥りやすい会計慣行が透明性を低減させていたという問題がある。

第三は、コーポレート・ガバナンスのインセンティブ構造が必ずしも有効に機能していなかったことである。例えば、IT産業やハイテク企業では取締役は報酬がストックオプションに大きく影響されるため、個人の私的願望から収益を水増ししようとした例も見られたし、他方で取締役会の行動に影響を与える機関投資家が経営者の監視に消極的であった点もあった。

第四は、一部の規制当局が不適切な監督しか行い得なかったということである。

これらを踏まえて、次の改訂を行った。

(3)　OECDのコーポレート・ガバナンス原則（二〇〇四年版）

一九九九年版への追加項目

①　有効なコーポレート・ガバナンスの枠組みの基礎の確保

コーポレート・ガバナンスの枠組みは、透明で効率的な市場を促進し、法の原則と整合的で、異なる監督・規制・執行当局間の責任分担を明確にするものでなければならない。

② 株主の権利及び主要な持分機能

・投資家の権利は強化されるべきである。株主による取締役の解任や、指名と選任プロセスへの効果的な参加を可能にすべきである。
・経営幹部と取締役の報酬方針について株主の意見を表明できるようにし、ストックオプションの導入は株主の承認を必要とすべきである。
・機関投資家は、そのコーポレート・ガバナンス方針を開示するとともに、議決権の行使を如何に決定するか、また、その投資に関して生じる主要な持分権の行使に影響を与え得る重要な利益相反を如何に管理するかについても情報開示すべきである。
・投票の意向について株主間で協議することに対する制限を緩和すべきである。但し、権利の濫用を防ぐための例外はある。

③ 株主の平等な取り扱い

・海外株主による議決権行使の円滑化、支配株主による濫用行為からの少数株主の保護を追加。

④ コーポレート・ガバナンスにおけるステークホルダー（利害関係者）の役割

・原則は、利害関係者の権利（法で定められているものと相互の同意によるもの）について言及している。
・新原則は従業員参加のための業績向上の仕組みは、その発展のために認められるべきである。
・内部告発者の保護を唱導している。これには、機関を通して内部告発者が不満の表明や申し立てを行ったり、取締役に秘密裏に接触したりできるようにすることも含まれる。

⑤　**開示及び透明性**

・取締役会メンバーと幹部経営陣に対する報酬についての方針、並びに資格、選任過程、他の会社の取締役会メンバーの兼任状況及び、取締役会によって「独立」と見做されているかどうかを含む取締役会メンバーについての情報の開示。

・外部監査人は株主への説明責任を負うべきであり、監査の実施に当たっては、専門家としての注意を払う義務を会社に対して負うべきである。

・監査人は完全に独立したものとし、監査以外で企業と関わりを持つことによって影響を受けるようなことがあってはならない。

・投資家の意思決定にとって有効であるアナリスト、仲介業者、格付け機関によるその分析や助言に影響を与え得るような利益相反を避けるよう求めている。

⑥　**取締役会の責任**

・取締役会は高い倫理観基準を適用すべきである。ステークホルダー（利害関係者）の利益を考慮に入れるべきである。

・幹部経営陣と取締役会に対する報酬と、会社及び株主の長期的利益との調整を図る責任がある。

・取締役会は、利益相反の可能性がある場合には、独立の判断を下せる十分な数の非執行の取締役会メンバーを任命することを検討するべきである。こうした職責の例としては、財務・非財務の報告の廉潔性の確保、関連者間取引の検討、取締役会メンバー及び幹部経営陣の指名、取締役会に対する報酬が挙げられる。

・取締役会の委員会が設立された場合には、その権限、構成、業務遂行の手続きが、取締役会により適切に定義付けられ、開示されるべきである。

(以上、日本コーポレート・ガバナンス・フォーラム編、OECD東京センター協力による『OECDコーポレート・ガバナンス』二〇〇六年を参照)

また、前記の⑥「取締役の責任」にある「取締役会は高い倫理基準（high ethical standards）を適用すべきである」に関して、その注釈の部で

① 信用・信頼が確保され長期的利益に繋がる。
② 「倫理的行動に関する枠組み」が、常に基本的要求を示す「法令遵守」を超えるものである。
③ 会社の広範囲の行動規範を策定すること有益であり、「OECD多国籍企業行動指針」が含まれるとある。

これに対し、「経団連」は二〇〇四年二月に発表した「同原則改定案に対するコメントで、『高い倫理基準』の遵守を求めているが、世界的に『倫理』の概念についての認識が十分に共有されていないとの懸念をもつ。原則は現行通り、『適用される法令の遵守』とすべきである」と指摘していたが、(6)二〇〇九年九月「企業倫理徹底のお願い」で倫理体制の充実を要求し、二〇一〇年九月の企業行動憲章一〇項目の前文で「国の内外において、人権を尊重し、関係法令、国際ルール、およびその精神を尊重

しつつ、持続可能な社会の創造に向けて、高い倫理観をもって社会的責任を果たしていく」と述べるように変わってきた。

これだけのことを二〇〇四年に、参加三四カ国の政府にガイドラインとして出したOECDの先見性は見事であるといわざるを得ない。

(4) OECD「コーポレート・ガバナンスと金融危機」(二〇一〇)について

リーマン・ショックを受けて、米国で金融規制改革法ができ、

① 取締役会会長とCEOの兼務についての理由の開示。

② 株主が株主総会で独自の取締役候補を立てることができるルールをSECに付与。

③ 株主が株主総会で経営陣の報酬に勧告的決議をできる仕組みを盛り込む。

④ 報酬委員会のメンバーはすべて独立取締役でなければならない。

などを決めた。これらを受け、OECDステアリンググループが自ら「金融危機からの重要事実と教訓」を二〇〇九年の二月と一一月にまとめ、これらを踏まえ二〇一〇年二月に「コーポレート・ガバナンスと金融危機」を発表した。

① 金融危機におけるコーポレート・ガバナンスの弱点は、役員報酬、リスク・マネジメント、取締役会のあり方、株主権の行使において顕在化した。しかしながら、OECDはこれまでの「コーポレート・ガバナンス原則」を慌てて改定するよりも、むしろ、これまでの良くできている「コー

ポレート・ガバナンス原則」を忠実に実行することこそが重要であると述べ、改訂を最小限に止めた。

② 役員報酬については、取締役会は、戦略的目標とそれに伴うリスク範囲を決め、かつ、ある程度の役員成功報酬基準をきめる責任がある。また、外部の報酬コンサルタントによる役割も考慮にいれる必要がある。役員報酬の構造・実績報告書による透明性の確保と株主による意見表明も必要とされる。

③ リスク・マネジメントについては、取締役会は広範囲の企業リスク・マネジメントシステムを構築しこれを管理しなければならない。内部統制報告書は直接「監査委員会」や取締役会への報告を要す。リスクの範囲には役員報酬とインセンティブの関係から生ずるリスクを含む。

④ 取締役会会長は会社が直面している最重要な問題（戦略、リスク、企業倫理、株主関係等）に取締役会が取り組むように仕向けること重要。また、会長とCEOの役割を分けると同時に両者の利益相反回避の手段を設けること大切。また、取締役研修とか、外部からの取締役会評価も必要。指名委員会が取締役としてどのような資質・経験が必要かを述べること重要（特に、金融機関では金融に関する適任テストが必要）。株主が取締役候補を指名できるようにもすべきである。

⑤ 機関投資家は、如何に利益相反取引をコントロールしているかを示すために、議決権行使記録を投資家に公表すべきであるし、会社も株主総会での議決権行使結果を公表すべきである。

以上をOECDは公表した。我が国も大いに参考にすべきである。

(5) 東京証券取引所のコーポレート・ガバナンス原則（二〇〇九年改訂版を含む）

東京証券取引所（以下「東証」と略す）のコーポレート・ガバナンス原則は足掛け三年に及ぶ議論を得て、二〇〇四年に公表された。その中身は、ＯＥＣＤが一九九九年に公表したコーポレート・ガバナンス原則とほとんど近似している。即ち、

① 株主の権利
② 株主の平等性
③ コーポレート・ガバナンスにおけるステークホルダーとの関係
④ 情報開示と透明性
⑤ 取締役会・監査役（会）

等の役割（経営のモニタリングを含む）である。

これに、二〇〇九年「親会社単体だけではなく上場会社の企業集団全体において実現されることが重要である」との連結ベースのコーポレート・ガバナンスの重要性等が追加された。

したがって、ＯＥＣＤのコーポレート・ガバナンス原則の二〇〇四年改訂版で追加された考え方が、未だ完全には盛り込まれていない。即ち、「機関投資家のコーポレート・ガバナンス政策の開示や投票権の行使方針についての情報開示」、「株主による取締役の解任や、指名と選任プロセスへの効果的な参加」等のＯＥＣＤのコーポレート・ガバナンス原則の改訂項目について、及びリーマン・ショックの金融危機の反省としての、「役員報酬についての株主の意見表明」、「役員報酬とインセンチブに潜むリス

ク回避」、「取締役会長とCEOの機能分離」、「機関投資家の議決権行使記録の公表」等について、「東証」は次回の改訂でその答えを出さなくてはならない宿題になっている。また、「東証」はコーポレート・ガバナンス原則を上場規則の企業行動規範のうち実効性確保手段の対象としない「望ましい事項」（努力義務）としている（上場規程四四五条の二）が、これを「遵守義務」に格上げし、強制力を強化することに期待いたしたい。

証券取引等監視委員会は二〇一〇年一二月七日より二〇一三年七月末までの約二年半に二四件の犯則事件の告発を行っている。オリンパス（株）を含む有価証券報告書等の虚偽記載等が四件、風説の流布・偽計五件、セントラル総合開発（株）を含む相場操縦・相場固定二件、イー・アクセス（株）を含むインサイダー取引が九件、その他四件である。申すまでもなく、コンプライアンス問題（法令順守以上に範囲が広い概念）も「コーポレート・ガバナンス原則」の一環として、取締役会の重要な責任の一つである。これは「努力義務」ではなく、当然、「遵守義務」に格上げされるべきと考えるのが本書の立場である。

5　コーポレート・ガバナンスの目的

(1)　一般論としてのコーポレート・ガバナンスの目的

一般論として、コーポレート・ガバナンスの目的は何かと聞かれれば、「企業の効率的運営（企業価値向上）と健全かつ持続的発展を確保し、競争力のある企業体質と株主及び利害関係者はもとより、社会から信頼される企業体制（法令順守、社会規範・価値観・社会の共通善等の共有・ＣＳＲ活動等）の確立を実現する」ということになるが、「コーポレート・ガバナンスの定義」で述べたように、株主主権論からステークホルダー論まで、またその間に従業員主権論あり、狭義と広義で使い分ける論ありで学者により、十人十色で、重点の置き所が異なる。法学者は、株主主権論が多く、法的制度を如何に作るか、コンプライアンス（法令遵守より範囲が広い概念）問題を如何に起こさないようにするかという、企業にとって、「いかにマイナスを減らすか（武井：二〇一二）」に視点がある。経済学者は、エイジェンシー理論（第４章参照）にあるように、株主と経営者の間には利益相反問題があるという。経営者はとかく、株主の期待をはなれて、政・財界活動を行ったり、役員報酬を業績に関係なく収受したり、業績が悪化しても退任しなかったり、公私混交というモラル・ハザード（倫理の欠如）を行うリスクがあるという。これらを防止するためには、株主・経営者間の「情報の非対称」をなくすこと、及び経営の透明性の向上と情報開示制度や経営者対象のインセンティブ制度の導入などを提案している。一方、経営学者は、ステークホルダー論者が多く、効率的運営（企業価値向上）や良い経営を担保するための制度や慣行を幅広く作ることがコーポレート・ガバナンスの目的であるという。経営倫理学者は、制度と慣行にとどまらず、経営者の倫理観等の資質や経営理念・経営倫理まで包含しての体制確立の提案が見られる。

さて、冒頭に述べた、「効率的運営（企業価値向上）」「競争力のある企業体質」「社会から信頼される企業体制」に関して、水谷理論などが参考になるので、紹介したい。

(2) 水谷理論などについて

日本経営倫理学会[7]は創立されてから既に二〇年以上経過するが、その間、企業倫理に関する研究もかなり進んでいる。初代会長の水谷雅一（二〇〇八）は次のように規定している。即ち、

「企業は他の組織体と違って、その目的を利益の極大化を志向するものとの考え方は、旧来からの工業化社会では当然だとして、そのためには飽くなき競争と効率の追求が求められると考えられてきた。しかし、ポストモダン社会の今日では、企業も社会的存在として人間社会はもとより自然環境にいたる、あらゆるステークホルダーの各種ニーズを、企業が適切な対応を通じて充足させなければならない。今日CSRが叫ばれているが、そのような状況は、まさに企業の経営倫理の価値観そのものに通底している。「競争」と「効率」による利益も重要であるが、企業活動が「人間」や「社会」をも重視するという四つの価値基準をバランスよく重視する企業経営が求められる。実践的にはこの価値観を経営理念や行動指針として企業内外に周知徹底させることが求められている」

と述べている。

即ち、競争性、効率性、人間性、社会性の四条件のバランスが重要であると述べている。これを補完

する意味で、水尾論、高巌論を次に紹介する。

水尾（二〇一〇）は、

「経営理念には、経済価値に加えて、従業員の人間性を重視し協働（Co-working）の価値観を共有する『人間価値』、そして一方で環境問題、メセナや企業文化、社会貢献活動など、企業の社会的責任意識の高まりから、企業と社会との共生を目的とした『社会価値』とのバランスのとれた企業価値を包含することがもとめられる」

と述べている。また、企業倫理は大別して二つあるという。

「一つは、『予防倫理』の領域であり、これは社会を様々なリスクから保護する活動であり、不祥事の発生を未然に防ぐ活動である」。

これは前述の、企業にとって、「いかにマイナスを減らすか」（武井：二〇一二）の問題でもある。

「もう一つは『積極倫理』である。これは、社会における企業が目指す存在領域と、『社会そのものの健全な発展が一体となる目的』を達成するために、積極的支援をする『積極倫理』の領域である。それは企業が社会的存在として認められ、地域や社会に存在する一市民としての企業市民の活動であり、個人が社会に貢献すると同様に企業が社会的公器として存在意義を発揮する重要な意義をもつものである。しかもその活動を積極的に社会へ開示する活動も重要である」

と述べている。冒頭、コーポレート・ガバナンスの目的で述べた「社会から信頼される企業」になるために必要な「積極倫理」を述べている。水尾（二〇一二）が活動の中心においているCSRはその一環である。

次に、企業の社会的責任に関して、高巌（二〇一三）は、

「仮に狭い意味で株主利益の最大化だけを主張するのであれば、一旦、歴史を遡り、所有者自身の責任を無制限としなければならない。株主に与えられた有限責任という自身にとってのセーフガードを外さなければならない。無論、有限責任という考え方を放棄する株主はいないはずだ。株主が有限責任を維持したいと希望するのであるならば、結局、企業は自身に転嫁された社会的責任を負わなければならないことになる。これが、企業をして社会的責任を負わさざるを得ない本源的理由である」

と述べている。

ここにコーポレート・ガバナンスの目的に、効率的運営（企業価値向上）と健全かつ持続的発展を確保し、競争力のある企業体質を構築する「プラスを伸ばす」側面（武井：二〇一三）だけでなく、社会から信頼される企業体制（法令順守、社会規範・価値観・社会の共通善等の共有、CSR活動等）の確立を実現するために、企業活動が「人間性」や「社会性」をも重視しなくてはならない理由があると思う。

次に、「コーポレート・ガバナンスの目的」にある「社会から信頼される企業体制確立」のための企

業倫理について、法制度という他律的ガバナンス以外に「経営者良心」なる自律的ガバナンスの必要性についてバーリの「経営者良心」論を述べてみたい。

(3) バーリの「経営者良心」論

これらの企業倫理問題は、一九三二年のバーリ＝ミーンズの著書『近代株式会社と私有財産』において取り上げられており、三戸浩・佐々木真光（二〇一三年、二〇一～二〇二頁）は、

「私有財産を解体して巨大な経済力を集中させていく『近代株式会社』の台頭を問題とし伝統的な財産権に基づかない『近代株式会社』は、特定の集団（株主や経営者など）のために運営されるという根拠をなんら持たないため、

①社会全体の利益をはかるように発展すべきである。

②しかしながら、それには『近代株式会社』が私有財産にもとづいた制度でないことが社会一般に認知されること。

③支配者集団（経営者）が絶対な権力を持っていることの自覚と彼らの良心や誠実、それらを保証する社会的義務の制度が作られなければならない。

と述べたのであった。これはまさに、企業には社会的責任問題があり、経営者はそれにふさわしい倫理観を持て、ということであろう。ほとんどのコーポレート・ガバナンス論は株主（もしくはス

テークホルダー）のために、どのように『経営者のチェック&コントロール』をすればよいか、という議論となっている。こうした『経営者のチェック&コントロール』という議論は、法制度による外部的な『経営者のチェック&コントロール』は可能であるという認識を基本的な前提としている。しかし、『誰のものでもない』制度である『近代株式会社』は、いったい、誰が、何にもとづき、いかなる基準によってチェック&コントロールすればよいのであろうか。それは他でもない、バーリが『近代株式会社と私有財産』においてその必要性を示唆し、『二十世紀資本主義革命』ではっきりと理論化された『経営者良心』に求める以外にはないのではないか。以上の議論は、次のことを含意する。即ち、われわれは、『経営者良心』を『近代株式会社』体制存続のための中核と位置づけ、法制度による他律的なガバナンスだけでなく自律的なガバナンス体制の確立を目指すべきことである。そのために重要な役割を果たすのが、企業の社会的責任論、ビジネス・エシックス論などの領域であり、これこそ私有財産を解体して「所有なき支配」を必然とする『近代株式会社』の存在に正当性を付与する性格の議論である」

と述べている（詳細第6章参照）。

経営者の資質として「経営者良心」は社会的責任論、ビジネス・エシックス論の中核をなす重要課題の一つである。法制度・規則による他律的なガバナンスだけでなく、自律的なガバナンス体制の確立として「経営者良心」に期待することは「コーポレート・ガバナンスの目的」に照らして、重要なことであると思う。しかしながら、「経営者良心」などに期待することはできないとの学説も存在する（詳細、第6章(3)参照)。

次に、米国における、広義のガバナンス問題、狭義のガバナンス問題、と倫理問題、効率問題を四象限のマトリックスにして、歴史を織り交ぜながらその系譜を見てみよう。

(4) コーポレート・ガバナンス問題の整理

菊澤（二〇〇四）は、コーポレート・ガバナンスをめぐる議論を次のように述べている。

「(1) 倫理の問題と捉えるか、効率性に関わると捉えるか、(2) 広く社会全体（多様なステークホルダー）に関わると捉えるか、株主や債権者といった投資家と企業との関係として捉えるかによって分け、図表1—3のように分類する。(8)

一九六〇年代の米国は、ベトナム戦争に対する反戦運動の真っ只中にあった。ナパーム弾を製造していたダウ・ケミカルの株主総会や公民権運動の高まりから黒人雇用差別問題を抱えるイーストマン・コダックの株主総会は大衆運動家ソウル・アリンスキーにより大荒れで

図表 1-3　コーポレート・ガバナンス問題の整理

	企業と社会の問題（広義のガバナンス問題）	企業と投資家の問題（狭義のガバナンス問題）
倫理問題	社会倫理問題（正当性の問題）	企業倫理問題（正当性の問題）
効率問題	社会効率問題（国民経済政策の問題）	企業効率問題（企業政策の問題）

出所：菊澤（2004）。

あった。また、ジェネラル・モータース（GM）の独占化による弊害が批判され、社会的貢献を要求された。五大湖の汚染等公害問題も多々指摘された。これらの本質は企業の非倫理的行動をいかに抑止し、社会貢献させるかの「社会倫理問題」としてのコーポレート・ガバナンス問題だったのである」。

しかし、このような社会的責任要求や国家介入要請にたいして、一九七〇年代、シカゴ学派の総帥ミルトン・フリードマン（M. Friedman）の新自由主義、即ち、「自由主義経済体制の下では、ビジネスの社会的責任はただ一つしかない。それは利潤を増大させることである。自らの資源を活用し利潤の増大を目指した様々な活動に没頭することである」（*Capitalism and Freedom*, p. 133）と述べた。

菊澤（二〇〇四）は、

「これは『社会倫理問題』ではなく『企業効率問題』である」

と述べている。

このような批判はあったが、一九七〇年代、ニクソン・ショック、オイル・ショック等による不況のなか、ニクソン大統領の再選委員会への違法政治献金問題（アメリカン航空、3M等）、ロッキード贈賄事件等、企業の贈賄・不正事件等の企業倫理問題が多発し、連邦海外腐敗防止法案（The Foreign Corrupt Practice Act of 1977）ができた。

本法案は、一九九八年に改正された。改正の趣旨はOECD（経済協力開発機構）の一九九七年賄賂禁止条約の内容を国内法に反映させることにあった。連邦海外腐敗防止法の賄賂禁止規定は、従来

図表 1-4　米国のコーポレート・ガバナンス問題の整理

	企業と社会の問題（広義のガバナンス問題）	企業と投資家の問題（狭義のガバナンス問題）
倫理問題（価値問題）	社会倫理問題 1960～70年代 →	企業倫理問題 1970～80年代
効率と倫理問題（複合問題）		↓ 企業効率と企業倫理の複合問題 1980～90年代

出所：菊澤（2004）。

から、米国の個人と企業、および米国に上場している一定の外国企業が、自己または他人のために、取引を獲得もしくは維持することを目的として、外国公務員に支払いをすることを禁じていた。一九九八年からは、更に、外国の企業や個人が、アメリカ合衆国にいる間にそのような不正な支払いを実現するための行為をした場合にも、適用されるようになった。

一九七〇年に起こった米国最大（当時）の鉄道会社ペン・セントラルの倒産は、業務執行者による債務超過の隠蔽、違法配当、インサイダー取引が主因で、株主に甚大な経済的損失をもたらし、株主主権論に火をつけた。その結果、一九七七年にＮＹＳＥ（New York Stock Exchange）は社外取締役からなる監査委員会制度を導入した。[9]

このように、一九七〇年代の米国で議論されたコーポレート・ガバナンス問題は、社会倫理という広い意味で企業行動の正当性を問うことに始まり、やがてより狭い範囲で投資家の立場からの企業行動の正当性や倫理を問う「企業倫理問題」へと移行していったのである。即ち、一九六〇年代から問われ始めたのは、公害等の社会倫理問題であったが、次第に、コーポレート・ガバナンスとして問われる問題は、企業倫理問題（企業不祥事の防止）、そして企業効率問題（企業価値・業績向上）あるいは両者の複合問題へと移ってきたと指摘されている[10]。

(5) まとめ

本書における立場としての、コーポレート・ガバナンスの定義・目的、については第7章で述べる。

米国における一九七〇年代のニクソン・ショック、オイル・ショック等による不況のなか、ニクソン大統領の再選委員会への違法政治献金問題（アメリカン航空、3M等）、ロッキード贈賄事件等、企業の贈賄・不正事件等の企業倫理問題が多発し、企業の正当性が企業倫理の面から問題になった。その上、一九七〇年に起こった米国最大（当時）の鉄道会社ペン・セントラルの倒産は、業務執行者による債務超過の隠蔽、違法配当、インサイダー取引が主因で、株主に甚大な経済的損失をもたらし、株主主権論に火をつけた。この時、現れたのが、ミルトン・フリードマン（M. Friedman）の「企業の目標は利潤を上げることであり、株主の許可なく寄付金を企業が出すなど、とんでもない」との株主主権論である。二〇〇一～二〇〇二年の、エンロン、ワールドコムの経営破綻、二〇〇八年のリーマン・ブラザーズの経営破綻の理由として、この株主中心主義のＣＥＯやＣＦＯの貪欲さ（greedy）、モラル・ハザード（倫理観の欠如）となって現れる（第3章で詳しく述べる）。

これらを防止するためには、ソフトロー等を含む広い意味での法制度・社会規範と、それら諸制度の運用と、「経営者良心」のような倫理観を持った経営者の資質の三位一体の改革・良化が重要であり、どれか一つを変えれば、コーポレート・ガバナンスの目的が達成されると考えるのは早計である。

次に、コーポレート・ガバナンス機能の中で最重要な取締役会の監督機能（会第三六二条）、即ち、暴走トップが現れた場合、及び業績が上がらないが長期に居座る経営者がいた場合にどうすればよいのかについて、六社の事例研究を通して、その解任を決めた取締役会決議の正当性等を検証すると共に、我が国におけるコーポレート・ガバナンス上の一〇の問題点を指摘するので、その問題意識を持って以降の章に進まれたい（どこの章で詳論しているかは、各々の問題点の後に括弧書きで記す）。

注

（1）吉村（二〇一二）『会社を支配するのは誰か』、二二六頁。吉村は「こうした点については、寺澤（一九九七）および神田外語大学名誉教授の石井米雄による説明を参考にした」と述べている。
（2）吉村（二〇一二）『会社を支配するのは誰か』、一八頁。
（3）岸田（二〇〇六）『ゼミナール会社法入門（第6版）』日本経済新聞社、四一頁～。
（4）菊澤（二〇〇四）『比較コーポレート・ガバナンス論：組織の経済学アプローチ』、二一五～二一八頁。
（5）商事法務（二〇一三）「日本型コーポレート・ガバナンスはどこへ向かうのか〔上〕」No. 2008（二〇一三年九月五日号）、六～七頁。
（6）日本コーポレート・ガバナンス・フォーラム編（二〇〇六）『ＯＥＣＤコーポレート・ガバナンス』明石書店、二一二頁。
（7）日本経営倫理学会：創立一九九三年四月、東京に本部（電話：〇三－三二二一－一四七七）がある。テーマ別部会には「理念哲学研究部会」「監査・ガバナンス研究部会」「企業行動研究部会」「ＣＳＲ研究部会」「実証調査研究部会」「経営倫理教育研究部会」「関西地区研究部会」「中部地区研究部会」などがあり、活発な研究活動を行っている。国際的な経営倫理の学協会にも積極的に参加している。協力団体として「経営倫理実践研究センター（ＢＥＲＣ）」及び「日本経営倫理士協会（ＡＣＢＥＥ）」がある。現在、会長は高橋浩夫。

(8) 菊澤（二〇〇四）『比較コーポレート・ガバナンス論：組織の経済学アプローチ』、一〇～一二頁、一三～二〇頁参照。

(9) 佐久間信夫（二〇〇七）『コーポレート・ガバナンスの国際比較』、四七～四九頁。

(10) 菊澤（二〇〇四）『比較コーポレート・ガバナンス論：組織の経済学アプローチ』、三三～三五頁。

第2章　川崎重工等における社長解任事件の取締役会決議の正当性

1　はじめに

我が国のコーポレート・ガバナンス上の問題点であり、且つ、問題があるからこそ、止むにやまれず、社長クーデター劇の原因になりやすい「取締役会の無機能化」と「不条理をもたらすワンマン経営」についての学説を紹介しておきたい。

(1)　取締役会の無機能化

菊澤（二〇〇六、八六頁）は「取引コスト理論[1]」のなかで、

「今日、コーポレート・ガバナンス（企業統治）問題の一つとして注目されている取締役会の無機能化についても、日本で同じような不条理が発生していると思われる。

たとえば、今日、殆どの日本企業では社長の権力が強い。社長が人事権を握り、社長が自ら判断し辞任する以外に、社長を退任させせられるような手続きやメカニズムは日本企業には殆どないといわれている。

こうした状況にある日本の取締役会では、明らかに社長が打ち出した基本戦略や方針で幾分不正なものであり、それゆえこのままでは会社の運命が危ぶまれることがわかっていたとしても、取締役員たちが社長の打ち出した戦略や方針を変化させ、より効率的で正当な方向に修正させることは非常に難しい。というのも、社長の意見を変えさせたり、社長を解任するためには、さまざまなプロセスと手続きが必要となり、そのための取引コストはあまりにも高いからである。とくに、自分が社長によって取締役に任命され、社長の息がかかっているような場合には、社長の意見に反対し、方針の変更を求めたり、そして社長を解任に追い込むようなプロセスに参加することは非常に高いコストを負担することになる。

したがって、このような取引コストを考えると、たとえ社長の独裁で会社が非効率で不正な方向に進んでいたとしても、現状のまま何もしないでいることのほうが取締役員にとっては効率的となる。もちろん、場合によっては、現状のままいるコストよりも社長解任に至るコストのほうが低い場合もある。しかし、残念ながら、日本では、取締役員のクーデターによって社長が解任されたケースは三越事件以外に殆どない」

と述べている。

彼は経済学者であり、「取締役会の無機能化」を指弾し、これを変えさせるための取引コスト理論の事例紹介として、「取締役員のクーデターによって社長が解任されたケースは三越事件以外に殆どない」と記述している。また、九年前の二〇〇六年に著書を著していること等を勘案すると、記述に殆ど誤りはないと考えるが、実際は三越事件以降、公になったものだけで以下に述べるように社長解任劇は二四件あるが、内一二件が取締役会決議による社長解任である。多いとはいえないが、ほとんどないともいえない。

「取締役会の無機能化」について高橋浩夫（二〇〇一）は「本来、民主主義の司法、行政、立法の三権分立の思想に基づいて、監査役、取締役会、株主総会がある。そして、経営の実行責任を負うのが取締役会から任命された執行責任者としての社長である。株式会社ではこのような三権分立の思想をもとに社会に開かれた法律上の人格（Publicly Owned Corporation）として公正な意思決定が行われる仕組みで作られている。社長一人に専制的な権力が集中しないようにチェック・アンド・バランスが保たれるように造られているが、実態は株主総会の形骸化と取締役会の機能の有名無実化が起っている点に問題がある」と指摘しているが、これは問題の本質を突いた発言である。特に我が国の物言わぬ国内機関投資家及び株式持合い事業法人による与党株主に支えられた株主総会の形骸化は、「経営者支配の正当性とは何か」を疑わせる重要問題である。

(2)　不条理をもたらすワンマン経営

菊澤（二〇〇六、八四頁）は「取引コスト理論」のなかで、

「同様に、いまワンマン経営されている企業について考えてみよう。このような企業では、社長の顔をうかがいながら社員は常に行動しており、社員は社長の意見と異なるような行動を表面上はとらないだろう。しかし、どんな企業でも、現場の社員の方が、当然、上層部よりも実務の流行やトレンドを良く理解している。社員は、いまどのような商品がうれるのか、について直感的に分っている場合がある。それ故、会社をより効率的に経営し、より会社を発展させていくためには企業は現場の声をどんどん取り入れ、上層部もどんどん方針を変化させせながら進む必要があるだろう。

しかし、ワンマン体制では社員は決して本音を言わないだろう。というのも、このような体制では社員が積極的に意見を述べ、その意見を上層部に伝えるには、さまざまな交渉取引プロセスをたどる必要性があり、このプロセスをたどるためには、あまりにも「取引コスト」が高いからである。このような取引コストを考慮すると、たとえ会社が非効率で不正な状態にあったとしても社員は誰も積極的に発言しようとしないだろう。これが社員にとっては合理的で効率的な行動なのである。むしろ議論しないで会議を早く終わらせる方が、はるかに効率的なのである。それゆえ、危機状態にある会社は変わることなくワンマン社長による非効率な経営が合理的に維持されていくことになる。こうしてワンマン社長の企業は未来に向かって、進化することなく、退化・淘汰・倒産への道を進むことになる」

と述べている。

我が国の場合、「取締役会の無機能化」や「不条理をもたらすワンマン経営」が行われていても経済学で言う「取引コスト理論」の関係からそれに抗するよりも何もしない無為・不作為が効率的と見られることは事実であろう。なぜ経営を効果的に監視・監督するシステムが必要かという問いに対し、その答えは株主と経営者の間に発生するエージェンシーコストを減せるからと説明されている。しかし、それだけではなく、それに加えるに、社会心理学で言う「集団愚考の罠やムラ社会意識（この章の終わりで解説）」が加わり、退化・淘汰・倒産への道を進むケースが多いことも事実であろう。そうであるからこそコーポレート・ガバナンスとは何か、会社はだれのものか、会社は何のためにあるのか、会社はどのように運営されるべきなのか、経営者支配の正当性とは何か、経営権の権威の拠り所は何か等が問われなくてはならないことになる。「取締役会の無機能化」や「不条理をもたらすワンマン経営」等の問題点に対して、取引コストを無視して、敢然と立ち上がった社長・会長解任劇の二四件の中から大事件の六件を取り出し分析・解説し、最後に、そこから見えてくる幾つかの我が国のコーポレート・ガバナンス上の問題点を抽出する。それらの問題点を抱きながら、第３章以下に進んでいただきたい。

２　日本の社内クーデター史

約三〇年間に二四件（次頁の一九件に、一九八八年大隈鉄工所、一九九一年東京放送、一九九二年以

図表 2-1　日本の社内クーデター史

No.	企業名	年月	クーデター劇の要旨
1	三越	1982年9月	岡田茂社長が取締役会で全員賛成により解任。
2	ヤマハ	1992年2月	川上源一社長は長男の浩氏を後任の社長に据えるも経営が悪化，労働組合が浩氏に「出処進退申入書」を提出し，浩氏は退任を表明。親子共々会社を追われた。
3	フジテレビ	1992年7月	経営陣が創業家の鹿内宏明フジサンケイグループ議長を追放。
4	野村證券	1997年6月	総会屋への利益供与事件で社長と2人の常務取締役が逮捕された。有力部長らの「裏の取締役会」が代表取締役全員の退陣を主張。これが受け入れられ15人の代表取締役が退任。
5	全日本空輸(ANA)	1997年7月	生え抜き社長と天下り名誉会長と会長の間で起こった社長後任人事をめぐった対立で，300人の課長が要請文を出した結果，両方が辞任した。
6	松竹	1998年1月	奥山融社長と次男の和由専務を取締役会で解任。
7	佐川急便	2000年6月	創業者佐川清氏が経営方針で対立していた息子で大阪佐川社長の栗和田榮一氏を解任。ところが次期社長に栗和田榮一氏が再任され，逆に旧経営陣が追放された。
8	マイカル	2001年9月	元警察官僚の四方修社長が会社更生法申請を諮ろうとしたところ，取締役会で解任。
9	エイベックス	2004年8月	会長兼社長の依田巽氏と創業者松浦勝人氏の経営方針が対立。松浦氏が退社。松浦氏に浜崎あゆみら所属歌手が同調したため，依田氏が名誉会長に退き，松浦氏は社長復帰。
10	日本航空(JAL)	2006年2月	日航グループの4人の役員が，3人の経営トップに対し退陣を求めた。

11	三洋電機	2007年3月	金融3社による再建中，野中ともよ会長，井植敏雄社長が取締役会を経て相次いで辞任。
12	日本振興銀行	2007年8月	取締役会が動かないので，執行役員会が木村剛会長の方針を次々と否決決議したが，後日，会長の反撃にあい次々と首にされ失敗。
13	すかいらーく	2008年8月	06年に2700億円超のMBOを実施して非上場化した後，経営が悪化し再上場に失敗。「現体制では再建不可能」として，株主が退任要求。反発する社長が株主総会で解任された。
14	富士通	2009年9月	取締役会が開かれる直前，会長他経営幹部に呼び出された社長は反社会勢力との繋がりを指摘され，辞任。後に「辞任を強要された」として辞任の取り消しを求め裁判となる。その後社長側が敗訴。
15	セイコーH/L	2010年4月	銀座の和光本館で開かれたグループ企業取締役会にて社長が解任される。同時に臨時株主総会で，長く権勢を誇った名誉会長と女性専務もわずか5分で解任された。
16	オリンパス	2011年10月	英国出身のマイケル・ウッドフォードCEOは同社が損失の先送りをしていた実態を問題視し，これを明るみに出そうとしたところ，取締役会で解任。問題は後で表面化した。
17	ぺんてる	2012年5月	創業家出身の堀江圭馬社長が業績不振に対する引責を理由に解任された。
18	広島電鉄	2013年1月	国土交通省OBの社長が，整備計画の方針を巡り経営陣や市と対立し，解任された。
19	川崎重工	2013年6月	三井造船との合併交渉に関し，社長ら合併推進派3人が解任され，合併計画は白紙撤回された。

出所：『週刊ポスト』2013年7月5日号，46頁の表に筆者3件追加。

降、毎日新聞社、東京商工リサーチ、東洋経済新報社で社長解任劇があり、これら比較的小規模なものを加えると合計二四件になる）の経営トップの解任劇がとり行われ、公表された。実際はこの数倍あるであろうが、「会社の恥として」緘口令がひかれて公になってないか、自ら、「後進に譲るため」等の大義名分のもと辞任・退任する場合も多いであろう。公になった二四件のうち、比較的に大きい事件にしぼって、年代の新しい順番に川崎重工、オリンパス、日本振興銀行、三洋電機、ＪＡＬ、三越の六社の解任劇における「取締役会決議の正当性」等について論点整理してみる。

3　川崎重工事件（以下「川重」と略す）

(1)「川重」とは

「川重」の二〇一三年三月期の売上高は一兆二八八八億円、当期純利益は三〇八億円、有利子負債四八三九億円、従業員三万四〇〇〇人である。大株主は、三井住友Ｇの五・四九％、日本生命三・四四％、みずほ銀行三・四三％、ＪＦＥスチール三・三五％等である。グループミッションとして「世界の人々の豊かな生活と地球環境の未来に貢献する〝Global Kawasaki〟」を掲げている。三月末時点の取締役会構成は船舶海洋、車両、航空宇宙、モーターサイクル＆エンジン、精密機械、ガスタービン・機械、プラント・環境の七つのカンパニー制のプレジデントが代表権をもつ常務取締役以上のポストを占め、本社機能等の取締役を含め、全員社内出身の一三名であった。

(2)　社長解任劇とその経緯(2)

二〇一三年六月一三日の東京本社における臨時取締役会で、大橋忠晴会長ら合併反対派は、突然、長谷川前社長、腹心の高尾光俊前副社長、広畑昌彦前常務の三人の役職解任を決議した。理由は、「三人が三井造船との合併を独断で強行し、取締役会を軽視した行動があったこと。これらの行為はコーポレート・ガバナンス及びコンプライアンスの見地より、不適格といわざるを得ないと判断したため」であった。合併反対派による解任の緊急動議は周到に準備されていたため、上記の三人以外の一〇人の取締役が一斉に賛成にまわり、たったの三五分で終了した。長谷川前社長らはただ唖然とするだけであったと報道されている。三井造船との合併はそもそもメーンバンクのみずほ銀行から持ちかけられたという。長谷川前社長らは秘密裏に交渉を進めていたものの、その経過は最初から楽観視できるものではなかった。同年四月二二日の「日経」に「川重・三井造船　統合交渉」なる記事がリークされたのは、反対派の仕業と噂されている。このとき会社は「そのような事実はない」との虚偽開示を行っている（六月一三日に訂正）。この約五〇日間に虚偽開示を信じて株式の売買で損害を蒙った株主からの株主代表訴訟リスクが残るかもしれない。四月二三日の「統合検討会議」では、長谷川前社長ら三人以外の役員から合併反対の意見が相次いだが、議事録は推進派に有利に書き換えられていたと言われている。

(3)　「川重」・三井造船　統合の想定されるメリット・デメリット(3)

二〇一三年四月二五日に「川重」は中期経営計画を発表し、基本戦略として、「各事業を育成事業、収益基盤事業、要検討事業に位置づけ、前二事業に経営資源を重点投入し、要検討事業は市場動向を見極めた上で、事業の構造改革や縮小・撤退を進める」ことを明記している。

一方、造船業界は中国や韓国の台頭が著しく、「川重」にとっても対策は喫緊の急務であった。三井造船とは生産拠点が国内では近く、統廃合等のシナジー効果が期待できた。その上、三井造船は海底からの原油や天然ガス等を採掘し、船上で精製する海上資源開発で世界三位のシェアを持っている。二〇二〇年までに市場規模は現在の二倍、一〇兆円に拡大するといわれている。従って、「川重」にとってもこの分野に乗り出すメリットは大きいと思われた。もし、造船・重機業界二位の「川重」と同五位の三井造船が合併すれば、連結売上高で二兆円規模の企業となり、トップの三菱重工（連結売上高で二兆八千億円）に肉薄することができると長谷川前社長は考えたかもしれない。

他方、反対派の大橋忠晴会長、村山滋新社長らは、「川重」の造船部門の二〇一二年度売上高は全体の一〇％の九〇三億円（対前年マイナス二〇％）であり、他の非造船部門へのシナジー効果はなく、その上、造船部門の受注残は五年前の四割に落ち込んでいた。三井造船も経常利益で四期連続減益、平成二四年度には最終損益で八二億円の赤字に転落していた。三井住友銀行は三井造船に「チャンスは二度とない」と経営統合をサポートしていたといわれる。

(4) まとめ

「川重」の臨時取締役会で、上記の両案の比較検討が十分に議論されずに、いきなり社長ら三人の解任を決めたことに、法的には問題ない（取締役会は、次に掲げる職務を行う。一．取締役会設置会社の業務執行の決定、二．取締役の業務の執行の監督、三．代表取締役の選定及び解職（第三六二条の②）。しかし、コーポレート・ガバナンスの観点からは、そこに社外取締役が一人もいなかったということは、この取締役会決議に正当性はあったのであろうかとの疑問が残る。これでは、大橋会長派と長谷川前社長派の主導権争い、即ち、内部抗争ととられても仕方がない。しかし、一般株主等は「規模拡大よりも利益指向」を歓迎したため、二〇一三年六月二六日の株主総会で第三号議案の取締役選任議案は原案通り承認された。これにより全ての問題点は雲散霧消したかのように見える。しかし、

①　六月二六日の株主総会では三井造船との統合案について何故白紙撤回したのか、今後どうするのかについては、会社は「三井造船との秘守義務」を盾にとって、情報開示を拒否した。この経営者と株主及びその他の利害関係者との間の「情報の非対称」をこのままにしておいてよいのであろうか。説明責任はないのかの疑問は残る。社外取締役が一人もいない臨時取締役会で「三井造船との経営統合」について十分な議論なしに解任を決めたとしたならば、そのことにも疑問がある。二〇一三年八月二〇日「日経」で村山社長は「もっと役員間でオープンな議論が必要だった」、「次のM&Aに動く際は、社長が結論ありきで他の役員に提案するのではなく、取締役会で十分に議論を尽くす」と反省している。また、初めて社外取締役を一名入れ、「生え抜きでない人材が加わることで、取締役会の緊張感を高める効果が出ている」とも述べている。

②　「川重」の場合、浮動株二八％、外国株二〇・四％、特定株二九・八％、投信四・九％、その他

一六・九％である（会社四季報二〇一三年三集）。浮動株や外国株を除くと、大株主の三井住友、日本生命、みずほ等の金融機関株や大株主のＪＦＥスチール等の事業会社の持合い株（二〇一三年三月三一日現在、特定投資株式は一六二銘柄、帳簿価格で一九九億円）等が、かなりの部分を占めていると推定される。したがって、会社側が株主総会における提案議案に対して、安定株主を中心に多数決を確保できる可能性は高いと推定されうる。なぜならば、「定款に定めることにより、上場会社における取締役選任の議案に対して、議決権を行使することができる株主の議決権の三分の一以上を有する株主の出席、及び出席した当該株主の議決権の過半数の賛成（特殊普通決議）」で議案は承認される道があるからである。個別企業の議決権行使の内訳の詳細を見ることは出来ないので、賛否内容は不詳であるが、少なくとも機関投資家（銀行、生損保、年金、投資信託等）は議決権行使の方針や行使結果等について公表すべきである。ここに、金融庁が進める「日本版スチュワードシップ・コード」の制定が必要とされる理由がある。

4　オリンパス事件

⑴　オリンパスとは

事件があった二〇一一年三月期の売上高は八四七一億円、当期純利益七三億円、有利子負債六四八八億円、従業員三万四〇〇〇人であった。大株主は、三菱東京ＵＦＪグループ一〇・〇％、日本生命八・二六％、サウスイースタン・アセット・マネージメント七・一五％等である。内視鏡のリーディングカンパニーであり、デジタルカメラ等の映像事業にも力を入れていた。経営理念については、「生活者として社内と融合し、社会と価値観を共有しながら、事業を通して新しい価値を提案することにより、人々の健康と幸せな生活を実現するという考え方を『Social In（ソーシャル・イン）』と呼び、すべての活動の基本思想としています。この思想に基づき、グローバルな視点で最適・公正な経営管理体制を構築し、運営することが経営の重要課題の一つと考えています」と述べている。また、法令遵守は勿論のこと、高い倫理観に則して行動し公正で誠実な企業行動をおこなうため、オリンパスグループ企業行動憲章及び行動規範を制定している。これらの内容は立派であった。

マイケル・ウッドフォードが解任された二〇一一年一〇月一四日の取締役会時の取締役総数は一五名、内三名が社外取締役（林純一：野村證券出身、林田康男：順天堂大学医学部客員教授、来間紘「日経」元専務取締役）、監査役四名、内二名が社外監査役（島田誠：コパル元社長、中村靖夫：三菱レイヨン元理事）であった。

(2) 不透明な取引二件

① オリンパスが過去のM&Aにおいて不透明な取引と会計処理を行っていたことが、雑誌『月刊FACTA』の二〇一一年八月号で報じられた。それによると、二〇〇八年に行われた英国の内視鏡処置具メーカー「ジャイラス・グループ」買収の際に、ケイマン諸島に本社を置く、野村證

券ＯＢの中川昭夫と佐川肇が設立したフィナンシャル・アドバイザーＡＸＡＭなどに対し、ジャイラス買収額二〇六三億円の三分の一に相当する六八七億円もの報酬（現金の他に株式オプションとワラントを付与。株式オプションを優先株に交換すると共にワラントを高額で買取、優先株を六億二〇〇〇万ドルで買い取る等の形）が支払われていた[4]。通常の助言fee は良くても五％前後である。二〇〇八年一一月の取締役会でこの案を承認していた。あずさ監査法人は二〇〇八年一二月、英ジャイラス買収に伴う助言会社への報酬が高すぎるとの懸念を伝えると同時に、二〇〇九年四月には監査役に徹底調査を求め「納得いかなければ監査を降りる。金融商品取引法（一九三条―三）に基づき内閣総理大臣（金融庁）に報告することもありうる」と迫った。会社が依頼した弁護士や公認会計士（会社から「数字動かすな」といわれていたといわれる）からなる外部委員会が買収の妥当性を調査したが、五月にまとまった報告書では「問題は発見されなかった」であった。あずさ監査法人は結局、二〇〇九年三月期決算を「適正」とする[5]。

②　二〇〇六年から二〇〇八年にかけて野村證券ＯＢの横尾宣政が設立した投資助言会社「グローバル・カンパニー」を介して、アルティス（再資源化プラント運営）、ヒューマラボ（化粧品等販売）、ニューズシェフ（食品容器製造）の三社合計で、二〇〇八年から二〇一二年の四年間で売上高一六倍、営業利益一〇〇倍で伸張するとの事業計画をもとに、総額七三四億円で買収する案を二〇〇八年の二月二二日の取締役会で承認した。これに対し、あずさ監査法人は減損処理の警告を出した。オリンパスは警告どおり、二〇〇九年九月期に五五七億円減損処理したが、二〇〇九年三

月期を以ってあずさ監査法人を新日本監査法人へ変更した[6]。引継ぎは通常通りの形式的なものであった。

(3) マイケル・ウッドフォードの登場

二〇一一年四月に欧州法人から本社の社長兼最高執行責任者（ＣＯＯ）に就任していたマイケル・ウッドフォードは、『月刊ＦＡＣＴＡ』の八月号「オリンパス無謀Ｍ＆Ａ、巨額損失の怪」の記事の翻訳を入手、独自に会計事務所プライスウォータークーパース（ＰｗＣ）に調査を依頼した。その報告書では、前掲のＡＸＡＭは幽霊会社であること、ＡＸＡＭからのジャイラス優先株買取りには事前の取締役会決議や Law Firm のチェックがなく、当時の社長菊川剛、副社長森久志、常勤監査役山田秀雄らのみの稟議で決定されたことなど、経営理念で述べている「公正な経営管理体制の構築」とは程遠い問題点が報告された。同年九月二九日にウッドフォードは一連の不透明で高額なＭ＆Ａにより会社と株主に損害を与えたとして、菊川剛会長及び森久志副社長の退任を求め、同年一〇月一日付けでウッドフォード自身が社長兼ＣＥＯに就任したかに見えたが、これは実は、菊川氏が仕掛けたゲームであった。英文表記のＣＯＯをＣＥＯに変更しただけで日本語版サイトには出なかった。したがって、ウッドフォードは実質的な全権掌握のため、同年一〇月一一日菊川剛会長及び森久志副社長に辞任を促す E-mail を送付した[7]。

(4) ウッドフォード社長解任劇

前日に菊川剛会長による根回しが終わっていたことではあるが、二〇一一年一〇月一四日に開かれた臨時取締役会において、「独断的な経営を行い、他の取締役と乖離が生じた」「企業風土や企業スタイル、極端に言えば日本文化を理解できなかった」として、ウッドフォード社長を全会一致で解任決議し、彼の一切の発言を認めなかった。開催時間は僅か五分であった。後任は菊川が会長兼社長に就任した。ウッドフォードは、フィナンシャル・タイムズ紙に対し、この電撃解任の背景には、菊川剛会長らが過去に行って来た不透明な資金の流れをウッドフォード氏が追及したことが原因であるとして、一連の経緯と共にPwCの報告書、会長及び副社長の辞任を求める書簡等をもとに告発すると共に、英国における金融犯罪の捜査機関である重大捜査局（SFO）に買収に関する資料を提出し捜査を促した。(8)

(5) 菊川剛会長兼社長の辞任と高山修一の社長就任

しかし、告発された一連の取引は膨大な額であるだけでなくその内容が明らかに常軌を逸するものであったため、ウッドフォードの解任発表および同氏の告発の報道直後からオリンパス株は急落、二〇一一年一〇月二〇日の終値は一三二一円となり一三日の終値二四八二円から一週間で半値近くまで値下がりした。日本生命や米サウスイースタンなどの大株主からは企業統治の不透明さに対する非難が相次ぎ、株価はさらに下落、同年一〇月二六日には一連の報道と株価低迷の責任を取るとして、菊川は代表取締役会長兼社長を辞任し、高山修一が代表取締役社長に就任した。同年一一月一〇日には金融庁・「東証」が監査法人を有価証券報告書における虚偽記載などの嫌疑で調査することとなった。[9]

(6) 第三者委員会の設置と損失隠しの発表

二〇一一年一一月一日、甲斐中辰夫元最高裁判事を委員長とする第三者委員会が設置された。この第三者委員会による調査の過程で、同年一一月七日森久志副社長が「一九九〇年代から、証券投資により発生した含み損失の隠蔽が続けられ、その補填のために各種の買収が実施されてきたこと」を告白し、事態は一変する。会社は損失の隠蔽に関与した取締役副社長の森久志を解任し、常勤監査役の山田秀雄も辞任の意向を示した。同年一一月一〇日、菊川剛、森久志、山田秀雄は第三者委員会による聴取に対し、損失隠しに関与していたことを認めた。オリンパス社は「二〇一一年九月期」中間決算を同年一二月一四日発表し、ひとまず上場廃止を免れたものの、東京地検特捜部が関係先の一斉捜索に乗り出した。[10]

(7) 関係者の逮捕と裁判

二〇一二年二月一六日、東京地検特捜部と警視庁捜査二課が強制捜査に着手。特捜部は、オリンパスの菊川前社長（元会長）、森久志前副社長、山田秀雄前常勤監査役、証券会社の元取締役の四名を、警視庁捜査二課が、投資会社の社長、取締役、元取締役の三名を、金融商品取引法違反（有価証券報告書虚偽記載罪）でそれぞれ逮捕した（同日の「日経」電子版）。二〇一三年七月、東京地裁は菊川前社長に懲役三年執行猶予五年、森久前副社長に懲役三年執行猶予五年、山田秀雄前常勤監査役に懲役二年六月執行猶予四年、法人であるオリンパスに罰金七億円の判決を言い渡した。その後、オリンパスは粉飾決算を巡り投資家から株安で被った損害の賠償請求を受けており、その金額は二〇一三年一一月九日付け「日経」によると、五二二億円にのぼる。後遺症はまだ癒えてない。

(8) まとめ

① 取締役会決議に妥当性はあるのか

(イ) 第三者委員会の調査報告書によると二〇〇八年二月の取締役会で、後に損失穴埋めに使われる国内三社の高額買収案について、一人の役員が「価格がおかしいのでは」と質問した。森久志取締役（当時）は「ビジネスチャンスがあり上場を狙っている」と説明「うまくやれば出来るかもしれない」「そこまで言うなら仕方がないか」。数少ない質疑も、最後は菊川剛社長（当時）の「いいですか」の一言で終了。二〇〇八年の英ジャイラス買収を巡り、二〇〇七年一一月から二〇一〇年三月までに開かれた取締役会の議事録によると、助言会社への総額六八七億円の報酬などについて八回審議したが、その内七回は質疑すらなかった。ジャイラスが助言会社に優先株を発行してわずか二カ月後の二〇〇八年一一月、発行価格の三倍以上での買い戻しを決めた取締役会でも質疑はゼロ。審議時間はわずか二〇分であった。第三者委員会は調査報告書で「取締役会の形骸化」を指摘した。決定権限が社長に集中していた上、役員が担当分野以外に無関心という縦割り意識も強く「チェック機能が果たせず健全な意思決定がなされなかった」。監査役会も二〇〇四年七月から二〇一一年六月まで財務の知識のある監査役がいないなど「機能していなかった」[11]。調査報告書は「関与者、認識者の取締役の責任」について、損失分離スキームの構築・維持や解消行為に関与、またはこれらを認識しつつ承認（黙認）・放置する行為は、取締役の善管注意義務に違反する。二〇〇七年三月期以降に提出された有価証券報告書などについて、損失分離や解消行為に関与またはこれらを認識した取締役が、是正する対応を取らず承認（黙認）した場合は法令順守義務違反または監視・監督義務違反であると述べている。また、取締役会決議に賛成した関与者・認識者以外の取締役についても、善管注意義務に違反が認められると述べている。したがって、一連の取締役会決議に正当性は全く存在しない。

(ロ)　二〇一一年一〇月一四日に開かれた臨時取締役会において、「独断的な経営を行い、他の取締役と乖離が生じた」として、ウッドフォード社長を全会一致で解任決議し、彼の一切の発言を認めなかった。開催時間は僅か五分であった。本件に関しては、第三者委員会は直接何も述べていないが、解任理由が理由になってない。また、反論を許してないことも法律的には問題ない（ウッドフォードはこの場合、特別利害関係人であり、議決権も議事への参加権もない）としてもコーポレート・ガバナンス上は民主的ではない。加えて、三名の社外取締役（林純一：野村證券出身、林田康男：順天堂大学医学部客員教授、来間紘：「日経」元専務取締役）の独立性に問題があったのではないかの検証が必要である。少なくとも三人は「東証」の定める「独立役員」ではなかった。林純一は既に第三者委員会から責任ありとされているが、他の二人についても、オリンパスから寄付金や広告収入をその出身母体が継続的に受領していたか否か、またそれらの金額はいくらであったかなどの独立性の検証が必要である。米国にはサンシャインアクトがあり、医師への金銭の支払いや、医療機関への寄付、助成金などの経済的利益の提供について、企業に開示を義務付ける法律がある（米医療保険改革法の一部として二〇一三年八月から適用）。そもそも社外取締役は株主等からの受託責任を果たすだけの経験・見識・倫理観が必要であり、ワンマン経営者に対し異論を唱え、監督・牽制の主役を果たさねばならない。内部出身の社内取締役にイエスマンが揃っているムラ社会的取締役会においては、特にこの監督・牽制機能の発揮が期待される。したがって、この臨時取締役会の解任決議について、法的には問題ないが、コーポレート・ガバナンスの観点からは、何が適法であるかを超えて、何が適正であるかが問われなくてはならないと思う。ウッドフォードは社長復帰を願ったが、大株主からなる「金融支配」の壁は厚く、「すべての諸悪の根源は、日本の株式の持ち合いにある」との我が国のコーポレート・ガバナンスにとって、大変重要な問題提起をしたが[12]、最終的には断念した。

(ハ)　本件の菊川剛等三人が行った動機について、外国人は殆ど分らないという。外国人は「一体三人は個人資産としてケイマン島に何百億円隠したんだ」と聞く、「彼等は一銭も私腹を肥やしてない」と答えると「ウッソー！（unbelievable）」と驚嘆する。「それでは何のためやったのか」

と聞くので「会社のためにやったのだ」と答えると、「ますます分らん」と言う。

「ムラ社会」とは、有力者を中心に上下関係の厳しい秩序を保ち、しきたりを守り、よそ者を受け入れない排他的な社会。所属する「村」の掟や価値観、しきたりが絶対であり、少数派や多様性の存在自体を認めない。自分達の理解できない「他所者」の存在を許さない。この「ムラ社会意識」を外国人に理解させることは殆ど無理であろうが、「独立社外取締役」の必要性はよく分るとのことである。

5　日本振興銀行事件

(1)　日本振興銀行の設立

日本振興銀行（英文名：Incubator Bank of Japan Limited）は、竹中平蔵経済財政・金融担当大臣のときに、八カ月という異例の早さで認可され、二〇〇四年四月に設立された。この銀行は、「中小企業等向け貸出金利は普通の銀行より高いが、無担保・第三者保証不要を条件とした融資、並びに、普通の銀行より金利の高い定期預金の受け入れ」を事業内容とした、新しいビジネスモデルの銀行として設立された。おりしも大銀行の不良債権問題から、中小企業に対する「貸し渋り」「貸しはがし」が横行する中で、「中小新興企業への貸出しを通じて日本経済に貢献します」という正しいミッション(13)を掲げ設立された。

日銀出身の元金融庁顧問であった木村剛（きむらたけし、ペンネーム織坂濠）は、金融庁時代の二〇〇二年九月、竹中不良債権問題のプロジェクトチームのメンバーであった。また、二〇〇四年初めには、金融庁金融検査マニュアル検討チームのメンバーでもあった。彼の二〇億円あれば銀行はつくれるとの提言に基づき、二〇〇三年、東京青年会議所理事長の平将明（現自民党の衆議院議員）が会員から一億円を集め、残りを、これに賛同した貸金業者「オレガ」の落合伸治が出資した。落合は日本振興銀行の受け皿会社「融資企画会社」の社長となり、且つ、最大の出資者となった。しかし、二〇〇四年二月、突然、落合伸治は日本振興銀行の社長就任を辞退し、代わって小穴雄康（ゆうこう）（元第一勧業銀行専務）を社長にして設立された。落合が害虫駆除会社キャッツの株価操縦事件に関連して捜査当局から参考人として事情聴取されていたためといわれる。二〇〇五年一月、最大の出資者であるが、過去の不祥事の噂が耐えない落合営業本部長を追い落とし、木村剛社外取締役が社長に就任した。その後、木村は第三者割当増資を繰り返し、ファミリー企業も含め二〇%以上の筆頭株主になり、名実ともにオーナー経営者となった[14]。

(2) 木村剛取締役会長を追い落とすクーデター事件

業績は二〇〇五年三月期マイナス一九億円、二〇〇六年三月期マイナス一四億円となり、日銀との約束の「三年以内に黒字化」が難しい状況になっていた。二〇〇七年に入ると、一般の銀行は、不良債権問題が一段落し、中小企業向け融資を始めると、日本振興銀行の業務は手詰まりとなり、商工ローンや消費者金融からの貸出し債券を買い取る新たな業務を始めた。「同年八月一一日のことだった。定例の執行役会を開催した。取締役会会長として参加していた木村を含め、幹部一二人が参集した。異変は冒頭に起きた。一部の執行役が一五項目からなる議案を緊急提案した。木村は『どういうことかわかっているのか。辞表をもってこい』と憤ったが、あくまでオブザーバーでしかない。議事はそのまま粛々と進行した。木村が憮然とした表情で見守る中、採決が行われた。ノンバンク債権の買取りや大証ヘラクレス上場のビービーネットの金融子会社との提携といった、木村が主導する重要方針の撤回が次々と決議された。だが、クーデター派の勝利は一瞬であった。木村は採決後、『それなら自分は必要ないので辞める。好きにすればいい。信頼関係のない人たちとは同じ船には乗れない（中略）』と株主権を振りかざし、巻き返しにでた。クーデター派は腰砕けとなった」[15]。逆に一掃され、木村独裁体制が確立された。また、二〇〇七年三月期には五・七億円と初めて黒字化を果たした。二〇〇九年まで全国四七都道府県に出店、社員三一七人、資本金一二四億円、総資産六四六九億円になっていた。この頃から、同行は木村剛のファミリー企業への情実融資やＳＦＣＧ（旧商工ファンド）より九三〇億円の貸付債権の二重譲渡等の不審点が多数散見され、二〇〇九年五月から金融庁の立ち入り検査が長期間行われた。二〇一〇年七月には、迂回融資に関する七一〇通の電子メールを削除した検査忌避容疑で業務停止の行政処分を受け、元役員の逮捕もあり、定期預金の引き出しが続き、二〇一〇年三月期マイナス五一億円、四〜六月期の業績はマイナス二一五六億円の大幅赤字が確実に見込まれ[16]、木村会長は「天、我に味方せず」の言葉を残して、二〇一〇年五月一〇日引責辞任した。六月一四日、亀井静香金融・郵政改革担当大臣の時に刑事告発、木村剛は逮捕・起訴された。かくして、日本振興銀行は設立から六年三カ月後の二〇一〇年九月経営破綻し、負債総額は六八〇五億円であった。

その後、二〇一二年三月、東京地裁の懲役一年執行猶予三年の有罪判決に対し、控訴せず罪は確定した。また、二〇一一年八月整理回収機構は木村剛と社外取締役であった小畠晴喜（小説家・江上剛）、平将明を含む旧経営陣七人に対し五〇億円の損害賠償を求め提訴した（整理回収機構：二〇一一）。

(3) 木村剛の経営倫理観

木村剛は「われわれは金融職人として、お客様と日本社会に対し、実務的で最善のソリューションを提供することを通じて、金融業及び企業財務の健全な発展に貢献する」[17]という行動規範を全社員の名刺に印刷していたが、その行動原理は、毎週土曜日の早朝から始まる執行役員やブロック長に対する朝礼によって示された。その内容は「最善のソリューションの提供」とは掛け離れたものであった。

一九七六年に、ノーベル経済学賞を受賞したマイケル・フリードマンがローラ夫人と共著で出したのが『選択の自由―自立社会への挑戦』がある。[18]彼はこれの信奉者でもあった。経済人としての彼の出発点はマイケル・フリードマンの新自由主義（株主主権論者でもある）であった。フリードマンが言う「個人が自分の責任で自由に利益を追求し、自分の蒔いた種は全て自分で刈り取る」[19]との原則から外れることを木村剛は認めなかった。しかし、二〇〇八年のリーマン・ショック以降、自由放任が資本の暴走を許したとして、フリードマンの新自由主義（株主主権論）は批判され、その終焉が指摘されている[20]（但し、括弧内は筆者補足）。

(4) コーポレート・ガバナンス体制(21)

① 設立時の取締役会（二〇〇四年三月一二日開催の第一回定時株主総会）
・取締役兼代表執行役社長：小穴雄康（元第一勧業銀行専務）、二〇〇五年二月退任
・取締役兼代表執行役副社長：阪田登（元日本債券信用銀行専務）、二〇〇五年一月退任
・社外取締役：木村剛（日銀出身の元金融庁顧問）、二〇〇五年一月代表執行役社長就任
・社外取締役：西崎哲郎（信金中央金庫監事）、二〇〇五年一月までに退任
・社外取締役：入山利彦（三菱商事顧問）

二〇〇四年六月、開業直後の株主総会で小畠晴喜（小説家・江上剛、取締役会議長）、平将明（現自民党の衆議院議員）、三原淳雄（経済評論家）、森重栄（公認会計士協会元副会長）が社外取締役に選任されている。

② 委員会設置会社制度導入：指名・報酬・監査委員会とも委員長は社外取締役の木村剛、委員も社外取締役の西崎、入山、赤坂であった。これとは別に経営監視委員会（委員長：木村剛）を設け、内部統制の実権も社外取締役の木村剛が掌握していた。

③ 木村剛は、著書『日本資本主義の哲学』（ＰＨＰ研究所）でニッポン・スタンダード（日本的標準）の確立を唱えた。（中略）米国型資本主義に見られる「支配・服従・命令」という性悪説のシ

ステムをそのまま取り入れるべきだとは思わない。そうではなく、「お互い正しいことをしていると証明し合いましょう」という考えで臨むべきだ。これは完全な性善説（旧き良き時代の日本型資本主義）でもなく、完全な性悪説（米国型資本主義）でもない。新しい日本型資本主義は「感謝・自律・互助」をニッポン・スタンダードにすべきなのだ。（中略）「会社は株主のモノ」という擬制のもとで設計されている米国型資本主義でも、「会社は従業員のモノ」という共同体幻想で運営されている旧来の日本型資本主義でもない。（中略）木村剛は、「会社は株主のモノでもあり、従業員のモノでもある」という柔らかいコンセプトなのである。木村は日米の資本主義の良いとこ取りをする「和魂洋才」がベストだと考えた。[22] しかしながら、木村剛が現実に行ったことは、組織をコントロールするのに好都合な「支配・服従・命令」という米国型統治システムであった。

(5) まとめ

① 取締役会の無機能化と執行役員グループによるクーデター劇

経営理念の「資金繰りに苦しむ中小新興企業への貸出しを通じて日本経済に貢献する」は立派なビジョンである。しかし、二〇〇七年以降、重要ミッションを「商工ローン業者や消費者金融業者から貸出債権を買い取る」に転換した時点で経営理念は見直されるべきであった。即ち、執行役員グループが「法令順守の重視」「審査体制の強化」を求め、木村剛による業務内容転換に対する、反対を求めて立ち上がったクーデターに、木村剛は耳を貸すべきであった。木村は「執行役会では経営方針の変更は出来ない。これは取締役会で決議すべき事項である」（高橋篤史：二〇一二）と反撃した。本来、執行役グループのクーデター前に、取締役会が監督機能を発揮すべきであった。取締役会は、オリンパスの事例と同様に、このワンマン経営者に対して、経済学でいう「取引コスト論」に基づき、自身で合理的判断を行うよりも他の取締役と同じ行動をとることで安心感を得て、彼らの行動に追従したり同調したりする、いわゆる「集団愚考（group-think）の罠」にはまり、誰一人勇気を持って意見具申せず、監督責任を果たせなかった。四名の社外取締役は全く機能してなかった。

②　コーポレート・ガバナンスの不備

二〇〇五年一月、社外取締役の木村剛が執行の長である社長に就任した時点で彼は取締役会の指名・報酬・監査の三委員長及び内部統制部門である経営監視委員会の委員長を辞職すべきであった。コーポレート・ガバナンスの執行・評価・監督・監視機能の分権制度を一手に手中に収め、彼が最初は否定していた米国型統治システムである「支配・服従・命令」を採用したことが、暴走にブレーキを掛けられなくしてしまった。「取締役会の無機能」は取締役の不作為そのものが原因であった。健全なコーポレート・ガバナンスを確立するためには「制度」と「その運用」と「倫理観を持った経営者資質」が重要であるが、平田（二〇〇二年）が指摘した如く「倫理観に裏打ちされた革新的経営者の育成が最重要課題の一つである」ことを実証している。

６　三洋電機事件

⑴　三洋電機とは

　創業家の井植敏会長が、創業以来長らく続けてきた井植一族による同族経営の殻を破り、将来経営トップを任せるために、日興リサーチセンター理事長の野中ともよ氏を三洋電機の社外取締役に招聘したのは二〇〇二年六月であった。この頃は、中国を始めアジア諸国の技術力が向上し、商品価格が下落し、白物家電や半導体等の事業環境が非常に厳しかった。二〇〇二年三月期の三洋電機の売上高は二兆二四七億円（対前年マイナス六・一％）、純利益は一七億円（対前年マイナス九五・九％）、有利子負債一兆一六七〇億円、自己資本比率二一・九％、従業員八万人であった。大株主は三井住友銀行四・六二％、あさひ銀行三・六％、住友生命三・二四％、日本生命三・一一％等であった。野中ともよは二〇〇五年六月に取締役会長兼ＣＥＯに就任し、七月に、経営理念として、人と地球を思いやる「Think GAIA」[23]を掲げ「未来の子供たちへ美しい地球を還そう」を企業使命ととらえ「地球といのちに喜ばれる会社」をブランドビジョンとして、「環境・エナジー先進メーカー」への改革を目指した。自らもブランド本部長を兼ねた。同じ時期に井植敏雅が取締役社長兼ＣＯＯに就任した。

(2) 中期経営計画の策定と第三者割当増資

野中ともよは、二〇〇五年一一月に二一世紀のグローバルカンパニーとしての進化を成し遂げるための構造改革「SANYO EVOLUTION PROJECT」を立ち上げ、事業ポートフォリオの選択と集中による事業の再編と再構築、及びコスト構造を改革するための業務改革と組織再編、財務体質の健全化に取り組むことにより、来期以降の業績のＶ字回復を実現する。その結果として、総合家電メーカーから脱却し、環境・エナジー先進メーカーとして、当社の強みを生かしたコア事業への選択と集中を進め、経営基盤の再建と新たな成長に向け取り組んで行く。これにより二〇〇六年三月期の見込み売上高二兆四四〇〇億円を二〇〇八年三月期二兆六四〇〇億円へ、同じく当期純利益マイナス二三三〇億円を六二〇億円へと黒字化を図るとの中期計画を発表した[24]。二〇〇六年一月二五日には、中期経営計画達成を確実にし、事業を継続的に運営する基盤を取り戻すため、自己資本の増強および有利子負債の削減等による財務体質の強化が急務であると考えた。また資金面では、コア事業を中心とした成長戦略に必要な設備投資・研究開発費に対して二〇〇六年度約二二〇〇億円、二〇〇七年度約二三〇〇億円、及び構造改革の一段の加速・推進のために約一〇〇〇億円が必要の見込みであると考えた。これらのために優先株式発行による約三〇〇〇億円の増資を今年度内に実行することが不可欠と判断し、二〇〇六年二月末までに、大和証券ＳＭＢＣＰＩに一二五〇億円、ゴールドマン・サックス・グループに一二五〇億円、三井住友銀行に五〇〇億円を割り当てることを決定したことを発表した[25]。同時にＣＥＯ、ＣＯＯ、ＣＦＯ制度を廃止し、九名の取締役のうち五名が今回の引受け先の金融機関から就任することが発表された。その結果、三金融機関の議決権持分は四九・八%となった。

(3) 業績不振と野中ともよ代表取締役会長の辞任

野中ともよが取締役会長兼CEOに就任した初年度の二〇〇六年三月期の業績は、デジタル家電をはじめとする多くの商品で価格競争が一段と激化し、上記の見込みと大差なく、売上高二兆三九七〇億円(対前年マイナス三・五%)、当期純利益はマイナス二〇五六億円の赤字であった。二〇〇七年三月期の売上高は二兆二一五四億円(対前年マイナス六・七%)、当期純利益はマイナス四五三億円の赤字であった。自ら策定した中期経営計画ではV字型回復を企図したが、事業環境は厳しく三年連続赤字(初年度は取締役であった)の上に、二〇〇六年一二月、携帯電話向け充電池で一三〇万個の不具合、二〇〇七年一月、洗濯乾燥機一六万台のリコール、等が重なり、主要株主である金融機関から派遣された五人の取締役との意見が対立する中、『週刊文春』に掲載された野中氏の夫が経営するコンサルタント会社との契約を疑問視され[26]、二〇〇七年三月一九日、野中ともよ氏は「一身上の理由」で辞任させられる。同年四月二日には井植敏雅社長も辞任し、創業家が経営トップから退いた。二〇〇七年六月二八日の株主総会で、主要株主である金融機関から派遣された五人の取締役を含む新体制が承認された。

(4) まとめ

辞任理由の一つである週刊誌情報はともかくとして、自ら策定した中期経営計画にあるV字型回復が達成されなかったという事実により、主要株主である金融機関から派遣された五人の取締役により会長、社長共に引責辞任に追いやられたことはやむを得ない。久保克行（二〇一〇）は「三年連続赤字で経営者交代があったのは七・六％（日経二二五に所属する企業の一九九二年から二〇〇六年までの一五年間のデータ）である」と述べている。(27) 通常はなかなか辞めないが、本件は取締役会の監督機能が働いた良い例であろう。独立性に問題はあるが、概ね過半数が主要株主代表であるから出来たのであろう。一般株主を含む株主総会で新体制が承認された事実も大きい。三品（二〇〇七）は『戦略不全の因果』で「日本の専門経営者は、いまや韓国や台湾の創業経営者にも負けている」と述べている。

7　日本航空（ＪＡＬ）事件

(1)　ＪＡＬの創業(28)

日本航空の創業は一九五一年八月で、国策会社であったが、その二年後には政府と民間が一〇億円ずつ出資し、合計二〇億円の資本金とし、国内線に加え国際線にも乗り出した。早くから、大型ジェット旅客機ＤＣ―8など時代の先端を行く機材を導入して事業を拡大していった。一九六一年には、高度成長の波に乗り東・大・名の市場二部に上場、一九七〇年には一部上場を果たした。この頃のＪＡＬは旅行の企画商品「ジャルパック」を投入（一九六五年）、ＮＹ便を開設（一九六六年）、ジャンボジェット導入と世界一周航路就航（一九六七年）と総じて社業は順調であった。そして最盛期を迎えたのが、一九八三年からの五年間であった。旅客・貨物輸送実績（国際航空運送協会ＩＡＴＡ統計）で世界一の座を獲得した。こうした中で、政府は国際線と国内幹線が主体であったＪＡＬと国内ローカル線が主体であった全日本空輸（ＡＮＡ）の相手分野への相互参入を認めると共に、一九八七年には政府保有株を放出してＪＡＬを完全民営化した。ただ、この二年前の一九八五年八月一二日、ＪＡＬは航空史上最悪の事故である御巣鷹山事件（死亡者五二〇人、負傷者四人）を起こしている。事態を重く見た当時の中曽根首相は、瀬島隆三（陸大第五一期首席、大本営参謀、伊藤忠会長）を介し、カネボウ会長の伊藤淳二をカネボウ会長兼任のまま、副会長（後に会長）に送り込み、政府主導で安全対策等の経営改革に乗り出そうとした。

(2) 経営上の問題点

① 組合対策問題

伊藤会長の念頭にあったのは、カネボウで行ってきたように、安全運行のためと称した労使協調にあった。[29]

(イ)　ＪＡＬは長らく左翼系の先鋭的な組合運動に悩まされてきた。乗員によるストで運行停止が頻発したため、一九八五年、会社側は機長を管理職にし、六一〇人の機長組合を認めた。一般企業ならば部長クラスが労働組合を結成するようなものである。伊藤会長は何を間違ったのか、この機長組合に団体交渉権を認めた。[30]これに対して異議を申し立てた取締役はいなかった。機長組合は乗務時間に拘らず八〇時間／月の賃金保証（ベテラン機長：約三〇〇〇万円／年、パイロット平均一八〇〇万円／年）と組合活動の両方を入手したことになる。

(ロ)　伊藤会長は一〇年間カラチ→テヘラン→ケニアに左遷されていた日航労組（地上職等）の元委員長小倉寛太郎（山崎豊子の「沈まぬ太陽」の主人公のモデルで、伊藤会長と共に美談の中心人物であるが、所詮フィクションであるとの評あり）を会長室部長に、元書記長を運行本部業務部長に据えた[31]。

(ハ)　連合系のJAL労働組合（JALFIO：FIOとはFriendship & Improvement Organizationの略）は、JALの経営側が先鋭的な日本航空の労組の分断工作のために、設立した御用組合といわれているが、一万人を抱える最大労組である。八つあるJALの労働組合問題は、このJALFIOと航空労組連絡会に加盟している他の七労組（機長組合、副操縦士の乗員組合、ジャパン乗員組合、先任航空機関士組合、地上職・整備職の日航労組、客室乗務員のキャビンクルーユニオン、旧JAS系ジャパン労働組合など合計五二〇〇人[32]）の対立問題である。伊藤会長はこの御用組合であるJALFIOを敵に回すこととなる。これらの間違いにより伊藤会長は就任から僅か一年半の一九八七年四月にJALを去るが、この悪弊は最後まで経営のガンとなる。

②　JALの機能分担型組織の問題点と経営執行サイドのリーダーシップ不在

JALの組織は組合に呼応するかのように、運行、整備、客室、空港、営業、企画の六部門に専門化された機能から成り立っていた。しかも役割不可侵が常態化し、恰も別会社のようで全体最適化を求めて他部門と協業する考えは殆ど無かった。経営執行サイドと現場との信頼関係もなく、経営幹部が現場に顔を出す機会は少なかった。予算は経営企画本部から降りてくるものであり、すり合わせも無く、現場の誰もが予算に対するコミットメントを持ってなかった。その結果、後述のように立派な経営理念や企業行動規範(33)を保持していたが、価値観の共有は無く、所詮、絵に描いた餅であった。再生中期プランを何が何でも達成するために、全社が一致団結して総力を挙げるということが、まったくなかった。

(3) 日本エアシステム（JAS）との経営統合は窮状打開とはならず(34)

ＪＡＬは二〇〇二年一〇月、国内第三位のＪＡＳ（三〇〇〇億円の有利子負債、累積赤字一二七億円を持つ）経営統合し、人事・労務畑の兼子勲が持株会社のＣＥＯに就任した。連結売上高二兆円規模（従業員五万二〇〇〇人）で、世界第三位に躍り出た。ところが実態は二社共、揃ってそれまでの放漫経営のツケがたたり、二〇〇二年三月期決算でＪＡＬは一一九億円の営業赤字、ＪＡＳは一〇八億円の営業黒字ではあるが、対前年三九％の減益であった。ＪＡＬは二〇〇二年以降の六年間、巨額の赤字と黒字を一年毎に繰り返すことになる。経営陣はその度に九・一一テロ、ＳＡＲＳの大流行、原油の高騰等不可抗力を理由に挙げ、不採算路線の廃止、大幅人員削減、高い年金制度の見直し等の抜本的経営改革を怠ってきた。

(4)「隠れ破綻[35]」

① 二〇〇三年から二〇〇五年迄、航空機メーカーから航空機や部品を買ったときに受け取るリベートを航空機の値引きとして取得価格から減額せずに、営業外収益（約四〇〇億円／年）とした。帳簿上では七二九三億円が計上されていた機材資産が、現実の評価では、三五九三億円の価値しかなかった。この処理がなかったとしたら、五期連続赤字であったと推定される。新日本監査法人も政策投資銀行の指摘で、二〇〇五年以降これをＪＡＬに止めさせている。

② 二〇〇六年三月一日時点で、一取締役でしかなかった経理部長の西松遥が同年六月二八日株主総会で、代表取締役ＣＥＯに駆け上がった。経理に明るく、かつ、監査法人に睨みが利く点を買われたと言われている。二〇〇六年三月期の退職給付関係の簿外債務が二七三一億円存在し、かつ、所有権移転外ノンリコースのファイナンス・リースの簿外債務が三九二二億円存在した。これを債務と認識すればこの時点で大幅債務超過になっていたと言われている。現実に金融は逼迫し、同年六月二八日の株主総会で一切触れず、翌々日に、二〇〇〇億円の大型増資を突然発表し、株主及びマスコミから非難の声が上がった。

③ 仮に、債務超過会社としたならば、払いすぎた税金が将来戻ると仮定した繰延税金資産六〇三億円も損金として取り崩さなければならないことになる。

④「興銀」に進められ一〇年間の飛行機購入代の三分の一を為替予約したが、プラザ合意による円高で大幅なる含み損を抱える。

⑤　政府・運輸省は空港整備特別会計（空港特会）を作り、狭い国土に九八の空港を作る愚挙をとり続けた。これが不採算路線を増やすこととなった。その影響はＪＡＬよりもＡＮＡの方が大きかった。それよりもこの「空港特会」の年間五〇〇〇億円規模の主たる財源は二〇一〇年で航空燃料税七一六億円と空港着陸料八一九億円、航空援助施設利用料一二二六億円、合計二七六一億円からなる。この内ＪＡＬは一七〇〇億円を毎年支払っていた。

⑥　一九七〇年「空港特会」ができると、航空官僚の天下り団体が続々と誕生した。天下りが五代以上続いている航空関係の独立法人・特殊法人・公益法人だけでも八つ、その他の団体を加えると、実に二四団体六三〇人になる。

これらが「隠れ破綻」といわれる所以である。事実、二〇一〇年一月会社更生法申請した後の管財人によるＢ／Ｓでは、負債総額二兆三〇〇〇億円（事業会社としては過去最大）、約九〇〇〇億円の債務超過となって現れてくる。しかし、そのような状態になっていても、ＪＡＬは日本を代表する航空会社として、尊敬と親しみをこめて「ナショナル・フラッグ・キャリア」と呼ばれ、「何か外部の力で経営環境は好転していく、つぶせる訳が無い」との思いが、全社的に蔓延していた。

(5)　取締役会の機能不全

①　ＪＡＬのお家騒動[36]

二〇〇六年二月、業績不振と兼子独裁体制に反発した、グループ子会社の取締役四人（左遷された本社の元専務クラス）が社長の退陣を要求した事件が起こる。頻発した事故の責任を取る形で辞任した兼子勲氏から、社長の座を引き継いだ新町敏行社長（貨物畑）は、兼子の忠臣、西塚英和副社長（人事労務畑）の退陣案を示して収拾を図ろうとしたが、管理職の一割に当たる約四百人が新町氏ら三人の代表取締役の退陣に署名したため、就任から二年で代表権を返上せざるを得なくなった。取締役会のガバナンス機能が発揮されないと、下から突き上げられることは日本で良く見られる現象である。[37] 吉村（二〇一二）によると、徳川時代の武士道にまつわる書物の代表に山本常朝の『葉隠（はがくれ）』がある。この『葉隠』において理想的とされる武士像とは、池上（二〇〇〇）の記述を借りれば、「主君に最善と信ずることを主張する勇気とエネルギーを備えた政治的にアクティブな、熱血行動人とされる。そして、武士が示す忠義たるものの表現として最も価値あるものの一つは主君に反対することとされたのである」（二八八頁）と述べている。

② コーポレート・ガバナンス（二〇〇六年六月末の例）

(イ) 新町敏行取締役会長及び西松遥代表取締役社長を含む取締役総数は一八名、内三名社外取締役（諸井虔：太平洋セメント特別顧問、河野俊二：東京海上火災保険相談役―大株主、清水仁：東急電鉄取締役相談役―大株主）

(ロ) 監査役総数五名、内三名社外監査役（秋山喜久：関西経済連合会会長、西村正雄：元みずほホールディング代表取締役会長―大株主兼大口債権者、松田昌士：元ＪＲ東日本会長）

ＪＡＬは二〇〇六年の有価証券報告書「会社の機関の基本説明」で、わざわざ「持ち株会社である当社は、事業会社との間で組織の壁や意識の差を生じることのないように、取締役と監査役の一元化をはかり、かつ、組織・人員数を最小限とし、一体的な組織運営を図る体制をとっております」と述べ、事業会社との間に組織の壁、意識の差が存在し、一体的な組織運営が図れないリスクの存在を、暗に認めている。社外取締役のうち二名は独立性に問題があり、CEOの業績評価・選解任に関しリーダーシップを執ったことはなく、政治家や、国土交通省の支持・承認を受けるという受動的態度をとり続けてきた。これを称して「取締役会の機能不全」という。

(6)　まとめ

素晴らしい経営理念、企業行動規範、再生中期プラン等が全く社員に周知徹底されなかったのは、取締役会及び経営陣が日本で最強の「戦闘的組合集団」である機長組合と彼らの部下である副操縦士で構成する乗員組合他七組合をとことん敵に回してまで、左記の六項目の経営の根本的課題解決を、身命を賭してまでやらなかったこと。また、取締役自身の国土交通省や政治家志向からの脱却ができなかったことによる。

①　機長組合から組合権・団体交渉権を剥奪し、会社側管理職に戻すこと
②　機能分担型組織の壁・悪弊（他部門は別会社意識）にメスを入れること
③　「ナショナル・フラッグは潰れない・潰せない」のぬるま湯意識を払拭し、真の意味での全社的意識改革運動展開すること

④　予算・会計制度の矛盾の修正（予算は経営企画部から降ってくる。コストは飛行距離スライドで配賦―赤字路線が分らない）
⑤　人件費削減、年金対策
⑥　ボーイング一社購買からの脱却

社外取締役を含めた全取締役は、数年間の在任期間中に、あえて「火中の栗」を拾おうとせず、ガバナンスは全く機能していなかった。業績不振と兼子会長独裁体制に反発して、左遷された元専務クラスの子会社役員四人と約四〇〇人の管理職が決起し、新町代表取締役社長ら三名から代表権を剥奪（上級管理職中心によるクーデター劇）したが、次の西松遥代表取締役体制になっても、経営体質は変らなかった。

ＪＡＬの破綻原因を調べていたＪＡＬ独立機関の「コンプライアンス調査委員会」は「重大事態に対する歴代経営者の不作為が原因で破綻した」との結論をだした。ここに取締役会の統制機能・監督機能における有効性・正当性は全く存在しない。完全民間化後も、社長交代は専ら政治家や国土交通省が決めると思っていた節がある。

三品和弘（二〇〇四）は、

「日本企業の失敗には慢性の無為無策型が多く、do nothing の知恵を過大評価する傾向がある。ローリスク・ローリターン指向もある」という。

高巌（二〇一三）は、

「日本航空における組織の凝集力の希薄さ」は「幹部の社内抗争」と「運輸省や運輸族議員の意向」を仰ぐ姿勢に起因している」と指摘している。

また、平田（二〇〇二）は一般論として、

「経営理念や経営倫理が経営判断基軸として従業員末端まで浸透・共有化されないと、コーポレート・ガバナンスの実効性を挙げることは不可能である。同時に、経営者の倫理観やリーダーシップ等の資質の重要性を強く指摘している」。

これらの問題点を見事に解決したのが、京セラフィロソフィーや独自の会計制度（アメーバ経営）を梃子にした意識改革運動・コスト削減運動・組織改革を強いリーダーシップを持って展開した稲盛和夫率いる京セラチームである。新体制における取締役会は監査役会設置会社であるが、指名委員会、報酬委員会等をもち、取締役七名の内二名が社外取締役である。業績は短期間に急回復し、再上場を果たした。経営とはかくあるべしと思う。詳細は、第8章「日本航空（ＪＡＬ）の再建に見る、稲盛和夫の経営哲学の普遍性」を参照されたい。

8　三越事件

⑴　創業時代～岡田茂社長就任迄

三越の源流は呉服屋の「越後屋」にさかのぼる。一六七三年、三井八郎兵衛高利（三井家の家祖）

が日本橋に開店したのが創業である。一八九三年、越後屋は「合名会社三井呉服店」に改称、一九〇四年、三井と越後屋の頭文字をとって「株式会社三越呉服店」とする。一九〇四年「デパートメントストア宣言」を行い、我が国最初の百貨店と称し、以後発展を続けた[38]。経営理念は「社会的貢献と企業の繁栄、伝統を超える革新性、まごころと創意工夫」である[39]。三越の大株主は財団法人三越厚生事業団（理事長岡田茂、一九七二年）、三越愛護会、従業員持株会等である。一九七二年の岡田茂社長の就任時、及び以後の一〇年間の業績は、一九七二年度売上高二九二〇億円、当期利益は六六億円。利益のピークは一九八〇年度一〇七億円。一九八一年度売上高五八六〇億円、当期利益七五億円、解任された一九八二年度売上高は五四五五億円、利益はマイナス五〇億円の赤字であった[40]。

岡田茂は自著『なぜだ!!』で就任期間中売上高を二倍にしたこと及び解任された途端に赤字に転落したと述べているが、これには注釈が必要であるように思われる。オイルショックを含む一〇年間のインフレと、「三越の女帝」といわれた竹久みちと共に経営を私物化し、膨大な仕入れと納入業者への押し付け販売、及び解任後の巨大在庫（約一六〇億円）の処分販売損が、かなり赤字転落の理由に影響していたと見られる。「三越の女帝」に関しては、長老の瀬長取締役と前任の松田社長がそっと竹下みちを見に行ったところ「一見見た途端、彼女は目も覚めるような別嬪でした。松田君これでは岡田が彼女の色香に迷うのも無理ないね、と冗談をいったくらいでした[41]」とは瀬長老の言である。

(2)　事件のはじまり

一九七二年四月一二日、社長就任の日に愛人の竹下みちが経営するオリエント交易（資本金五〇万円、貿易経験なし）の口座を無審査で開設し、三越が香港から輸入する商品について何の理由もないのにオリエント交易を介在させ一〇％のマージンを落とし始めた。一九七九年七月には、香港に縫製の会社を設立、カトリーヌというブランドの婦人服の大量生産を開始した。これらを三越の取締役会の承認・報告なしに行っている。この頃から「ワンマン経営者」「乱脈経営者」とかの名で週刊誌にも取り上げられるようになる。これらの膨大な仕入品の取引業者への押し付け販売を強要していた件で、一九七八年一一月、三越は突如、公正取引委員会の立ち入り調査をうけ、独禁法違反に問われた。一九八二年六月一七日、三年間余にわたって公正取引委員会で審判が続いていた三越の独禁法違反事件が、一転して「同意審決」（結審の前に被審人が違反の事実を認め、改善計画を提出し、「公取委」がそれを認める）という結末を迎えた。「押し付け販売」では、今後三越が主に店頭外で組織的、計画的な販売をする際、優位な取引関係を利用して商品の買取を強要することが全面的に禁止された。また費用負担については売り場の改装費用である場合にも、売り場を利用する業者が同意する場合を除いて、負担を求めることは禁止された。三越はこれらを約四〇〇〇社ある取引業者に文書で通知し、徹底させることが義務付けられた。三越はイメージダウンを懸念し早期決着を選択した。(42)

(3) 岡田社長追放の密議

岡田社長は在任中の後半、よく放言したものだ。「オレは、終身社長をやるんだ」とそれはマスコミの取材に応じての発言である。[43] ワンマン経営者に限ってよく「終身社長」とか「生涯現役」とか言うものである。おごり以外の何者でもない。株主を含むステークホルダーからの信認（public consensus）を忘れている。一九八二年三月三一日、三越の将来を見越して若手グループが危機感を募らせていた数名の人が社外の先輩に相談を持ちかけた。その先輩は「自分が親しくしている河村というものが三越の顧問弁護士をしている。岡田社長には批判的で（中略）、とにかく一度あって話してごらん」ということで、先輩の家で河村顧問弁護士に会う。また、五月の株主総会を控えて現況とは裏腹の営業報告書の作成を強要されていた杉田専務、藤井常務以下の幹部の役員たちの顔は、明らかに苦渋に満ちていた。[44] この頃から岡田解任劇のシナリオライターは河村顧問弁護士（彼は日記をつけていた。それをベースに『解任』なる著書を著している）、役員では藤井常務や井上総務本部長らが中心になって策略を練り始めた。五月の株主総会を二五分で乗り切った岡田社長は愛人らと共にエーゲ海クルーズの旅に出かけていった。七月二八日に数人の取締役と二人の高級幹部職員が極秘に会合して岡田追放を相談し、連判状を作成して互いに堅い団結の下に目的に向かって邁進することを誓い合ったということである。斎藤、横山、川本、久保田、増田の各役員達は現場を預かる身として、店内の空気がすでに限界に達していることを肌で感じ、こもごも強硬論を主張した。河村顧問弁護士への協力依頼は藤井、古谷、井上の三氏、三井銀行の小山さんへの協力依頼は藤井、斎藤の両氏、内部対策、情報蒐集は横山、川本、久保田、増田の各取締役と梶山総務部次長、大和室長が担当することが決まった。[45]

(4) 社外取締役小山五郎動く

藤井常務取締役、斎藤取締役が極秘裏に、社外取締役の三井銀行の小山五郎相談役を訪ね、協力を願った（本著者自身、実業に身を置いていた頃、小山五郎相談役の謦咳に接する機会があったが、眼光鋭く、豪胆な方で、こよなく絵画を嗜み実業界のこれはと思う社長さんの肖像画等をよく描かれておられた方であるとの記憶がある）。

一九八二年九月七日、小山社外取締役は岡田社長を訪問した。「もしマスコミなどで報道されているスキャンダラスなことが事実でないならば、これらの出版社を名誉毀損で告訴して、はっきりと潔白を天下に証明すべきではないか」ということを第一に勧告した。次に「すでに社長在任十年になるので、もしこの際社長を引く積もりがあるならば、幸か不幸かペルシャの偽り秘宝展の問題が持ちあがっている。個人的なスキャンダルを報道されて社長を辞任するということはまずいだろうが、秘宝展問題の最高責任者として、管理責任をとって、引退するということならば、面目も立つのではないか」と忠告した。岡田社長は「手前え、誰に頼まれて何しにきやがったんだ。俺は三井なんかちっとも怖くはねえぞ」と汚い言葉を投げつけた。小山氏は「貴様何を言うのか。私は君と喧嘩をしに来たのではないぞ」と一喝し、続いて「まあ、興奮しないで人の話を聞きなさい」と嗜める、さすがに岡田社長も平静に戻り、最後は握手して別れたということである。(46) しかし小山氏は、この時から、「岡田を辞めさせなければならん」という心境に傾いたようである。

(5) 岡田解任劇とその末路

定例取締役会の前日、三越の労働組合が「私たちが経営に期待するものは、役員が私たちの総意を真に感じ、三越人としての良心をもって経営刷新に向けた決断をされることであります」との文面を社内に掲示した（吉村：二〇一二）。

一九八二年九月二二日、三越の定例取締役会は日本橋の本店役員会議室で午前一一時から始まった。一七人の取締役と四人の監査役全員が出席した。五件の審議後、杉田専務から社長解任要求が出された。岡田社長は「なぜだ！」と発言したが、そのまま採決に持ち込まれ、起立によって一六対〇で解任（岡田氏は特別利害関係人であるので議決権がない）が決まった。一〇月一八日東京地検特捜部は、衣料貴金属輸入業の竹久みち（五二歳）を一億六〇〇〇万円の脱税容疑で逮捕した。一〇月二九日には岡田前社長を警視庁捜査二課は特別背任の疑いで逮捕した。一九九三年二月、約一九億二〇〇〇万円の特別背任罪に問われた岡田被告（六七歳）と竹久みち（六三歳）の第一七回公判が東京高裁で結審した。岡田は一九九五年七月死去し控訴は棄却された。一九九七年一〇月、竹下被告は最高裁で懲役二年六カ月、罰金六〇〇〇万円が確定した。[47]

(6) 岡田の自著『なぜだ!!』について

九月二二日の岡田解任劇に対して、岡田は自著『なぜだ!!』で、以下四点について、取締役会における解任決議の正当性に異議を述べている。「一つは、社長解任が議題に入ってないこと。第二にその理由が明示されてない。三番目に議長の私の指示を外れた案件であること。第四に私に抗弁のチャンスが与えられなかったこと[48]」である。

三越の河村顧問弁護士はそれらの法律的根拠を次のように自著『解任』の中で述べている。一つ目に付いて、「取締役会の招集通知には日時と場所が明示されておれば良く（三越は従来からこの方式であった）、必ずしも議題をあらかじめ通知する必要がない。取締役会は自ら会社の業務運営について、あらゆることを審議する権限を持っている。また、当日配布された議題には『其の他』の項目が入っていた」と述べている。第二の「解任の理由が明示されなかった」については「解任の決議には理由も証拠もいらない。ただ、何某の代表取締役を解任するということを多数決で決めればよい」と述べている。第三の「議長の指示に従ってない」については「当日の取締役会では、議事が進み、其の他の項まで進んだときに、岡田社長から杉田専務にバトンタッチし、「其の他については杉田君やってくれ」ということになっていた。いわば社長が専務に権限を委譲することになり、杉田氏はこれに基づいてなんでも提案できる立場に立つという形にもなるわけで（中略）、いずれにしても杉田氏であるならば有効に社長解任を提案することが出来ることになる」と述べている。第四の「抗弁のチャンスが与えられなかったこと」については、「解任には、その理由も本人の弁解も不要である。当の本人は特別利害関係人となって、決議や審議に参加できないことになっている[49]」と述べている。

上記の法的根拠を解説（大橋：二〇一三）すると以下の如くとなる。

代表取締役の解職決議（会社法三六二条二項三号）については「当該代表取締役が私心を去って、

会社に対し忠実に議決権を行使することは困難」であるから「特別の利害関係を有する取締役に該当するとの判例がある（最高裁判決、昭和四四・三・二八民事判例集二三・三・六四五）。また、会社法三六九条二項に「前項の決議について特別の利害関係を有する取締役は、議決に加わることができない」とある。審議に参加できるかについても、参加できない（東京高裁判決、平成八・二・八資料版商事一五一・一四二）。議長にもなれない。

法律的には問題ないにしても、オリンパスの場合も五分でＭ・ウッドフォードを解任したが、理由は述べている。三越の場合も解任の理由ぐらいはごく簡単に述べた方が、民主的であり、コーポレート・ガバナンスの観点からは望ましいことである。いずれにしても取締役会の監督機能が働き、且つ、社外取締役がそれなりに貢献しており、取締役会の社長解任決議の正当性は充分に存在する。岡田氏が「なぜだ！」といったのは、前日遅くまで、岡田氏と共に小山社外取締役対策を中心に取りまとめていた杉田専務の面従腹背・背信に対して、言った言葉であろう。残りの一五人に対しても岡田氏が「取締役にしてやったのに」の思いがあり、つい「なぜだ！」が出たのであろう。この種の解任劇には裏切りはつき物である。杉田専務は自責の念からか社長には就任せず、まもなく会社を去っている。伊丹（二〇一三）は「権力意識が強く経営者の立場を勝ち取った経営者には、そうした畏れの感覚はないであろう。覇道である。そういう経営者には、人は権力に従うふりはするものの、本当の意味での求心力は生まれないだろう」と述べている。

(7) まとめ

① トップに立つ経営者たるものはしっかりした倫理観を持つべきである。色香におぼれた経営の私物化や公私混交、押し付け販売の強要などを行ってはならない。

② 重要事項を取締役会に諮らない、多数決によって決めない独断専行は、経営者のおごりであり、経営者支配の正当性は全く見られない。

③ 法令順守違反や監視・監督義務違反を見過ごしてきた、取締役会の不作為に正当性は全く存在しない。

④ 企業活動は常日ごろから社会からの信頼と共感を受けていることが重要である。三越は、たびたび新聞や週刊誌でたたかれ、どうもやってることがおかしいとの社会からの違和感がでてきていた。いったん不祥事や事件が発覚すると急激に信頼感が失墜することになる。

⑤ 取締役会の監督機能が働き、且つ、社外取締役がそれなりに貢献しており、取締役会の岡田社長解任決議の正当性は充分に存在する。

9　第2章のまとめ

これまで述べてきた様に三洋電機と三越を除いては取締役会における会長／社長解任劇に正当性があるようには見受けられない。

図表 2-2　まとめ表

	経営理念・経営倫理・中長期計画の有無	取締役会は機能していたか	解任時，社外取締役は存在したか	株主総会で新人事案は承認されたか
川崎重工	○	○	×	○但し，理由の説明なし。
オリンパス	○	×　八回の取締役会で七回質疑ゼロ。「集団愚考の罠」，「ムラ社会」注参照	○　但し，三人共独立性に問題あり，内一人は事件に責任あり。	○　但し，ウッドフォードは「日本の株式持合い」に問題ありと問題提起。
日本振興銀行	○　但し，朝礼で違うことを指示。	×　取締役会の不作為が執行役員会での会長解任劇となるが，失敗。	○　但し，四人共会長のお友達。全く機能せず。	会長解任劇が失敗に終わったため株主総会は開かれず。
三洋電機	○	○	○　五人存在	○
JAL	○　但し，岩盤のような八つの労組に反対され全く浸透せず。	×　取締役会の不作為が，上級管理職による三代表取締役の解任劇につながった	×　常時三～四人の財界有名人が社外取締役にいたが，無為無策。	○　西松遥新任代表取締役が決まったが，経営破綻を回避できず。
三越	○	×　社長が取締役会を無視，それに誰も異議申し立てなかった。	○　三井の相談役小山社外取締役が岡田社長解任劇の一部を担う。	○　新任取締役が承認された。

注 1：集団愚考の罠（社会心理学 Group-Think の罠）とは一人で考えれば，当然変だと気がつくことが集団だと見落とされ，大きな過ちを犯す現象。40 年前に米国の社会心理学者ジャニスが提唱した理論。カリスマ経営者の下で，一定時間内に結論を出さねばならない時，過度に楽観的になり，「まあいいか症候群（筆者命名）」が出やすい。自己のイメージを覆す情報は無視し，リスクや代替案の検討を怠る。ここに独立社外取締役の必要性がある。

注 2：「ムラ社会」とは有力者を中心に上下関係の厳しい秩序を保ち，しきたりを守り，よそ者（独立社外取締役）を受け入れない排他的な社会。所属する「村」の掟や価値観，しきたりが絶対であり，少数派や多様性の存在自体（独立社外取締役）を認めない。自分達の理解できない「他所者（独立社外取締役）」の存在を許さない。

① 事業部による縦割り組織（カンパニー制）の長からなる取締役会で、社外取締役が一人もいない場合の社長解任劇は内部権力闘争の内紛劇とみなされやすく、例え法的には問題なくても、取締役会決議の正当性を著しく弱めるものである（第9章の3本書の「独立社外取締役の義務化」の必要性及び根拠を参照）。

② 契約上の秘守義務を盾に取った、情報開示拒否は経営者と株主及び其の他の利害関係者との「情報の非対称」問題を拡大するだけである。IRとして許されうる範囲内での情報開示の努力を示すべきではないのか。インベスターに限らず、利害関係者に広く行うパブリック・コミュニケーションは更に大事である（第4章の4「まとめ」参照）。

③ オリンパスは助言会社への常軌を逸した巨額の報酬支払いに関する取締役会を二年半に八回行ったが内七回は質疑ゼロとのこと。この章の初めにあった「取締役会の無機能化」や「取引コスト論」を越えて「取締役会における集団愚考の罠（社会心理学 Group-Think の罠）、ムラ社会意識」の存在を認めざるを得ない。また、「取締役会の無機能化」は時として、コア従業員や上級執行役員による下からのクーデター劇を招来するケースもある。

④「重大事態に対する歴代経営者の不作為」に経営者支配の正当性は全く見られず、経営破綻をもたらす（この章の1の(2)参照）。

⑤ 法令順守違反や監視・監督義務違反があった取締役会決議に正当性は全く存在しない。

⑥ 重要事項を取締役会に諮らない、多数決で決めない独断専行は、経営者のおごりであり、経営者

支配の正当性は全く見られない。

⑦　どんなに立派な経営理念や企業行動規範（倫理コード）を持っていても、企業の末端まで浸透・共有化されてないと絵にかいた餅でしかない。経営理念等が共有化されてないとコーポレート・ガバナンス・システムも有効に機能しない。

⑧　企業活動は常日ごろから社会からの信頼と共感を受けていることが重要である。オリンパス、日本振興銀行、三越もどこかの時点で、どうもやってることがおかしいとの社会からの違和感（レピュテーション・リスク）がでてきて、いったん不祥事や事件が発覚すると急激に信頼感が失墜し、株価の暴落、経営破綻等に至る。（第７章「本書の経営者支配の正統性論」参照）。

⑨　トップに立つ経営者たるものはしっかりした倫理観を持つべきである（夫の経営するコンサルタント会社との契約、色香におぼれた経営の私物化や公私混交、押し付け販売の強要などを行ってはならない）。

⑩　我が国における、各種年金、各種保険会社、各種銀行等による機関投資家、及び株式持合いの事業会社等に支えられた株主総会における株主議決権の不活発問題がある。白紙委任状獲得による株主総会の形骸化の状況を示すものとして、『商事法務』No. 2010、二五頁に記載されている、平成二四年度「東証」他五大証券取引所の投資部門別株式保有状況によると、金融機関三〇・〇％、事業法人等二一・七％、合計五一・七％と過半数を占める、また、『商事法務』No. 2016、二〇一三年版「株主総会白書」七二頁に記載されている、安定株主比率を五〇％以上保有している企業数は

四七・七％を占めている。株式持合いにささえられた株主総会について、奥村宏教授（一九八六）の言を借りれば、経営者が法人所有という他人の所有に基づく支配であるから「所有の盗奪」ということになる。したがって、経営者支配に正当性はないと述べている（第6章「経営者支配の正当性の根拠」参照）。

この広い意味での株式持合いは、金融機関からなる機関投資家による部分と事業法人による部分と分けて議論する必要がある。前者は金融庁による「日本版スチュワードシップコード」の制定によるモニターリングや「目的ある対話」（エンゲージメント）が進むことを期待するが、後者は全く相互牽制が働かない。一般に、有価証券報告書から特定投資株式（純投資目的以外の目的で保有する上場投資株式で、銘柄別に貸借対照表計上額が資本金額の一％を超えるもの）として約五〇〜二〇〇銘柄（川崎重工の場合一六二銘柄一九九億円、オリンパス六七銘柄四二二億円等）保有しているが、この内、経営トップが定期的に情報交換できているのは多くて十数社であろう。後は、決算書の交換と財務情報の一覧表による事務方のチェックであろう。経営トップの目に触れるケースは、その会社の株価が暴落して、株式の評価損が出た時に初めて、決算取締役会で注目されるくらいである。そこに「相互牽制」はなく、ただあるのは奥村宏教授の言う「所有の盗奪」でしかない。これは諸悪の根源であり、金融庁が問題にしている。一方、国内外の機関投資家による企業へのかかわりと企業業績向上には有意な関係があるとの実証研究（「宮島論文」等）が存在する（第7章―3―③の「国内外機関投資家の動機付けと企業業績向上についての実証研究」参照）。

これら一〇項目の我が国のコーポレート・ガバナンス上の重要な問題点を意識しながら、第3章以降に進んでいただきたい。

注

（1）ロナルド・H・コース（一九三七）の先駆的業績「企業の本質」を基に、オリバー・E・ウイリアムソン（一九七五、一九八五）によって確立され、今なお発展しつつある。「取引」を分析の基本単位としつつ、企業という制度がなぜ市場の中で成立するのかを説明する理論的枠組み。企業の取引を自社内で行うかそれとも市場をつうじておこなうか、どちらが効率的であるかを決定する要因を明らかにすることをとうして様々な組織設計や戦略、政策決定の問題に解を与えようとするものである。

（2）『週刊新潮』二〇一三年六月二七日号［特集］「川崎重工クーデター」四八～四九頁、NIKKEI BUSINESS 2013.6.24「株主置き去りの社長解任劇」一六頁、『日本経済新聞』二〇一三年六月一七日「川重解任劇4つの疑問」、同六月二二日「川重の社長解任劇どうみる」、同六月二七日「説明責任置き去り137分」、同七月二日～五日「川重幻の統合」、『読売新聞』同六月一三日「川重抗争　周到な解任劇」、『日経ヴェリタス』同六月二三日「川重の統合破談、市場は歓迎」を参照。

（3）（2）と同様。

（4）オリンパス第三者委員会調査報告書及びウィキペディア（Wikipedia）「オリンパス事件」については、第1章注（7）から第2章（3）まで共用している。及び『日本経済新聞』二〇一一年一〇月一九日「オリンパス混乱収まらず」、二〇一三年一一月七日「如水会監査役懇話会　演者一橋大学教授福川裕徳の講演」等を参照。

（5）『日本経済新聞』二〇一二年一月三〇日「監査法人、不正発見に限界」及び同紙二〇一一年一二月二五日「買収先数字動かすな」、二〇一三年一一月七日「如水会監査役懇話会　演者一橋大学教授福川裕徳の講演」等を参照。

（6）「オリンパス取締役責任委員会調査報告書」二〇一二年一月八日（添付資料を含む）及び『日本経済新聞』

二〇一一年一〇月二〇日「買収額７３０億円７割減損処理」及び、同一一月一〇日「問題指摘の監査法人変更」、『ロイター』二〇一一年一〇月一九日「オリンパス、ジャイラス買収でＦＡへの支払いが約６８７億円」を参照。

(7)『週刊ダイヤモンド』二〇一一年一〇月二九日「ニュース＆アナリシス」、『現代ビジネス』二〇一一年一〇月二〇日、山口義正「経済の死角」を参照

(8) NIKKEI BUSINESS 2011. 10. 31「解任劇の真相を話そう」、『週刊ダイヤモンド』二〇一一年一〇月二九日「ニュース＆アナリシス」及び『日本経済新聞』二〇一二年二月一九日「菊川前社長が根回し」、『毎日新聞』二〇一一年一〇月一八日「オリンパス　前社長解任、泥沼化の様相　株価も急落」参照。

(9) NIKKEI BUSINESS 2011. 11. 7「オリンパス、なお残る疑問と謎」、『日本経済新聞』二〇一一年一〇月二八日「オリンパス買収経緯説明　株主との溝埋まらず」、同年一一月一〇日「金融庁・東証　調査へ」及び「オリンパス市場が圧力」を参照。

(10)『日本経済新聞』二〇一一年一一月八日「オリンパス損失隠し」、「上場維持重大性が焦点」、同年一一月一一日『朝日新聞』「菊川前会長、損失隠し認める＝オリンパス第三者委員会聴取に」及び NIKKEI BUSINESS 2012. 4. 16「巨額損失、苦闘の６ヶ月」を参照。

(11)『日本経済新聞』二〇一一年一二月一七日オリンパス調査報告書から「優先株購入、沈黙した取締役会」参照。

(12) NIKKEI BUSINESS 2011. 12. 5「ウッドフォード氏、持ち合い批判」を参照。

(13) 木村剛（二〇〇三）『金融維新』二三四頁、有森隆（二〇一〇）『日銀エリートの挫折と転落』一四一頁、ウィキペディア（Wikipedia）「木村剛」を参照。

(14) ウィキペディア（Wikipedia）「日本振興銀行」及び「木村剛」、有森隆（二〇一〇）『日銀エリートの挫折と転落』七三～七五頁、一三五～一三九頁、一五一頁を参照。

(15) 有森隆（二〇一〇）『日銀エリートの挫折と転落』一六三～一六四頁、一六五頁参照。

(16) 有森隆、同右、一七〇～一七四頁、一八三～一九二頁、ウィキペディア（Wikipedia）「日本振興銀行」及び「木

村剛」を参照。

(17) 木村剛（二〇〇三）『金融維新』三〇四頁、参照
(18) 有森隆（二〇一〇）『日銀エリートの挫折と転落』五六頁参照。
(19) 有森隆、同右、五四頁参照
(20) 有森隆、同右、五七頁参照。
(21) 有森隆、同右、一四三〜一四五頁、木村剛（二〇〇三）『金融維新』二六五〜二七〇頁参照。
(22) 有森隆、同右、一九四〜一九五頁、木村剛（二〇〇二）『日本資本主義の哲学』二一四〜二一八頁参照。
(23) 『三洋電機ニュースレリース』二〇〇五年七月五日「Think GAIA について」参照。
(24) 同右、二〇〇五年一一月一八日「SANYO EVOLUTION PROJECT に基づく中期経営計画の策定について」参照。
(25) 同右、二〇〇六年一月二五日「第三者割当による新株式（優先株式）の発行に関するお知らせ」参照。
(26) 『週刊ポスト』二〇一三年七月五日号「社内クーデターの研究」四六頁、及び『三洋電機ニュースレリース』二〇〇七年三月一九日「三洋電機の野中ともよ会長が辞任」参照。
(27) 久保克行（二〇一二）『コーポレート・ガバナンス、経営者の交代と報酬はどうあるべきか』九四頁参照。
(28) ＪＡＬ企業サイト、二〇一三年二月一八日「ＪＡＬの沿革　創立　創立後の変遷」、町田徹（二〇一二）『ＪＡＬ再建の真実』二二〜二三頁、及びウィキペディア（Wikipedia）「日本航空の歴史」参照。
(29) 森功（二〇一〇）『腐った翼』三九頁参照。
(30) 日本航空・グループ二〇一〇（二〇一〇）『ＪＡＬ崩壊』四二〜四三頁、及び森功（二〇一〇）『腐った翼』五九頁参照。
(31) 森功（二〇一〇）『腐った翼』五〇〜五一頁参照。
(32) 同右、五二頁、及び日本航空・グループ２０１０（二〇一〇）『ＪＡＬ崩壊』三二頁参照。

(33)　日本航空「有価証券報告書」二〇〇五年度～二〇〇六年度より。

経営理念

ＪＡＬグループは、総合力ある航空輸送グループとして、お客様、文化、そしてこころを結び、日本と世界の平和と繁栄に貢献いたします。

①　安全・品質を徹底して追求します。

②　お客様の視点から発想し、行動します。

③　企業価値の最大化をはかります。

④　企業市民の責務を果たします。

⑤　努力と挑戦を大切にします。

企業行動規範

ＪＡＬグループは、①安全管理体制の推進、②安全文化の醸成、③危機管理機能の強化、④航空保安の堅持、⑤基本品質の強化、⑥お客様の声の商品・サービスへの反映、⑦ＣＳ意識の醸成と浸透、⑧人財力の強化、⑨社会的責任の重視、⑩法令順守、業務の有効性と効率性、財務報告の信頼性の確保、に努めます。

(34)　町田徹（二〇一二）『ＪＡＬ再建の真実』二五頁、杉浦一機（二〇一〇）『ＪＡＬ再建の行方』二〇～二三頁参照。

(35)　町田徹（二〇一二）『ＪＡＬ再建の真実』三二～三八頁、大鹿靖明（二〇一〇）『墜ちた翼―ドキュメントＪＡＬ倒産』一五三～一五五頁、町田徹（二〇一二）『ＪＡＬ再建の真実―再上場の功罪を問う』一二四～一二六頁参照、引頭麻実（二〇一三）『ＪＡＬ再生』四〇頁。

(36)　町田徹（二〇一二）『ＪＡＬ再建の真実』二六～二七頁、森功（二〇一〇）『腐った翼』一〇二～一八六頁参照。

(37)　吉村（二〇一二）八八～一二二頁参照。

取締役会のコーポレート・ガバナンス機能が働かず社長を解任できない場合執行役員会・労組・ミドル等が社長

解任に一定の役割を果たした例として、本書で扱っている日本振興銀行（失敗）、ＪＡＬ（成功）、三越（成功）以外には、

①　ピアノのヤマハ

一九九二年、労組が経営協議会で赤字転落・雇用問題軽視の責任を追及して川上浩社長の退陣を申入れ、定例取締役会の前に行われた役員懇談会の席上、辞任を表明した。

②　セイコーインスツルメント（ＳＩＩ）

二〇〇六年一一月に、セイコーインスツルメントの臨時取締役会で服部純市代表取締役会長兼社長代行の独断専行に対し、部長級幹部五〇人の請願書「従業員の著しい不信感を招いている」が誘因となり取締役常務執行役員の新保雅文が緊急動議を提出し、可決された。

③　ＡＮＡ

一九九七年七月、生え抜き社長と天下り名誉会長と会長の間で起こった社長後任人事をめぐった対立で、三〇〇人の課長が要請文を出した結果、両方が辞任した。

④　野村證券

一九九七年六月、総会屋への利益供与事件で社長と二人の常務取締役が逮捕された。有力部長らの「裏の取締役会」が代表取締役全員の退陣を主張。これが受け入れられ一五人の代表取締役が退任。

(38)　斎藤憲（二〇〇七）『企業不祥事辞典』三〇頁参照。
(39)　Rannkintop.com/08/027/gaiyou.htm「有名企業社是・社訓・経営理念一覧」より。
(40)　河村貢（一九八五）『解任、三越顧問弁護士の証言』二六二頁参照。
(41)　同右、三三頁参照。
(42)　斎藤憲（二〇〇七）『企業不祥事辞典』三〇～三一頁参照。
(43)　岡田茂（一九八四）『なぜだ!!』二一～二二頁参照。

(44) 河村貢（一九八五）『解任、三越顧問弁護士の証言』一四五頁、一五三頁参照。
(45) 同右、一六〇～一六一頁参照。
(46) 同右、一八九～一九一頁参照。
(47) 斎藤憲（二〇〇七）『企業不祥事辞典』三一～三二頁参照。
(48) 岡田茂（一九八四）『なぜだ!!』三七～三八頁参照。
(49) 河村貢（一九八五）『解任、三越顧問弁護士の証言』二一六～二二九頁参照。

第3章　米国のコーポレート・ガバナンス

1　はじめに

米国のコーポレート・ガバナンスに関する学問的議論はバーリ＝ミーンズ（Berle & Means）が一九三二年に出版した『近代株式会社と私有財産』が出発点と言われている。一九一九年に判決の出た「ヘンリーフォード対ダッジ兄弟の訴訟における株主利益最優先論」が始まりであるとの説もあるが、学問的議論はやはり、バーリ＝ミーンズが出発点であろう。一九九〇年の経営者団体の企業円卓会議（BRT：The Business Roundtable）の宣言や一九九二年のアメリカ法律協会（ALI：The American Law Institute）のコーポレート・ガバナンス原則：分析と勧告においても株主利益最優先論が主流である。

その歴史を見ると、大企業の経営破綻が起こるたびに、企業統治改革が繰り返されてきた。一九七〇年に起こった米国最大（当時）の鉄道会社ペン・セントラルの倒産は、業務執行者による債務超過の隠蔽、違法配当、インサイダー取引が主因で、株主に甚大な経済的損失をもたらし、株主主権論に火をつけた。その結果、一九七七年NYSE（New York Stock Exchange）は社外取締役からなる監査委員会制度を導入した（佐久間：二〇〇七、四七〜四九頁）。また、一九九一年には組織犯罪者の罪の程度に応じた「懲罰」と、組織犯罪を見つけ防ぐ「抑止」の目的で、連邦量刑ガイドラインが制定され、これを契機に、企業に「倫理プログラム」が導入されだした。一九九二年には「内部統制の統合的枠組み（COSO：The Committee of Sponsoring Organization of the Treadway Commission）」が公表された。対策はこれで十分かと思われた。しかし、二〇〇一年一二月にエンロン事件が起き、続いて二〇〇二年七月にワールドコム事件が起きた。その結果、二〇〇二年七月にSOX法（Sarbanes Oxley Act of 2002）が成立した。対策はこれで十分かと思われたが、二〇〇八年九月リーマン・ショックが起こる。これと前後して二〇〇九年六月、企業統治憲章（株主主権論であるが、他のステークホルダーへの配慮と長期的利益向上を含む）を出していた先駆的GM（ジェネラル・モーターズ）が経営破綻した。その結果、二〇一〇年七月、金融規制改革法（ドッド・フランク法）が成立した。ここまでの主要事件等について、何故、大企業の経営破綻はおこるのか、何故、新しい法制度だけでは経営破綻を止めることができないのかをより詳しく見ること、及び我が国へ多大な影響を与えたCOSOやSOX法についても詳細を見ることは、我が国におけるコーポレート・ガバナンスの議論にも有益な示唆を与えるものと思われる。

2　バーリ＝ミーンズ『近代株式会社と私有財産』（一九三二年）に見る「所有と経営の分離」

三戸浩（二〇一一）は、

「本書が注目され、数多くの議論を引き起こしたのは何よりも、『経営者支配論：現代大企業はもはや（大）株主＝会社所有者によって支配されているのではなく、所有者ならざる（専門）経営者によって支配されている』、というあまりに衝撃的な主張を、アメリカ大企業二〇〇社の実証研究に基づいて行われたからにほかあるまい」（四〜五頁）と述べている。また、

「本書において、『所有者支配から経営者支配へ』という現象に伴う『支配の正統性（新しい支配者、経営者は正当な支配者か）』について検討されている」（六〜七頁）と支配の正統性論議に触れ、その原因と影響として、

「経営者支配は、企業規模の大規模化＝発行株式の増大が株式所有の広範な分散をもたらした結果、会社所有者（株主）は支配力を失い、代わって経営者が支配力を持つようになったという理解が通説、常識となっている。それ故に、近年のコーポレート・ガバナンス論において、経営者が（正当なる支配者たる）株主の権利を盗奪している。即ち、『非正当な権力（者）』なのである、

という理解・議論がまかり通っているのである。コーポレート・ガバナンスの文献に当たってみると、法学関係では「株主主権論」がまったく当然中の当然として前提とされているようであるし、経済学の世界は、いわゆる「エージェンシー理論」、経営者は株主の「代理人」であり、株主の利益のために経営者が努めるのは当然とされているようである」（一一頁）と述べている。

我が国の法制度としての株式会社は、株主が会社機関（株主総会・取締役会）を通して会社を統制（支配）することを建前としている。具体的には、株主総会で株主の代表者たる取締役を選出し、取締役会が代表取締役を監督するのである。株主は、取締役会を通じて経営者に経営を委任する。しかし、現実には業績が落ち込んでいるのに、自己永続的体制（現経営者が実質的に役員選出権を手中にし、現経営者が次期経営者を選出している）を構築し、長期にわたって代表取締役を続けることや、公私混交を行うことはモラル・ハザードといわざるを得ない。オリンパスの菊川剛、日本振興銀行の木村剛、三越の岡田茂のようなワンマン経営者・独裁者を輩出し、やがて事件を起こすことになりかねない。

したがって、「会社支配の正当性問題」は、以降「経営者支配の正当性問題」となっていく。

米国でも、この「所有と経営支配の分離」を生じさせた株式所有の分散化、株式の流動化（その会社に不満があれば、株主総会で意見を述べるよりも、その株式を証券市場で売却して、会社経営から離脱することをウォール・ストリート・ルールという）は、結果として、無関心株主の増大、株主地位の低下、株主の会社に対する支配・監督機能の喪失等をもたらすのみならず、会社経営者の巨大権力化、企業の横暴、不正行為をもたらしている。つまり、経営者は株主等の意思を離れて暴走する危険があることをエンロン、ワールドコム、リーマン・ブラザース事件等は実証したといえる。したがって、米国においても「会社支配の正当性問題」は、以降「経営者支配の正当性問題」となっていく。

3　株主主権論かステークホルダー論か

一九三二年以降、コロンビア大学のバーリ教授（Adolphe A. Barle, Jr.）対ハーバード大学のドッド教授（Merrick E. Dodd）との間に、二〇年論争を展開する。バーリは「経営者は全株主の利益のためのみに、与えられた権限を行使すべきであると主張した（株主主権論）」、これに対し、ドッドは「企業には社会的奉仕の責務もあり、経営者は関係者の利益を考慮にいれるべきである、つまり、経営者の受託義務を株主以外の他の全ての関係者を包括できるように拡張すべきだ（ステークホルダー論）」とした。バーリは直ちに反論し「株主に対する受託義務を弱められたり排除されたりすると経営者は絶対者となってしまう」と主張した。その二年後ドッドがこれに譲歩する形で、バーリが勝利したとされる。尚、この論争は一九五〇年代に入っても継続される。バーリが一九五四年に『二十世紀資本主義革命』を一九五九年には『財産なき権力』を出版した。戦後、株式会社の大規模化やそれへの経済力の集中が一層進展したことにより、バーリは会社活動の社会的影響の増大とその担い手たる会社経営者の社会性の増大を認識して、『二十世紀資本主義革命』を著し、大会社に集中する絶大な経済的権力を担う経営者の絶対的な権力は、もっぱら経営者の良心によって抑制されねばならないとする「会社良心

(corporate consciousness) 論」を展開した。そして『財産なき権力』では、「権力保持の正当性は、根本的には社会的合意 (public consensus) によって容認されるかどうかにかかっている」とする「社会的合意」論を展開したのである。したがって、戦後のバーリはドッドの立場に改説したといえる（大塚：二〇一一、今西：二〇一三)。

この論争はその後、一九七〇年代のミルトン・フリードマンの株主主権論、即ち、「自由主義経済体制の下では、ビジネスの社会的責任はただ一つしかない。それは利潤を増大させることである。自らの資源を活用し利潤の増大を目指した様々な活動に没頭することである」(*Capitalism and Freedom*, p. 133) に引き継がれる。これに対するステークホルダー論は一九八〇年代にエドワード・フリーマン (Edward Freeman) によって展開されることになる (*Strategic Management: A stakeholder approach*)。彼が提唱した道義的責任の思想は「この国はあまりにも物質主義と自己中心主義に偏り過ぎた。企業には魂が必要だ」と述べた。これこそＣＳＲの本質を突いていた。フリーマンはステークホルダーの定義を広義には供給業者、顧客、株主、従業員、地域社会、政治団体、政府、メディア、その他であり、狭義には供給業者、顧客、従業員、出資者とした。一方、「その後一九九〇年代から様々な分析結果が公表され、企業の存続に不可欠のグループとして株主、従業員、顧客、経営者、納入業者、コミュニティの六つがステークホルダーとして上げられる。これらのステークホルダーの利益は、例えば倫理行動や長期的利益の判断の中で考慮されることとなる」（大塚：二〇一一)。

初めてEthicsなる文言が米国の法文上現れたのは、一九四〇年の連邦証券法の中の投資会社法である。文中に「SECが作成・適用する規則・規制にはCode of Ethicsの適用が含まれる」との一文がある。Business Ethics and Conductとして正式に表示されたのは一九八六年の「防衛産業イニシアチブ」即ち、防衛産業に関わる契約業者が守るべき企業倫理と行動に関する協定である。

4　連邦量刑ガイドラインの制定（一九九一年）

米国の倫理コードの導入とその実効性に大きく影響を与えたのは、一九八七年の「連邦量刑ガイドライン」である。一九九一年一一月の改正において企業等の違法行為に対する量刑指針が明示されただけでなく、企業が効果的なコンプライアンスや倫理プログラムを保有している場合、科された罰金が軽減される。梅津（二〇〇五、一六〇～一六一頁）によると、

「これは企業が不正をおこなった場合に、社内的な倫理やコンプライアンスの制度を講じていたかどうかによって罰金レベルに差をつけようというものであり、企業内制度の拡充を推進しようとするプログラムである。どこの国の企業でも同様だが、何か不祥事が起った時には『これは企業ぐるみで行ったものではない』という言い訳をするのが通例である。場合によっては一部の従業員に責任を転嫁する『とかげのしっぽ切り』も行われる。但し、『企業ぐるみでない』という弁明の真

偽の検証は往々にして『やぶの中』と言うことが多い。アメリカでも事情は全く同じであったが、連邦量刑ガイドラインでは常日頃から企業内倫理制度を確立して、教育・研修など社内への徹底を図る地道な努力を続けている企業の場合には、仮に不正が起きたとしても『会社ぐるみでない』という弁明に客観的な証拠ありとみなして、罰金を軽減する措置がおこなわれるようになった。不祥事に対する罰金額が最大で八〇倍も違ってくることから、全米の企業が社内倫理プログラムの制度を整えることになった」と述べている。

講ずる企業倫理を機軸にマネジメントすることが結局は「倫理的振る舞いの企業は継続・発展する」という新しいコンセプト（貫井：二〇〇二）に企業が気づく契機となった。その意味で「連邦量刑ガイドライン」の存在は企業倫理体制の普及促進に絶大な影響があったといえる。倫理に関する懲罰的な罰金制度のない日本との彼我の差は大きいといわざるを得ない。従って、わが国では、日本経営倫理学会、経営倫理実践研究センター、企業倫理士協会等の諸団体による啓発・普及活動や企業自らの自主努力に基づく倫理的風土の普及促進に力を入れざるを得ない。尚、二〇〇五年一月、連邦量刑ガイドラインは最高裁の違憲判決により強制力を持たない文字通りガイドライン的色彩を強めることとなった。

5　COSOによる「内部統制の統合的枠組み」の公表（一九九二年）

トレッドウェイ委員会組織委員会（COSO：The Committee of Sponsoring Organization of the

Treadway Commission）は「共通の内部統制の統合的枠組み」を明らかにするため、一九九二年に統制環境要因として誠実性（Integrity）と倫理的価値観（Ethical Value）を取上げた画期的内容を公表した。意思決定者は「何が適法か」を超えて「何が正しいか」を決めなくてはならないと述べた。この考え方は、その後L. S. Paine の Value Shift 論（二〇〇四）や「二〇〇四年版ＯＥＣＤのコーポレート・ガバナンス原則」にある「高い倫理基準の適用」や「倫理的行動の枠組みは法令遵守を超える」に継承・深化される。即ち、「企業倫理の制度化」を法令遵守の上位概念として述べている。そして、「内部統制の有効性は、内部統制を設定し、管理し、監視する人々の誠実性と倫理的価値観の水準を超えることはできない。それらは統制環境の不可欠の要素であり、内部統制のそれ以外の構成要素（リスクの評価と対応、統制活動、情報と伝達、モニタリング、ＩＴへの対応）の設計、管理及び監視基準に影響する。全ての職位に亘って強固な倫理的環境を確立することは、企業の繁栄を図る上でも、従業員や社会の方々にとっても極めて重要であり、且つ、企業の方針や統制システムの有効性を大きく高める」と内部統制に関わる方々の誠実性と倫理的価値観等のモラルの高さが内部統制の有効性を決めると述べている。このことは誠に重要なことである。

一方、我が国において、内部統制の「見える化」を図るために、手続きや基準書を詳細に決めてもコストばかり掛かり実効性が上がらないとの意見がある。内部統制システムという制度だけではなしに、その運用と人の資質（倫理的価値観）を高め、相互信頼の企業文化を育てることも重要である。ただし、グローバル企業にとっては、①日本の企業文化を海外にまで持ち込めるか、また、②最近のＦＣＰ

Ａ（連邦海外腐敗防止法）や独占禁止法の強化に現地法人がどう対処できるか、③企業集団の適正を確保するための体制（会三六二条四項六号）に関して、今般の会社法改正案で、企業集団内部統制の考え方が明確に出され、適正な企業集団内部統制を構築・運用しないと、親会社役員が善管注意義務違反に問われることもありうる。このような問題があり、日本の企業文化の海外持ち込みだけによる、手続きの簡素化は、そう簡単ではない。

次に、米国ＣＯＳＯは、事業上のリスク全てを掌握し対策を取る「全社的なリスク・マネジメント（ERM：Enterprise Risk Management）」の必要性が叫ばれたため、七年間検討を重ね、二〇〇一年に検討終了していた。その矢先にエンロン事件が起こり公表延期となり、二〇〇四年に「New COSO」として公表されるまで、実に一〇年を要した。わが国では八田・鳥羽・高田等（一九九六）により「内部統制の統合的枠組み（理論編）」が著書として発行され、九年後の二〇〇五年一二月に金融庁企業会計審議会内部統制部会より、いわゆる基準案（日本版ＣＯＳＯ）が行政から正式に示された。残念なことに、この空白の九年間に、一九九六年の住友商事銅簿外取引事件（損失額一八億ドル）、二〇〇三年の足利銀行破綻事件（一二三三億円債務超過）、二〇〇四年の西武鉄道事件（「有報」虚偽記載）、二〇〇五年の鐘紡粉飾決算事件（二一五〇億円粉飾）等四大不祥事が起こる。

二〇一三年五月、米国ＣＯＳＯより、一九九二年発行の「内部統制の統合的枠組み」を全面的に見直した改訂版が公表された。この改訂は従来の内部統制の定義や評価・管理方法を変えるものではなく、内部統制の五つの構成要素を支える概念を一七の原則として明示したこと及び非財務報告も対象に含めた。特に、後者は現在の株式時価総額の約八〇%が非財務情報、即ち、環境価値・社会価値・顧客満足度・主要リスク評価・従業員価値等から構成されている（米コンサルタント業のオーシャン・トモ社が、米S&P五〇〇株指数の構成企業の株価を要因分析した結果、一九七五年は約八割を財務情報で説明できたが、二〇〇九年は約二割しか説明できず、非財務情報が企業価値を判断する軸になっている。藤井：二〇一四）ことを考えると当然であろう。

6　エンロン事件（二〇〇一年一二月経営破綻）

(1)　事件の経緯

二〇〇二年七月成立したSOX法（Sarbanes-Oxley Act of 2002）は、わが国の金融商品取引法（通称J–SOX法）にも多大な影響を与えた連邦法（証券法制）として有名である。SOX法が制定された背景には二〇〇一年一二月のエンロン社や二〇〇二年七月のワールドコム社の事件がある。エンロンは米国のエネルギー関連会社で天然ガス、電力を扱う会社として一九八五年に設立された。その後、海外も含めたM&Aを繰り返し、急速に成長を遂げ、リスク管理技術やデリバティブなどの金融商品を開発し、そこにインターネットなどIT技術を駆使して、エネルギー分野を主とする多数の商品についてのトレーディング・ビジネスを立ち上げたユニークなエネルギー・インフラ企業であったが、未実現利益の計上やSPE（Special Purpose Entity）を活用した「損失飛ばし」等の粉飾決算の末、二〇〇一年一二月に経営破綻。誠実（Integrity）、尊敬（Respect）、対話（communication）、最良（excelence）等の経営理念（平田光弘：二〇〇二、二二九頁）や二〇〇〇年に制定された六四頁に及ぶ倫理コード（若園智明：二〇〇八）は、経営破綻後、この倫理コードはインターネットのオークションで売りに出され、「一度も開いていません」とのシールが貼られていたなどの話がある（『ＯＥＣＤコーポレート・ガバナンス』二〇〇六、三〇頁）ように、所詮、絵に描いた餅であった。会長兼ＣＥＯのケネス・レイ（Kenneth L. Lay）は、一方では従業員には年金を自社株で運用するように薦めておきながら、自分の方は、粉飾決算の発覚が報道される寸前に自社株をうまく売り抜いて、大量の利益を手にしていたのである（平田光弘：二〇〇二、二二九頁）。また、取締役会（一七名）は指名・報酬・監査等の委員会をもち、二〇〇一年米国のベスト・ボードの上位に評された事もあったが、社外取締役（一五名）に独立性に問題ある人（子会社の取引先、コンサルタント契約、寄付金受領等）が五名、経理・財務の専門家が一名しかいなかったため、会長兼ＣＥＯのケネス・レイ（Kenneth L. Lay）とＣＯＯのジェフェリー・スキリング（Jeffrey K. Skilling）の暴走を許した。その上、監査法人、投資銀行、証券アナリスト、信用格付け機関等の機能不全が明確になった。

各機関の機能不全状況は次の通り。

第一は、取締役会：一五人の社外取締役がいたが、リスクの高い会計処理を行うことや、利益相反の取引きを行うこと、巨額の開示されない簿外取引きをおこなうこと、過大な経営者報酬を支払うことなど疑問のある行為が存在したことについて、数年にわたる幾多の兆候があったにもかかわらず、取締役会はそれらを無視したこと。また、取締役の何人かは、エンロンと財務的な関係を持つに至っていたので取締役会の独立性は危険に瀕していたことを指摘している（Senate Committee）。その上、粉飾を首謀したCFOのアンドレー・ファストウ（Andrew Fastow）に全権を付与した。

第二は、監査法人（アーサー・アンダーセン）：虚偽記載の財務諸表に監査証明を出した。

第三は、投資銀行：財政状態を曖昧にする証券及び金融商品の開発販売を行った。

第四は、証券アナリスト：破綻寸前までアナリストが買いを推奨した。

第五は、信用格付け機関：いつまでも格下げせず機能不全。

第六は、SEC（U. S. Securities Exchange Commission）：倒産必至となる迄調査せず。

(2)　経営破綻

二〇〇一年一二月二日、NY連邦破産裁判所に連邦破産法の適用を申請した。負債総額三一〇億ドルであった。会長兼CEOのケネス・レイは、刑はまだ未確定であったが、二〇〇六年服役中に心臓発作で死亡。COO（後にCEO）のジェフェリー・スキリングは二四年の禁固刑を四五〇〇万ドルの没収と禁固刑の更なる短縮化を求めないことを条件に、一四年の禁固刑に短縮化され、服役中。

7　ワールドコム事件（二〇〇二年七月経営破綻）

(1) 事件の経緯

ワールドコムとは、米国にあった大手電気通信事業者である。一九八三年、バニー・エバーズ(Bernie Ebbers)により、ワールドコムの前身となるLDDS社が創設された。通信業界のライバル企業を次々と買収する戦略で成長し、一九九四年には六万人以上の従業員と、世界六五カ国で事業を展開する巨大な通信会社となった。CEOのエバーズは、ワールドコム株の上昇で巨万の富を得ていた。しかし、一九九八年のMCI獲得の直後、ITバブル崩壊により、通信産業は下降にはいった。また、一九九九年のスプリント社との合併は、「独占禁止法違反の疑いある」とのことで、司法省の認可が得られず、二〇〇〇年七月に両社の合併は白紙撤回を余儀なくされた。これに伴い、ワールドコムの成長戦略は重大な打撃を受けた。株価は下落し、エバースはビジネスへの融資資金として保有していたワールドコム株を、証拠金請求のカバーに提出するように銀行から圧力を受けていた。四億ドル以上を保証したが、結果的にこの戦略は失敗する。二〇〇二年四月にはCEOの座から追われた。

一方で、一九九九年~二〇〇二年五月にかけて、自社株の価格下落を下支えするために、粉飾会計を行っていた。

① 「ラインコスト」(他の通信会社との相互接続費)について、本来は費用にすべきところを、資産に計上し、その減価償却費だけを費用とした。

② 「会社未分配売り上げ科目」(corporate unallocated revenue accounts) という偽りの勘定科目を計上することで、収益を粉飾した。

ワールドコムの内部監査部門は定例の支出検査の過程において、二〇〇二年六月、約三八億ドルの粉飾を発見し、アーサ・アンダーセンに代わって新任の監査法人となっていたＫＰＭＧに注意を促した。その後まもなくして、検査委員会と経営陣に粉飾会計は報告され、責任者の厳正な処罰が行われた。

(2) 経営破綻

ＳＥＣは二〇〇二年六月に調査に乗り出した。会社の資産は約一一〇億ドル過大計上されていたことが明らかとなった。その負債総額は四一〇億ドルとなり、エンロンの三一〇億ドルを超え、二〇〇八年に破綻したリーマン・ブラザーズに抜かれるまで米国最大の経営破綻となった。ＣＥＯのエバーズは詐欺や虚偽の財務諸表の提出など刑事責任を問われ、禁固二五年の実刑判決を受けている。

エンロンとワールドコムの監査を行ったのはアーサー・アンダーセン大手会計事務所であった。両社の粉飾決算を手助けしたということで一気に信頼を失い、解散することとなった。

平田光弘（二〇〇八）は「ワールドコムもエンロンと同じように、立派な経営理念を持っていたに違いない。だが、同社の経営理念を入手してないので、言うことと行うことは違うと書くわけにはいかない」と述べているように経営理念があったか否かは不明である。

(3) ブッシュ政権等の不正会計疑惑[1]

エンロンとワールドコムに典型的に見られるような米国企業の不正会計疑惑問題に対して、すかさず対応したのは、いうまでもなく、ブッシュ政権である。野党の民主党は、共和党を「大企業より」と決めつけ、共和党の規制軽視が今回の企業不祥事を招いた、と批判してきた。ブッシュ大統領自身も、ハーケン・エナジー社の役員だった一九九〇年の六月二二日、八四万八五六〇ドル相当の株式を、同社の株価が下落する前に売り抜けた問題で、インサイダー疑惑を掛けられている。チェイニー副大統領もハリバートン社のCEO時代に、不明瞭な会計操作があったとして、疑惑の目で見られている。

事はそれだけでは留まらない。政財界との広い人脈をもつエンロン社のレイ会長やアンダーセンから、ブッシュ大統領をはじめ与野党の議員たちも、政治献金を受けている。与野党は、ワールドコム社からも多年にわたり巨額の献金を受けたことが分っている。捜査を担当する司法省のアシュクロフト司法長官も、エンロン社から献金を受けている。SECのピット委員長に対しても不正会計問題への対応がお粗末だったとして、野党から辞任要求が出されている。それだけに、ブッシュ政権は、一連の疑惑問題に対して、強腰の姿勢をとらざるをえないのである。

これらのことがSOX法制定の契機となった。

更に、NYSE（New York Stock Exechange）はSECの要請により独立取締役からなる指名及びコーポレート・ガバナンス委員会、報酬委員会、監査委員会の設置を義務付けた。

8　ＳＯＸ法の制定（二〇〇二年七月）

(1) ＳＯＸ法の主要点（『2008 SEC Handbook』）

ＳＯＸ法は一一章からなり、取締役とＣＥＯの不正防止、外部監査人の独立性と監視制度、情報公開の強化などを意図した。そのうちで特徴的な章は次の通り。

第一章、公開会社会計監視委員会（PCAOB：Public Company Accounting Overseas Board）の設置。

第二章、監査人の独立性、特に、第二〇一条「会計監査法人の経営コンサルタントなどの兼業禁止、第二〇三条「会計監査法人の担当責任者の五年ごとの定期的交替」。

第三章、会社（経営者）の責任、特に、第三〇二条「財務諸表に関する企業責任（民事責任）」はＣＥＯ及びＣＦＯは年次報告書及び四半期報告書に記載した諸点について保証する「誓約書」を提出しなければならない。

第四章、財務情報開示の強化、特に、第四〇四条「内部統制に関する経営者評価」、及び第四〇六条「ＣＦＯ等の為の倫理規定（Code of Ethics）の制定と開示（四〇六条施行規則でＣＥＯがこれに追加された）。

第五章、証券アナリストの利益相反、特に、第五〇一条、証券アナリストの独立性確保のために、投資銀行部門から証券アナリストへ圧力をかけることを禁止している。

第六章、証券取引委員会の財源と権限、特に、第六〇一条、SECの調査事項の拡大、予算増額など。

第七章、調査と報告。

第八章、二〇〇二年企業不正と刑事行為説明責任。

第九章、ホワイトカラー犯罪の罰則強化、特に、第九〇六条「財務報告に関する企業責任（刑事責任）

第一〇章、法人所得税申告書

第一一章、企業不正と説明責任

などはCEO、CFOにかかる責任の重大さから特筆される。そこには企業倫理、情報開示、説明責任、企業統治等が規定され、第三〇二条「財務諸表に関する企業責任（民事責任）」において、企業の財政状態や経営状態を適正に表示している事を宣誓したCEO、CFOが、それに違反した場合には、最長一〇年の禁固刑または一〇〇万ドル以下の罰金、あるいはその両方、故意に違反した場合には、二倍以上に重くなる。また、第八〇二条で粉飾決算、文書・書類の改ざん・破棄が行われた場合、違反者に対して、最長二〇年以下の禁固刑が科される。第八〇七条では、証券詐欺行為については二五年の禁固刑が科される。

以上の特徴的な章は我が国の金融商品取引法（通称J－SOX法）に多大の影響を与えたが、誠に遺憾ながらＳＯＸ法第四章四〇六条及びその施行規則の「ＣＥＯ・ＣＦＯ・ＣＡＯ等への倫理規定（Code of Ethics）の間接的強制」はスキップされ、我が国には導入されなかった。因みに四〇四条は内部統制、四〇五条はコンプライアンス、四〇七条はコーポレート・ガバナンスに関する規定である。

(2) ＳＯＸ法、第四章、第四〇六条及びその施行規則について（『2008 SEC Handbook』四四六～四四七頁、一七二六頁）

財務情報のディスクロージャーの強化の一環として、二〇〇二年七月ＳＯＸ法第四章四〇六条にもとづき政府機関であるＳＥＣは二〇〇三年一月、その施行規則を定め、株式発行者がＣＥＯ、ＣＦＯ、ＣＡＯ、コントローラー等のための倫理規定（Code of Ethics）を制定しているか、また制定してなければその理由を、開示しなければならないと規定した。また、倫理規定の定義を「犯罪を防止し、次に掲げる行為の促進を図るため合理的に必要とされる基準」と述べ遵守事項として以下を定めている。

① 個人と職業との間における明白な利益相反を倫理的に処理することを含む、誠実で倫理的な行動
② 発行者が提出すべき定期報告者を完全（full）、公平（fair）、正確（accurate）、タイムリー（timely）、分り易い（understandable）な形で開示すること
③ 適用される法令・規則の遵守
④ 倫理規定違反者を発見した場合の倫理規定に定められた者等への迅速報告
⑤ 倫理規則遵守に関する説明責任

などの行為を倫理規定基準と定義し、更に推奨事項として、内部報告システムや罰則を定めることなど「企業倫理の制度化」を求めた。

これを受けNYSE、NASDAQ（National Association of Securities Dealers Automated Quotations）は上場企業に対し、全ての役職員・一般従業員まで対象を拡大し、第四章四〇六条規則の倫理規則（Code of Ethics）の遵守、行動規範（Code of Conduct）の採用と開示、違反に対する通報制度の確立などの制度化を求めた。

例えば、ゼロックス社（Xerox Corporation）の取締役に対する倫理行動規範（二〇〇七年改訂版）は以下の如し。また、これに準じて執行役員と従業員向けの倫理行動規範が作成され、説明・研修・通報制度等の制度化ができている。

① 利益相反の回避

取締役個人及びその近親者の便益と会社の利害との不一致の回避と、もしおこった場合には議長等への速やかな開示義務。例えば、

(イ) 第三者との取引回避（会社方針に反する場合や会社の取引先との個人的契約等）

(ロ) 会社以外からの報酬・ギフトの受領の回避

② 会社の資産・情報や取締役の地位等から発生する諸機会を個人的に利用することの禁止。

③ 機密保持

④ 会社資産の毀損・窃盗等からの防衛と効率使用の義務化。取締役は会社の時間・従業員・資産等

を個人的に利用してはならない。その場合には議長等からの事前承認を受けること。

⑤ 執行役員や従業員の平等（fair）な取り扱い。えこ贔屓・偏見等の排除。

⑥ 法令順守

⑦ 当該倫理行動違反にたいする免責条項はない。免責が必要な場合には直ちに取締役会の全員の同意と株主への情報開示が必要。

⑧ 管理職を含む従業員による法令違反や反倫理的行動の報告制度の奨励と報告者への報復の禁止。

⑨ 当該倫理行動規範に違反した場合、監査委員会委員長に報告され、調査委員会が取締役会の中にできる。

このSOX法により対策は万全かと思われたが、二〇〇八年九月にリーマン・ショック事件が起こる。

9　リーマン・ショック事件（二〇〇八年九月経営破綻）

⑴　事件の経緯

リーマン・ブラザース（Lehman Brothers）はNYに本社を置いた米国第四位の巨大証券会社・投資銀行であった。リーマン兄弟により一八五〇年設立されたが、次第に同族経営から脱却し、一九八四年にはアメリカンエキスプレスに、また一九八八年にはプライメリカに買収される。その後プライメリカはリーマン・ブラザース・ホールディングとしてNY市場に再上場。一九九九年、クリントン大統領がグラス・ステーガル法（一九三三年に、大恐慌の教訓から、商業銀行と投資銀行の間に恒久的な壁を作る法案）を無効化する法案が成立（この無効化が行われなければリーマン事件は防げたといわれる法案）したため、大手商業銀行が証券市場に参入してきたことに対抗して、一九九四年リーマンのCEOに就任したリチャード・ファルド（Richard S. Fuld）は、一九九九年に危険性の高いサブプライム・ローンの証券化をいち早く推進するという、ハイリスク・ハイリターンの方針を打ち出す。これが米国の低金利政策による住宅バブルの到来と軌を一にし、業績の拡大に成功する。彼は最大手の住宅ローン二社が契約したサブプライム・ローン債権を、細分化し組み合わせたCDO（Collateralized Debt Obligation）証券、住宅ローンの借り手が債務不履行（Default）するかに賭けるCDS（Credit Default Swap）なる新しい金融商品を開発し、全世界に販売した。しかしながら、これらの新しい金融商品を取り締まる政府機関は無かったし、金融の神様といわれたFRB（Federal Reserve Board）議長のアラン・グリーンスパンでさえコントロールできなかった。韓国開発銀行からの買収による救済提案もCEOが握りつぶし、取締役会に上程されることが無かった。二〇〇八年九月一五日、住宅バブルの崩壊により破綻した。その負債総額六一三〇億ドル（日本円で六四兆五〇〇〇億円）と米国市場最大の倒産となる。

(2) 経営理念はあったのか

「①徹底したお客様第一主義と②最先端の金融商品とサービスの供給を通じて、常にお客様との強固な信頼関係の構築」を経営理念としていた。

最先端の金融商品とは前述のCDO、CDSなどのリスクの高いデリバティブである。会社の中から両事業から安全な事業への転換を訴える声が上がったがCEOのリチャード・ファルドはこれを取り上げなかった。マネジメント層を含め、多くの優秀な人材が辞めていった。コーポレート・ガバナンスの観点から言えば、経営理念を適切に実現できる優秀なリスク委員長の不在とデリバティブが分る金融専門家が取締役の中に少なかったためである。

(3) SOX法、第四章、第四〇六条に基づく倫理コードはあったのか

① リーマンの倫理コード

(イ) 倫理規則の理解と説明責任

(ロ) 通報制度における報復の禁止

(ハ) 個人的利益相反の処理

(ニ) 会社及び顧客の資産保護

(ホ) 法令遵守

(ヘ) 雇用機会均等

(ト)　公正な取引

(チ)　完全、公平、正確、分り易い、適時情報開示

等と立派であったが、問題点は次の如し。

② リーマンは保有する債券を投資家に貸す見返りに、現金を借り入れる「レポ１０５」と言う取引きを利用した。実際には、貸した債券は数日後には戻ってくるのに、売ったことにしてバランスシートからはずした。いわゆる「飛ばし」を行っていた。このように負債規模を実態より少なく見せる不正経理（五〇〇億ドル）を二〇〇一年から行っていた。監査法人アーストン・アンド・ヤング（E&Y）はこれを見落とした。この粉飾が公表されなかったため、政府、格付け機関、投資家をミスリードした。本件は前頁倫理コード(イ)(ニ)(ホ)(ト)(チ)違反である。

③ CEOのリチャード・ファルドはChapter 11申請直前に個人で所有するリーマン株を全て売却しており、倫理コードの(イ)(ハ)(ホ)(ト)に違反している。

④ ゴリラの異名をもつリチャード・ファルドは好戦的企業文化を好み、「毎日が戦闘だ」「敵を殺せ」を連発し、SOX法第四章四〇六条「CEO／CFO等に対する倫理コードの間接的強制」にも拘らず、経営倫理の制度化（Institutionalization：梅津（二〇〇二））に、全く関心がなく、所詮、絵にかいたモチであった。

図表 3-1　リーマン・ブラザース（Lehman Brothers）の取締役会構成

取締役会構成（2008年）
1．CEOのリチャード・ファルド（Richard S. Fuld）以外全て社外取締役で10名（内女性1名，ドイツ人1名，英国人1名），平均在任期間：12年 2．社外取締役10名の専門性（Professional）：デリバティブを知る金融の専門家が少ない。 ①金融の分かる人2名のみ：ハーバード大学の金融論教授，U.S. Bankの子会社の元CEO ②金融関係以外の元CEO等8名：オークション会社の元CEO，元IBM会長，TV局プロデューサー，石油掘削会社の元CEO，海軍少将，通信会社元CEO，スペイン語TV局元CEO，エコノミスト

(4) コーポレート・ガバナンス上の問題点について

① CEOのリチャード・ファルド以外は全て社外取締役（一〇名、内女性一名、ドイツ人一名、英国人一名）であり、CEOのお友達で独立性に問題があった。また、半数以上が在任一二年以上の高齢者であった。在任期間が一二年以上のものが半数を超えていたのでは、もはや社外とはいえない。単なる身内でしかない。したがって、カリスマ経営者に対し勇気を持って意見具申する、真の意味での独立社外取締役が存在しなかった。

② 社外取締役の中に高度のデリバティブを知る金融の専門家二名しかいなかった。

③ リスク委員会の委員長は在任一三年の八一歳のエコノミストでリスク委員会を年二回しか開催してなかった。

④ 報酬委員会の前委員長は在任一八年の八三歳の元女優、八年間に四万八四〇〇万ドル（年平均約六〇億円）のCEO報酬を承認していた。

結局CEOのリチャード・ファルドと一〇名の社外取締役は資金の流動性問題を解決できず経営破綻した。この反省として政府は金融規制改革法（ドッド・フランク法）を制定した。

10　米国金融規制改革法の主要点（ドッド・フランク法：Dodd-Frank Wall Street Reform and Consumer Protection Act、二〇一〇年七月二一日成立）

①　第一編：金融の安定
・金融安定化監督評議会（FSOC）を創設。
・FRBが大手銀行・証券などを一元監督。

②　第二編：秩序ある清算の権限
・銀行以外にも連邦破産法（公的資金）を使わずに破綻処理。

③　第四編：ヘッジ・ファンド等に対する助言業者の規制
・ヘッジ・ファンドにSECへの登録制導入。

④　第六編：銀行・貯蓄組合持株会社および預金機関の規制改善（六一九条、ボルガ―ルール、二〇一三年一二月最終的細目を監督当局が発表した）
・銀行の自己勘定で短期売買（トレーディング）取引、ヘッジファンド、プライベート・エクイティ・ファンド（未公開株投資ファンド）などへ出資する取引の禁止（但し、Tier 1資本総額の三％を超えた場合）。

・リスクの高いデリバテイブへの規制強化。

⑤　第九編：投資家の保護および証券規制の改善

・SECによる格付け機関の監視。

・株主総会で、経営者報酬に非拘束の賛否投票権許容（三年に一度、上位五名の上級取締役が対象）、SECの定める規則に従い、実際に支払われた経営者報酬と財務業績との関係について、株価変動や配当等を考慮しつつ、株主に説明しなければならない。また、全従業員の年間報酬総額の中央値とCEOとの年間報酬総額との比率の開示。

・社外取締役のみで構成される報酬委員会の設置。

・SECは、株主が、株主総会で、独自取締役擁立権を許容することを求める規則を発することができる。

・SEC規則に従い、同一人物の取締役会長兼CEOとなるべき理由の開示。

・内部告発者報奨金制度（民事制裁金一〇〇万ドル以上のケースで一〇％～三〇％の報奨金）。

11　ジェネラル・モーターズ（GM）の経営破綻（二〇〇九年六月）

米国を代表する、かつ先駆的「企業統治憲章」を持つ、GM（ジェネラル・モーターズ）が、二〇〇八年のリーマン・ショックを発端とした自動車不況と経営判断のミスにより経営破綻した事件にも触れておきたい。

(1) はじめに

一九〇八年創立、「T型フォード」の大量生産で先行するフォードに対し、高級車からスポーツカーまで幅広いプロダクト・ラインを揃え、次々とモデルチェンジを繰り返す方法で急成長し、デトロイトに本社を置く米国最大の自動車メーカーとして、一九三一年から二〇〇七年まで七七年間、販売世界一の座に君臨し続けた（一九二三年〜一九四六年までCEO、その後一九五六年まで会長であったアルフレッド・スローンは、事業部制を導入した）。フォード・モーター、クライスラーと共に「ビッグ3」といわれ、米国資本主義の象徴であった。

(2) ドラッカーの警告（Perter F Drucker：『企業とは何か』一九四六年参照）

ドラッカーは冒頭、

「一九四三年秋、GMはアウトサイダーとしてGMの経営と組織を調べてみないかといってくれた。私はこの申し出をありがたく受け、一年半に亘って、GMの内部文書を読み、工場の現場を見、経営幹部にあった」

と述べている。ドラッカーはその成果を『企業とは何か』という本にまとめた。この中で、ドラッカーは、

「GMの成功の秘訣は分権化にあると結論付ける。そして車種別事業部製に加え、アドミニストレーション（管理）とオペレーション（現場）を完全に分ける水平的な分権化を組み合わせた組織運営が生産性を飛躍的に高めた」

と評価した。その背景には組織運営においては、機会均等や、働く者の参加による、個々人の能力を開花させるべきという彼の哲学がある。組織が巨大化すると個人は部品のようになってしまい、能力やリーダーシップを発揮する余地がなくなる。個人の能力やリーダーシップを十分に発揮させる組織運営こそが彼のいう「マネジメント」であり、そのためには分権化が不可欠というのがドラッカーの考え方の基本であった。こうした分析および評価を経て、ドラッカーはGMに大きく三つの提言を行った。

・第一は「不変のマネジメントは存在しない」今のやり方を変えようというイノベーションの必要性である。「マネジメントというのは、二〇年もすれば時代に合わなくなりうる」として、経営政策の見直しを提言した。例えば、GMの半分を占めるシボレー事業部はフォードやクライスラーよりも大きく、それ自体がアメリカ最大の企業となるまで肥大化していた。このシボレー事業部を分離・独立させることを提言した。

・第二は「従業員政策についての提言」である。「従業員関係の基本は、仕事と製品に誇りを持ちたいという従業員の意欲に置くべきであり、労働力はコストではなく資源として捉えるべきである」と従業員が主体的に物事を考え、経営に参画できる仕組みにせよとの提言。

・第三は「企業の公益性」についてである。企業は公益にかかわりがあるとし、社会の問題にも関係を持たざるを得ない。今で言う企業の社会的責任を提言した。

『企業とは何か』は一九四六年に刊行されて以降、世界中に影響を与えた。フォードは再建の教科書に使用した。ＧＥは分権化改革のテキストにした。大学や軍やカトリック教会など異分野でも組織改編の参考にされた。しかし題材になった当のＧＭは一切取り合わず、ドラッカーの提言を頑なに拒否する。本書は、ＧＭのどの経営幹部の部屋にも置かれなかった。ＧＭの図書館にも置かれなかった。

①　世界最強の企業がなぜ自分からやり方を変えなければならないのか。経営政策とは原理であって恒久的たるべきものである。儲けの柱のシボレーを切り離すなんてとんでもない。

②　彼等は全米自動車労組（ＵＡＷ）と組んで本書を叩いた。ＱＣサークルは経営陣に対する越権と見ていた。

③　ＧＭの経営幹部、特にアルフレッド・スローンは、現場に経済的機能を越えた権限、権威、責任を与えることをすべて拒否した。

ＧＭ側の反発に強者の驕りがあったことも確かだろう。彼らは自分たちの経営政策が永遠不変の原理だと考えていた。

後日談であるが、破綻して国有化されたＧＭは不採算事業を引き継ぐ「旧ＧＭ」と主力ブランドと優良資産を受け継ぐ「新ＧＭ」に分割され、今後、旧ＧＭは資産売却を進めて清算される予定。新ＧＭはシボレーなどの主力事業で構成されており、まさにドラッカーが主張したとおりの結末を迎えることとなる。

GM破綻の根本原因の一つといわれるのは、目先の利益率が高くアメリカ人好みの大型車づくりという短期業績主義パラダイムから抜け出せず、燃費のいい小型車やエコカーなどの開発において圧倒的な後れを取ったことだ。それはドラッカーが指摘した個々人の能力を最大限に引き出すための分権化や、組織を進化させるイノベーションに前向きに取り組んでこなかった結果である。

(3) ボードルーム・クーデター

一九七〇年代のオイル・ショック以降は、世界的な小型車化の波に乗り遅れた。相次ぐストライキや研究開発部門の弱体化などもあって、品質や生産性の悪化が指摘されていた。吉村（二〇一二）によると、

「当時（一九九二年）、株価も低迷していた。これに業を煮やした株主が、独立社外取締役を通じて取締役会を動かし、時の会長兼ＣＥＯのロバート・ステンペルは解任されてしまった。会長には、社外取締役のリーダー格のジョン・スメールが就任し、会長とＣＥＯ職を分離させた。（中略）解任劇の二年後には企業統治のお手本となるものとして〝General Motors Board of Directors Corporate Governance Guideline〟を策定した」。

以下にこの企業統治憲章を説明する。

(4) ＧＭの取締役会使命（全米取締役協会編著：『取締役のプロフェショナリティー』一九九九年、

二八頁、一九九五年八月改定されたもの）

図表3－2は、株主主権論に立っているが、他の利害関係者への責務も忘れていない。単なる利潤追求だけでなく、事業の永続的成功の原則にも触れており、この時期としては良くできていると思う。

(5) 重要な企業統治に関するガイドラインの要旨（全米取締役協会編著：『取締役のプロフェショナリティー』一九九九年、二八～三四頁、一九九五年八月改定されたもの）

図表3－3は、毎年、取締役の技能・資質を多様性・年齢・技術知識・国際的背景の理解等の観点から見直す。社外取締役だけの会議をつくり、その中からリード・ダイレクターを選出する。社外取締役は過半数が望ましい。毎年、サクセッション・プランの報告等この当時としては、正にコーポレート・ガバナンス上の先駆的企業統治憲章であったといえる。

一九九四年遅くに、GM取締役会がこの企業統治憲章を採択した後、カリフォルニア州公務員退職年金基金（CalPERS）がフォー

図表 3-2　GM の取締役会使命

「ジェネラル・モーターズの取締役会は，長期にわたる財政上の利潤を最大にすることを含み，業務の成功を続かせるという所有者の利益を代表する。取締役会は，当社がそのような結果を保証できるよう経営されていくことを決定する責任がある。これは受動的責任ではなく能動的責任である。取締役会は，困難な時も，良い時も，経営陣がその責務を有能に執行することを確保する責任を有する。取締役会の責務は，定期的に経営陣の方針と戦略の執行を含む決定の効果性を監視すること。株主のもつ価値の増大と言う義務を果たすことに加えて，取締役会は，GM の顧客，社員，サプライアー，そして当社のある地域社会に対し責任を有する。これらはいずれも事業の成功に欠くことのできないものである。しかしながら，これらの責務はすべて事業が永続的に成功するという原則のうえに立つものである。」

図表 3-3　重要な企業統治に関するガイドラインの要旨

1．取締役会構成員基準

取締役管掌委員会は取締役会とともに，毎年，取締役会構成という点で取締役会構成員に要求される技能と資質を点検する責任がある。この評価は，その時点で取締役会が必要と判断した事柄すべてに照らしてみて，多様性，年齢，製造技術に関する知識といった技能，国際的背景の理解等といった問題を含む必要がある。

2．取締役会の指導性

会長，CEO の選出は取締役会にとって最善であると思われる方法で，自由になすことがのぞましい。取締役会は，社外取締役により選ばれた1人の取締役が，社外取締役の定期的会合の議長の責務を負うという方針を採択した。

3．取締役会構成と業務

取締役会の意向は，15 人という大きさが適正で，社外取締役は過半数が望ましい。企業統治の問題に関しては，取締役会は，その決定は社外取締役が行うと考える。

4．任期等

任期は決めないが，5年毎に審査する機構をもつ。定年は 70 歳が妥当。

5．最高経営責任者の評価

社外取締役からなる全取締役会は毎年この評価を行うものとし，経営に関与しない取締役会長は，或いは，筆頭取締役によって，最高経営責任者に伝えられる。

6．後継者計画

最高経営責任者は毎年取締役会に対し，後継者計画について報告する。

チュン三〇〇社に本憲章を採用するよう提案した。その結果一三二社（後述のコダックもこの中に入っている）が、既にもっているか審議中である旨の返事が返ってきた。

(6)　GMの躓きと経営破綻

二〇〇〇年頃からは環境保護問題の高まりなどの外部環境の変化を受け、消費者の嗜好は再び燃費の良いハイブリッド車や低燃費車などにシフトしたが、GMは時代の流れに逆行し高い利益率のフルサイズSUV（Sport Utility Vehicle：スポーツ用多目的車）・ピックアップトラックに集中し続け、むしろ小型車のジオは整理・縮小させる方向にあった。環境関連の技術開発でも遅れをとり、近年の経営は衰退基調にあった。二〇〇五年マイナス一〇五億ドル、二〇〇六年マイナス一九億ドル、二〇〇七年マイナス三八七億ドルの純損失であった。二〇〇八年の新車販売台数は八三六万台でトヨタに次ぐ二位となっていた。同年のリーマン・ショックにより米国経済が失速すると、経営状態は一気に緊迫化した。二〇〇八年一一月オバマ大統領が就任を待たずに動き出し、後に自動車再建タスクフォースを率いたスティーブン・ラトナーに「倒産と違う道は見つけられないのか」「何故、彼らはカローラを造れないのか」等の質問を繰り返したといわれる。ラトナーは「事なかれ主義の経営陣」「過去の過剰投資などが重なった債務」「高い人件費」のGMの三つの問題点を指摘した。世論調査では政府支援に反対の意見が大勢を占めたが、オバマは一一〇万人の失業を恐れた。二〇〇九年四月末にクライスラーに破産法を申請させた。部品メーカーの資金繰りにどんな影響が出るかGMより一回り小さいクライスラーで試し、連鎖倒産は防げると確認したうえで、二〇〇九年六月一日、GMに連邦倒産法第一一章の適用を申請させた。負債総額は一七二八億ドル（約一六兆四一〇〇億円）。この額は製造業としては世界最大である。

今後はアメリカ政府六〇%、カナダ政府一二%の株式を保有し、再建を目指す。メディアからは〝ガバメント・モーターズ〟と揶揄された。しかし、破綻後一年半の二〇一〇年一一月一八日、GMはNYSEに再上場を果たした。二〇一四年一月、GMのCEOにメアリー・バーラ（五二歳）が就任する。世界の自動車大手で初の女性トップである。二〇〇九年の経営破綻から再建のトンネルを抜けたGMは「失敗から目を背けすぎたのよ」歯に衣着せない言動が「カーガイ（自動車野郎）」の集まるデトロイトの男社会で小気味よい」[2]。しかしながら、二〇一四年三月一四日付け『日本経済新聞』は、「GMリコール、追及強まる」との見出しで、一六二万台（五月一五日までに追加が出てきて合計一〇〇〇万台とトヨタと同規模）の大量リコールの波紋が広がっている旨、報道している。これは二〇〇一年に不具合（小型車シボレー・コバルト等の点火スイッチの欠陥により、エアバッグが開かない）の発生を認識している。この頃からGMの凋落が始まっている。二〇〇四〜二〇〇五年に社内でリコールを問う指摘があったが、この頃から三連続赤字に突入していった。その後、二〇〇九年六月一日、GMは連邦倒産法第一一章の適用を申請した。この頃、二〇〇九〜二〇一〇年にかけて「トヨタ・バッシング」なる七〇〇万台（自主改修二六〇万台を除く）の大量リコール事件が起き、これまで約二三〇〇億円以上の制裁金等を払わされている。この「トヨタ・バッシング」は経営再建中のGMへの米政府・議会の側面援助だったとの噂がある。一方、この一三年間、GMは「大量リコール隠し」をしていたことになり、組織的隠蔽かが問われている。この間一二人の方々が死亡しているといわれるが、民間の自動車安全センター（CAS）が「実は三〇三人だった」と指摘したが、GMは否定したと報道されている。再上場を果たした新生GMは、破綻前に起ったことに対して法的に免責であるとの解釈があるようであるが、社会的責任は断じて免れないと思う。

(7) まとめ

どんなに、コーポレート・ガバナンス体制がしっかりしていても、そこで決められる意思決定力や戦略に問題があった場合には、あえなく会社は経営破綻する。GM自らがドラッカーを雇っておきながら、ドラッカーの提言をかたくなに拒否し、「世界最強の企業がなぜ自分からやり方を変えなければならないのか。GMの経営政策は永遠不変の原理である」「儲けの柱のシボレーを切り離すなんてとんでもない」「労働者が経営に口を挟んでどうする」と批判した。逆に、トヨタ、フォード、GE等はドラッカー理論を採用し、その後、飛躍したことは皮肉なことである。

経営者は傲慢・裸の王様になってはならない。謙虚さ、素直さが求められる。GMのコンサルティングを経験した世界的マーケティング学者、フィリップ・コトラーは、「GMはロス・ペローが取締役会に加わり、経営陣を厳しく叱責した。モノを言おうものなら辞任を求めた。自分の頭だけで考える取締役会になってしまったのだ。それはまるで、みずからの役割は巨像に踊り方を教えることだと考えていたのだろう。謙虚に聞く耳を持たない組織は衰退する」と述べている。

伊丹（二〇一三）は「経営者が経営を進めていく上での心構えとして大切なことはいろいろあるが、いちばん根本になるものとして、私自身が考え、努めているのは素直な心と言うことである。素直な心になれば、物事の実相が見える」と述べている。

12　第3章のまとめ

二〇〇一年のエンロン事件、二〇〇二年のワールドコム事件から二〇〇八年のリーマン・ショック、二〇〇九年のＧＭ事件までの約一〇年間の反省として、ＮＹＳＥのコーポレート・ガバナンス委員会が二〇一〇年に纏めた〝Report of the NYSE Commission on Corporate Governance〟でいみじくも以下のような所見を述べている。

① 取締役会の基本目的は株主価値の長期的・持続的拡大を目標にすべきで、過度の役員報酬に刺激された risk-taking は厳に慎むべきである。
② 健全なコーポレート・ガバナンス確立の成功の鍵は「Integrity を持った企業風土を末端まで醸成させよう」とする経営者責任の自覚にある。
③ 株主はその議決権行使において、取締役の行動、コーポレート・ガバナンス、その企業との対話等に影響を及ぼすと共に、長期的観点からの責任と権限をもつこと。
④ 良きコーポレート・ガバナンスとは企業の長期の事業戦略と目的に反映されるべきで、単にコンプライアンスの観点からのみ行われるものではない。
⑤ 法制度とか規則とかは、コーポレート・ガバナンスの基本を決めるため、また、資本市場の効率性確保のために重要である。しかし、運用面において、資本市場を基本に置きつつ柔軟性のある企業毎のガバナンス解決策も重要である。
⑥ 良きコーポレート・ガバナンスは企業と投資家にとって透明性を確保すると共に、単に情報開示・対話方針を開示するだけでなく、実際に目的を持った対話（エンゲージメント）の実施が重要である。

⑦　取締役構成は独立性（社外）と非独立性（社内）の適切なバランスと共に、専門性、多様性を確保すべきで、「CEOプラス全員社外取締役」の取締役構成をNYSEの規則は強制していない。

⑧　議決権行使助言会社は、透明性と説明責任に関する方針を持つべきである。SECも議決権行使助言会社の役割について研究すべきである。

⑨　SECとNYSEは共同して、個人投資家が議決権行使しやすいように、企業と個人投資家との間の効果的、効率的対話に協力すべきである。

⑩　SECとNYSEは共同して、一〇年以上にわたるコーポレート・ガバナンス改革の企業業績に与える影響を、広範囲にわたる見解をまとめるべきである。特に、長期的企業成長や持続性のある、企業価値向上を増進させるコーポレート・ガバナンス改革について、定期的に考えること。

NYSEのコーポレート・ガバナンス委員会が、口を酸っぱくして、言い続けていることは、長期的企業成長や持続性のある企業価値向上を図ること。誠実性（Integrity）を持つこと。機関投資家との、透明性・情報開示を超えた企業との「目的を持った対話（エンゲージメント）」を持つこと、等である。単に法律・制度を作ればコーポレート・ガバナンスが良くなるというものでもないことをのべている。SOX法や金融規制改革法（ドット・フランク法）を作っても、大会社の経営破綻や不祥事はなくならないであろう。やはり株主主権論に限界があるのではなかろうか。

西藤（二〇一〇）は、米国企業の多くは、「会社はだれのもの」（株主主権論）の視点から経営を捉え、実践しており、「会社はなんのためにあるのか」、「会社はどのように経営されるべきか」の視点が希薄であることが、第一の課題であると述べ、経営者の高額報酬が愛社精神を弱め、従業員を軽視している点を問題にしている。

注

（1）平田光弘（二〇〇八）『経営者自己統治論』二三二～二三三頁。
（2）『日本経済新聞』二〇一三年一一月三日及び一二月二四日付け参照。

第2部　コーポレート・ガバナンス理論と経営者支配の正当性付与の条件

第4章　コーポレート・ガバナンスにおけるエージェンシー理論

1　はじめに

第3章の2で述べた、バーリ＝ミーンズ『近代株式会社と私有財産』（一九三二年）に見る「所有と経営の分離」の問題は、ボーモル（Baumol：1959）の売上高最大化仮説、即ち、経営者の報酬や名声が売上高に関係していることに注目し、企業は維持に必要な最低限の利潤を制約要件にして、売上高を最大化しているとの説に引き継がれ、また、マリス（Marris：1963）の企業成長率最大化仮説、即ち、現代企業家は、利潤最大化ではなく、物的、人的、知的資源の蓄積に関心を持ち、成長率を最大化しているとの説、また、ウイリアムソン（Williamson：1967）は経営者の効用最大化仮説、即ち、経営者は裁量可能な範囲での利益を最大化するという説に引き継がれていく。これらのモデルは、それぞれ異なっているが、いずれも株主の利益を犠牲にして、経営者自身が利己的に効用を最大化するという点では同じである。以上のような経営学と経済学の流れから、人間は限定された情報能力の中で、意図的に合理的にしか行動できないという「限定合理性」の仮定と、人間は効用を最大化するという「効用最大化」の仮定を、受け継いで登場してきたのが、組織の経済学あるいは新制度派経済学である。この中にジェンセン＝メックリング（Jensen = Meckling：1976）やファーマ（Fama：1980）たちによって展開されたエージェンシー理論がある。[1]

エージェンシー理論（agency theory）研究は、基本的に二つの流れに区別されうる。

第一の流れは実証的（positive）エージェンシー理論と呼ばれ、主にジェンセン＝メックリング（Jensen & Meckling：1976）によって展開された現実解明に、強い関心をもつ研究の流れであり、第二の流れは規範的（normative）エージェンシー理論と呼ばれ、主にロス、ホルムストローム、一九九六年ノーベル経済学賞を受賞したマーリーズらによって展開された数理モデルの展開に強い関心を持つ研究の流れである。[2] 以下前者を中心に話を進める。

2　ジェンセン＝メックリング（Jensen & Meckling：1976）のエージェンシー理論

企業は、経営者を中心とする複数のエージェンシー関係（依頼人―代理人関係）から構成される、契約の束（ネクサス）とみなされる。その中でも、特に重要なエージェンシー関係は、株主と経営者との間のエージェンシー関係であるが、ここでは、経営者は株主の単なるエージェントとはみなされない。というのも、全ての人間は限定合理的に効用最大化しようとするので、プリンシパルである株主と、エージェントである経営者の利害は、必ずしも一致せず、しかも両者の「情報は非対称的」なので、バーリ＝ミーンズが主張したように、経営者は常に株主の不備につけ込んで、非効率に行動する可能性があるからである[3]。

一九五〇年代に入って、ミーンズは会社権力の問題に、真正面から立ち向かうことになる。それを一言で言えば、巨大化した株式会社がもつ経済権力は、どのようにして、制御できるのかということになる。より具体的には、誰がどのような権力を行使しているのか、その権力には正当性（legitimacy）はあるのか、そして如何にすれば、権力の暴走を防ぎ制御できるのかという問題である。これは今日のコーポレート・ガバナンス論の問題そのものである[4]。

3　株主と経営者のエージェンシー関係とコーポレート・ガバナンス

(1)　経営者のモラル・ハザード（moral hazard：倫理の欠如）

株主は株価最大化、配当最大化、自社株買い等に関心があるが、経営者は、会社は自分たちのものとの錯覚から、自己利益の追求、例えば、

①　経営者としての名声・財界活動・政治活動に精力を行使、及び公私混交
②　業績にスライドしない役員報酬の取得
③　業績不振でも長期間社長・会長職への固執・保身

④　後継社長指名権への固執

⑤　多額の現預金の保有にも拘わらず新規事業等への再投資をしぶる

などである。伊丹（二〇一三）は『よき経営者の姿』のなかで、問題ある経営者について、次のような警鐘を鳴らしている。

・「派手好みは、有名人好みだけでない。派手な本社ビル、マスコミ受けする言動。中身は余りないのに、美しい言葉だけが並ぶ経営改革案の華やかな発表。あるいは身の丈を超えた財界活動、こうした派手な行動を好むようになったら、それは経営者としての失敗の予兆である」。

・「経営者は分配者なのである。多くの人が自分もほしいと思う、カネと権力と情報と名誉を、経営者は人々に分配する役割を果たさざるを得ない。その分配の仕方を、部下はじっとみている」。

・「まだやれると思う人は、自分だけは年齢を超越できると思っている人、（中略）まだやらなければと思う人は、組織への過剰密着がそう思わせるのであろうし、又後継者への不安がある、まだ代わりがいない、だから自分がまだやらなければ、と思わせるのであろう」。

・「トップはついつい、自分の思うようなことをやってくれる、自分を大切にしてくれる、しかし自分を超えない人間を後継者に指名する」。

・「決断の実行をきちんと行うだけの、エネルギーに自信がないとき、人は先延ばしをするだろう。判断に自信がないのではなく、判断が正しいように思えるが、それを実行する手間ヒマや面倒を、きちんと果たせるかどうか、自分の体力や粘りに、自信がなくなっているのである」。

と述べている。

しかしながら、株主には、これらの経営者の行動や心理状態は、年に一度の株主総会で垣間見えるだけである。経営者は経営にまつわる多くの情報を持ち、そこには「情報の非対称性」が存在する。このようにエージェントはプリンシパルの不備につけ込んで、公私混交等を行い、不条理に個人的利益を得ようとするリスクがある。これらをモラル・ハザード（倫理の欠如）という。しかも右記のようなことは、多かれ少なかれ、どこの会社でもやっていることであり、善管注意義務違反（会社法三三〇条、民法六四四条）や忠実義務違反（会社法三五五条）を問えない。しかし、「権力は腐敗する、絶対的権力は絶対に腐敗する（英アクトン卿）」という格言もある。かの有名なアダム・スミスも「株式会社の経営には、怠慢と浪費が多い」と述べている。

(2) アダム・スミス（Adam Smith）の「株式会社の経営には、怠慢と浪費が多い」（文中の括弧は本著者が補った注である）

アダム・スミス（Adam Smith）は一七七六年 *An Inquiry into the Nature and Causes of the Wealth of Nations* を著し、株式会社がうさんくさい制度であると極めて懐疑的に見ていることが分る。パートナーシップ制度に比べて株式会社の無責任さを述べている。

「第一に、民間のパートナーシップでは、パートナーは他のパートナー全員の同意を得ないかぎり、他人に自分の持分を譲渡することができず、他人を参加させることはできない。ただし、各人は適切な通知を行えば、パートナーから脱却でき、その際に共同の資本のうち自分の持分を、払い戻すように要求できる。これに対して株式会社では、株主会社に自分の持分の払い戻しを要求できない。だが、各人は他の株主の同意を得なくても、他人に株式を譲渡して、その人を新しい株主にすることができる。共同の資本に対する持分を示す株式の価値は、市場での取引きで決まる。そして市場で決まる価値は、会社の資本として払い込まれた金額よりも、多い場合も少ない場合もあり、その比率は決まってない。第二に民間のパートナーシップでは、それが負う債務に対して、各パートナーが自分の資産の総額まで返済義務を負う。これに対して、株式会社では、各人はそれぞれの持分の範囲までしか義務を負わない。株式会社による取引はつねに、取締役によって管理される。取締役会は、確かに様々な点で株主総会による管理を受けることが多い。だが、株主の大部分は、会社の事業について何かを知ろうとすることはめったにない。株主の間で派閥抗争が起らないかぎり、株主は、会社の事業を理解するために苦労することはなく、取締役会が、適切と考える配当を半年ごとに受け取るだけで満足する。このように苦労がなくリスクも限られた金額までしかないので、パートナーシップであれば自分の資産を危険にさらそうとは考えない人が多数、株式会社の株主になっている。このため株式会社は一般に、パートナーシップでは考えられないほどの資本をひきつけている。南海会社（後にサウスシーバブル事件で株式は泡と消えた会社）の営業資本は一時期、三三八〇万ポンドまで達した。イングランド銀行の配当対象資本は現在一七八〇万ポンドである。だが、これ等の企業の取締役は、自分の資金ではなく他人の金を管理しているので、パートナーがパートナーシップの資金を管理する際に、良くみられる熱心さで会社の資金を管理するとは、期待できない。金持ちの執事に似て、細かい点にこだわるのは大企業らしくないと考えるので、細部まで目を光らせる義務を、果たさなくても平気でいられる。このため、株式会社の経営には、怠慢と浪費が多かれ少なかれ、かならず蔓延する」（山岡訳：二〇〇七、三三〇〜三三一頁）と述べている。

4　第４章のまとめ（経営者のモラル・ハザードの抑制方法）

このような経営者の非倫理的で非効率な行動（moral hazard：倫理の欠如）を事前に抑制し、高い倫理基準を持って効率的経営をさせるために「透明性確保による情報の非対称」と「株主と経営者の利益相反」を緩和する方法が必要となる。

①「透明性確保による情報の非対称」の緩和方法

(イ)　会計制度等によるディスクロージャー

「有価証券報告書」、「適時開示制度」のようなソフトローを含む諸法制度、アニュアル・レポート、ＣＳＲレポート、サステナビリティ・レポート及び企業サイドからの積極的ＩＲ活動・ＳＲ（Shareholder Relations）活動の活発化である。特に、海外向けの英文資料配信サービスの充実が求められる。「日立」のようにコーポレート・ガバナンス・ガイドラインを制定し公表している一歩進んだ企業もある。

(ロ)　非財務情報のディスクロージャー(5)

二〇一〇年末、国際会計基準審議会（ＩＡＳＢ）は国際会計基準（ＩＦＲＳ）の中で、企業価値に影響を及ぼしそうな非財務情報の開示を促すことを公表した。また、二〇一三年一二月、国際統合報告審議会（ＩＩＲＣ）が初の「統合報告のフレームワーク」を公表した。それは、企業価値を構成する資本の概念を「財務資本、製造資本、人的資本、知的資本、自然資本、社会資本」に六区分し、企業に資源配分の最適化を求める。さらに財務・非財務の情報を結びつけ重要なステークホルダーとの関係性の明示などを求める。我が国では、武田薬品工業など一〇〇以上の企業や、一部の機関投資家が参加している。ここで注目されるのは非財務情報である。現在の株式時価総額の約八〇％が環境価値・社会価値・顧客満足度・主要リスク評価・従業員価値等から構成されている（米コンサルタント業のオーシャン・トモ社が、米Ｓ＆Ｐ五〇〇株指数の構成企業の株価を要因分析した結果、一九七五年は約八割を財務情報で説明できたが、二〇〇九年は約二割しか説明できず、非財務情報が企業価値を判断する軸になっている）。

多くの我が国の企業がＩＩＲＣに参加し、統合報告書において積極的に非財務情報のディスクロージャーを行うことが望まれる。

(ハ)　ＥＳＧ（Environment, Social, Governance）情報開示の理論（Branco and Rodriges：2007）(6)

・長期投資家は環境価値、社会価値、ガバナンスの要因が付加価値生産に及ぼす影響を投資判断に用いたいと考えている
・正統性理論（legitimacy theory）として、企業活動が正当におこなわれていることをステークホルダーにしめすために開示をおこなう。また、情報開示によってレピュテーション・リスクが低減する。

(ニ)　機関投資家との「目的ある対話」（エンゲイジメント）

次に重要なのは、投資家等から集めた資金を運用する投資信託・保険会社・年金等の国内外の機関投資家と企業との「目的ある対話」（エンゲイジメント―第5章の3「欧米のスチュワードシップコード」参照）が重要である。

② 株主と経営者の「利益相反」を緩和する方法

(イ)　株主代表からなる社外取締役の導入により、経営者を監督し、取締役会に規律をあたえる。それでも経営者によるモラル・ハザードが直らない場合には、第2章で示したような、三洋電機や三越の会長・社長解任事件に見られるような、社外取締役が中心ないし、部分的に主導した正当性のある解任の方法をとらざるを得なくなる。

(ロ)　また、有事の際には、株を迅速に市場で売却して、経営者にシグナルを送る。即ち、株の一斉売却→株価下落→企業資金調達難及び役員ストック・オプション制度があれば、個人的にも損失リスクが増大する。さらに株価が下がれば、敵対的買収のリスクが増大する。不祥事等があれ

ば、株主代表訴訟に持ち込むことも可能である。

(ハ)　株主が経営者にインセンティブを与える方法がある。即ち、役員ストック・オプション制度（自社株購入の選択権）や業績連動型株式報酬の導入である。経営者は常に株価を高めようと意識的に経営する。(7) しかしこの方法には、大株主が存在せず、株式が流動化・分散化している場合には、モラル・ハザードを助長するリスクがある。即ち、報酬委員会メンバーを全員独立社外取締役にしない限り、実質的に経営者が勝手に金額や条件を決める事が可能であるため、エンロン、ワールドコム、リーマン・ブラザースのケースのように経営者をして暴走させるリスクを伴う。

したがって、米国における米国金融規制改革法（二〇一〇年七月成立）のように、株主総会で、株主の独自取締役擁立権や経営者報酬に賛否投票権（say on pay）の付与、及びSECの定める規則に従い、実際に支払われた経営者報酬と財務業績との関係について、株価変動や配当等を考慮しつつ、株主に説明する。また、全従業員の年間報酬総額の中央値とCEOの年間報酬総額との比率の開示、OECDがリーマン・ショックの金融危機の反省として公表した「役員報酬とインセンティブに潜むリスク回避」、「取締役会長とCEOの機能分離」、等の法律や規制による牽制が必要である。

(ニ)　もう一つの方法はMBO（management buyout）、即ち、経営者自身による自社買収である。現在の企業の資産や、将来利益の現在価値額を担保にして資金を借り入れ、現在経営している会社の株式を買い取ることにより、自己統治しようとのインセンティブが働く。しかし、この方法も自社買収株価を可能な限り低く抑えたいとのモラル・ハザードが働きやすいリスクがあるのと、レバレッジを利かせるため借入金が莫大で銀行管理になりやすい欠点がある。その上、業績の回復を果たした上で、経営者が株式の売り出しを行い、再上場を果たすＩＰＯ（Initial Public Offering）により一攫千金を狙うケースが殆どであり、株主を愚弄する場合もある。

いずれのケースも、株主と経営者との間の利益相反を解決し、規律付けする特効薬はそう簡単には見つからないことが分かる。以上の第5章、第6章を踏まえ、第7章で本書の意見をまとめる。

注

（1）菊澤研宗（二〇〇六）『組織の経済学入門』六～七頁参照。
（2）菊澤研宗（二〇〇六）『組織の経済学入門』九一頁。
（3）同右、八頁。
（4）三戸浩編著、経営学史学会監修（二〇一三）『バーリ＝ミーンズ』一〇七～一〇八頁。
（5）藤井良広（二〇一四）「財務・非財務の統合の動き」二〇一四年一月一四日『日本経済新聞』経済教室。
（6）宮井博（二〇一四）「投資家が求めるＥＳＧ情報とは」三～五頁、ＢＤＴＩ＆一橋ＩＣＳ共催セミナー。
（7）菊澤研宗（二〇〇六）『組織の経済学入門』一〇九～一一一頁参照。

第5章　コーポレート・ガバナンスにおけるスチュワードシップ論

1　はじめに

「スチュワード」とは財産管理人、執事、支配人等と訳される。聖書の中には有名な「タラント（貨幣の単位で一タラントは二〇年分の賃金に相当する）の例え」（マタイ一五章一四〜三〇、ルカ一九章一一〜二八）という話がある。

「ある人が財産を三人の僕（しもべ）達に預け、旅に出ます。それぞれの能力に応じ、一人には五タラント、一人には三タラント、もう一人には一タラントを預けます。前者の二人は商売をして金額を二倍にしました。一タラントを預けられた人は、土の中に隠しておきました。主人が旅から帰ってきた時、前者の二人は「よくやった。良い忠実な僕だ」と褒められ、一タラントの人は預けられたお金を生かさなかったと怒られました。「主人」とは創造主なる神様のこと、「しもべ」とは被造物である人間のこと。預けられた「タラント」は神様から管理を委ねられている全てのものを意味します。「タラント」とは talent（才能、素質）の語源である。「スチュワードシップ」とはキリストを通して与えられた恵とわざに対して、教会と人がなすべき応答（管理し、必要な時にそれを差し出すこと）であります」[1]。

2　エージェンシー理論とスチュワードシップ理論

エージェンシー理論は、プリンシパルとエージェントの「利害の不一致」と「情報の非対称性」とを所与として、プリンシパルから権限を委譲・委託されたエージェントがプリンシパルの利害に沿って行動し、利己的な行動を起こさないように、エージェントを外生的に如何に動機付け、監視するかを主たる問題としている。

エージェンシー理論は、エージェントの利己的な効用極大化を追及した「裁量行動」を前提としている。従って、コーポレート・ガバナンスの枠組みでは、企業経営における、リスク負担と「所有と経営」の分離を基礎として、経営者に、株主リスクを如何に共有させ、経営者の「裁量行動」を如何に防止するか、が中心的問題領域となる。経営者は、株主利害に沿って大きなリスクをとる経営を行うよりも、自分の地位の安定化や、保身のためにリスク回避的経営を選考するようになる。また、経営者が、業績不振や企業不祥事に直面した際、自己保身行動を取る可能性を生み出す。即ち、経営者を「利己的な経済人」とみなしている。

これに対して、スチュワードシップ理論は経営者を「利己的存在」ではなく、「他利的存在」として捉えられ、組織目的実現のために活動することが想定されている。つまり経営者が、利己的利害を追求した行動をとるよりも、組織目的実現のために行動する方が、経営者にとってより大きな効用が得られるとする。エージェンシー理論が、人間行動の説明に当たって、一面的に経済的側面のみに焦点を当てているが、スチュワードシップ理論は、その人間行動を、心理的・社会的側面から捉えようとするのである。経営者は株主に対する「スチュワード（執事）」であり、利己的動機よりも、組織目的の実現を追求しようとし、エージェントである経営者の行動は、株主の利害と一致するものと捉えられている。

経営者は、雇用の永続性の期待や経営活動から得られる、内生的な充実感を通して、将来の運命を「経営者としての使用者」の利害に結びつける。その限りにおいて、経営者は、当該企業の株式を保有しなくても、自分の利害と結合していると認識するのである。組織目的実現に向けて、自発的に活動していく時、ここではマクレガー（McGregor）のＹ理論、即ち、人間の「自発性」、「達成感」、「自己統制」が理論構築の前提となる。このスチュワードシップ理論から捉えられる、コーポレート・ガバナンスでは、株主、取締役会、経営者が企業の存続と発展に向かって、一緒に協働することが前提とされ、社内取締役の有効性、経営者に対する取締役会の助言機能が強調されることになる。

次の問題として、株主と経営者は、どのような場合にエージェンシー関係を選択し。またどのような場合にスチュワードシップ関係を選択するのかが問題となる。

世界における株式所有構造の比較を『商事法務』No. 2007（二〇一三）から抜粋すると、株式の分散保有比率（二〇％以上のブロックホルダーがいないケース）が高い国は、米国（八〇％）、英国（一〇〇％）、日本（九〇％）であるが、逆に家族企業（創業家が二五％以上保有するケース）の多い国はイタリア（六六・三％）、フランス（四八・五％）、ドイツ（三四・三％）であり、特にアジアの新興国では圧倒的に家族企業である。インドネシア（七一・五％）、香港（六八・三％）、マレーシア（六四・〇％）、タイ（六一・六％）、シンガポール（五二・五％）、台湾（四八・二％）、フィリピン（四四・六％）等である。(2) スチュワードシップ関係を選択する企業、即ち、株主、取締役会、経営者が企業の存続と発展に向かって、一緒に協働する企業は、アジア新興国やイタリア、フランス、ドイツ等に多く見られる。特にドイツの場合には、日本と異なり銀行による株式取得制限がない（日本の場合二〇〇一年に「銀行等株式保有制限法」が出来ている）。日本及びアジア新興国において、創業家が大株主の場合は、株主＝経営者の場合が多い。そうでない場合には経営者は雇われ社長（スチュワード）が多くなり、スチュワードシップ関係が成立する。

我が国の一九六七年から一九九七年の金融危機に至るまでの約三〇年間（ポスト高度成長期～バブル期）は金融機関・事業法人の株式保有比率が五〇％～六〇％前後（『商事法務』No. 2007、一八頁）になっていたが、平時は金融機関という、大株主兼債権者兼役員派遣者と取締役会・経営者が、企業の存続と発展に向かって、一緒に協働した事実は殆どなく、お目付け役的サイレントパートナーであった。従って、経営者は赤字を出さないように自己統治（セルフ・ガバナンス）していたし、メイン・バンクに対して多くの情報を出していたため、「情報の非対称」もそれほど起らなかった。しかし、一旦、経営不振に陥り、借り入れに伴う財務制限条項（コベナンツ）に、抵触するような事態になると、メイン・バンクは一気に監視を強め、直接企業経営に介入する。メイン・バンクと取締役会、経営者が企業の存続危機に向かって、共に協働せざるを得なくなる。この様な場合、メイン・バンクという大株主兼債権者兼役員派遣者と取締役会・経営者の間には、スチュワードシップ関係が成立する。しかし、経営者は執事（スチュワード）ではなく羊のように畏まっている。ここにマクレガー（McGregor）のY理論は存在しない。

一方、現在の日、米、英では極度に株式は流動化・分散化しており、直接的にスチュワードシップ関係は成立せず、経済学でいうエージェンシー理論に立たざるをえないといえる。

3　欧米のスチュワードシップコード

(1)　英国スチュワードシップコードの前文

英国企業財務報告評議会（FRC：Financial Reporting Council：自主規制機関）が、英国企業株式を保有する機関投資家向けに策定した、株主行動に関するガイドラインをスチュワードシップコードという。二〇一〇年七月に公表され、二〇一二年九月に改定された。その前文の要点は、

①　その目的は、

(イ)　資産運用を受託する機関投資家が、スチュワードシップに沿った行動をとることで、委託者の

利益を実現する。

(ロ) 企業の長期的成功を促す。

(ハ) そして経済全体に寄与する。

との考えから策定されたものである。

② 上場会社に関する、スチュワードシップの責任は、取締役と投資家が共有し、第一義的な責任は、経営陣の活動を監視する取締役会にある。投資家もまた、取締役会にその責任を果たさせる上で重要な役割を果たす。

③ 投資家にとってのスチュワードシップは、単に議決権の行使だけを意味するものではない。その活動の中には、会社に対する企業戦略、業績、リスク、資本構造及びコーポレート・ガバナンスに関する、モニタリングやエンゲージメントが含まれる。エンゲージメントとは、こうした事項や株主総会の議題を巡り、会社との間で「目的ある対話」を通じて「約束させる」というニュアンスのある言葉である。[3]

④ スチュワードシップコードは、法的な義務というわけではなく〝Comply or Explain〟型による、「従わないのならば、その理由を説明しなければならない」規制である。

機関投資家にとってのスチュワードシップとは、「受託管理者としての行動の心構え」という意味でキリスト教の聖書（マタイ一五章一四～三〇、ルカ一九章一一～二八、本書の第5章の1参照）に出てくる。

(2) 英国スチュワードシップコードの七原則

① 機関投資家としての、スチュワードシップ責任遂行方針を公表する。(注：受託者責任を果たすための方針の公表。)
② スチュワードシップに関する、利益相反を管理するための強固な方針を設定し、公表する。(注：顧客の利益を最大化できない理由。利益相反への対処方針を作り、開示する。)
③ 投資先企業をモニター(監視)する。
④ 株主価値維持・向上のために、スチュワードシップ活動活発化(escalation)の時点と方法に関するガイドラインを設ける。
⑤ 適正と考えられる場合には他投資家と協議する。
⑥ 明確な議決権行使方針を設定し、行使結果を公表する。
⑦ スチュワードシップと議決権行使に関して定期的に公表する。

(注) ④の Escalation 条項(投資家の関与に、会社が建設的に対応しない場合、どのような手段で活動を強化するか)
・経営陣と追加的な会合を持つ。
・会社のアドヴァイザーを通じて、懸念を表明する。
・取締役会議長、その他と取締役と会合を持つ。

・事項を特定のうえ、他の機関投資家と協調して関与を行う。
・株主総会の前に意見を公表する。
・株主総会に議案を提出し、意見を述べる。
・株主総会の招集を求め、場合によっては取締役の変更を提案する。

この条項はかなりの重要性をもつが、強制力はない。

英国スチュワードシップコードは、その前文にあるように、スチュワードシップを有する機関投資家が、投資先企業のモニタリング、エンゲージメント（経営への関与、目的ある対話を通じて会社に約束させる意あり）、議決権行使等を行うということを記しているが、機関投資家自体のガバナンスや投資家（委託者）に対するスチュワードシップ（受託責任）の定義は、それほど明確ではないとの解説もある(4)が、前文が示す如く、資金の根源的提供者に対する責任を含む概念であると思う。ともあれ、我が国の機関投資家自体の、ガバナンスや投資家（委託者）に対する受託責任、議決権行使方針等は不明確である。ここに「日本版スチュワードシップ・コード」設定の意味がある。

(3) ドラッカーの『見えざる革命―来るべき高齢者社会の衝撃』（一九七六）

ドラッカーは『見えざる革命―来るべき高齢者社会の衝撃』（一九七六）の序文で、

「本書ほど初版刊行時に攻撃されたものはない。あるいは無視されたものはない。本書は既成の事実を報告したに過ぎなかった。しかしその既成事実が、一九七六年の当時の風潮に合わなかった。本書は、機関投資家とくに年金基金が、アメリカの大企業の支配的所有者となり、アメリカ唯一の資本家になったことを報告した。（中略）そして一九八〇年代の末、本書は急に評判になった。今日では、本書が必然のこととして取り上げた問題について、次から次へと論文が発表されている」

と述べている。

また、終章として、一九九五年「企業は誰のものか」を取り上げ、

「今日アメリカでは、上位二〇の年金基金だけで、上場企業の株式の一割を保有している。年金基金を中心とする機関投資家は、全体としてアメリカの大企業の株式の四割近くを支配している。急成長しつつある大手の公務員年金は、受身的な投資家の地位に満足しなくなっている。自らが株式を保有する企業において、発言権を求めるようになっている。たとえば取締役の解任、役員報酬、その他の重要事項について拒否権を発動するようになっている。同じように重要なことであって、しかもほとんど見過ごされていることとして、年金基金は大企業の中長期の債券の四割を保有するに至った。こうして年金基金なる機関投資家は、アメリカ最大の所有者になるとともに最大の債権者になった」（二五二頁）と述べている。

(4) 米国エリサ法とエイボンレター

ドラッカー『見えざる革命—来るべき高齢者社会の衝撃』（一九七六）の二年前の一九七四年に、エリサ法（Employee Retirement Income Security Act）ができ、企業年金の加入者の受給権の保護を目的にして、年金基金及び受託機関の受託責任が明記される。また、いわゆるエイボンレター（エイボン社の企業年金からの質問状に対して、米国労働省が一九八八年と一九九四年に発出した回答書）において、議決権行使は、エリサ法上の受託責任の一部であることが明確になった。その結果、一九九四年には機関投資家比率は六〇％に近づき、議決権を行使する「物言う機関投資家」が増え、社外取締役の派遣や、経営不振企業のCEO解任動議の提案に対応するなど、企業のIRは機関投資家を意識して展開されるようになってゆく。この点、企業年金の加入者の受給権の保護を打ち出しており、投資家及び投資企業の両面にたいする行動基準を明確にしている。

(5) OECDのコーポレート・ガバナンス原則（二〇〇四年改訂版）と機関投資家

① OECDのコーポレート・ガバナンス原則（二〇〇四年改訂版）

この中で、

「機関投資家は、そのコーポレート・ガバナンス方針を開示するとともに、議決権の行使を如何に決定するか、また、その投資に関して生じる、主要な持分権の行使に影響を与え得る、重要な利益相反を如何に管理するかについても、情報開示すべきである」、「投票の意向について、株主間で協議することに対する、制限を緩和すべきである。但し、権利の濫用を防ぐための例外はある」と述べている。

②　**「コーポレート・ガバナンスと金融危機」**

ＯＥＣＤステアリンググループが自ら「金融危機からの重要事実と教訓」を二〇〇九年の二月と一一月にまとめ、これらを踏まえ二〇一〇年二月に「コーポレート・ガバナンスと金融危機」を発表した。この中で、

「機関投資家は、いかに利益相反取引をコントロールしているかを示すために、議決権行使記録を投資家に公表すべきであるし、会社も株主総会での議決権行使結果を公表すべきである」

と述べている。

我が国の機関投資家の中には、「生損保」会社のように、保険獲得・維持のためというビジネス上の要請から、その会社の株式を保有している会社がある。また、銀行の中にも預金の確保や貸付先確保の目的で、その会社の株式を保有している金融機関もある。株主としてスチュワードシップコードに基づき、議決権行使に当たって、これらの利益相反取引を如何にコントロールするかが問われることになる。

4　日本版スチュワードシップコード

金融庁は、「日本版スチュワードシップコードに関する有識者検討会」を東京大学の神作裕之教授を座長にして立ち上げた。二〇一三年一二月二六日、有識者検討会は素案をまとめ、パブリック・コメントを経て、二〇一四年二月二七日に本コードを確定し発表した。その内容は以下の通りである。

①「責任ある機関投資家」の諸原則〈日本版スチュワードシップコード〉について

本コードにおいて、「スチュワードシップ（以下ＳＳと略す）責任」とは、機関投資家が、投資先企業やその事業環境等に関する深い理解に基づく建設的な「目的を持った対話」（エンゲージメント）などを通じて、当該企業の企業価値の向上や持続的成長を促すことにより、「顧客・受益者」の中長期的な投資リターンの拡大を図る責任を意味する。

本コードは、機関投資家が、顧客・受益者と投資先企業の双方を視野に入れ、「責任ある機関投資家」として当該ＳＳ責任を果たすに当たり、有用と考えられる諸原則を定めるものである。本コードに沿って、機関投資家が適切にＳＳ責任を果たすことは、経済全体の成長につながるものである。

②「プリンシプルベース・アプローチ」および「コンプライ・オア・エクスプレイン」

本コードは、法令とは異なり、法的拘束力を有する規範ではない。本検討会は、本コードの趣旨に賛同しこれを受け入れる用意のある、機関投資家に対して、その旨を表明（公表）することを期待する。

本検討会は、本コードの受け入れ状況を可視化するため、本コードを受け入れる機関投資家に対して、

・「コードを受け入れる旨」（受け入れ表明）及びSS責任を果たすための方針など「コードの各原則に基づく公表項目」（実施しない原則がある場合には、その理由の説明を含む）を自らのウェブサイトで公表すること。

・当該公表項目について、毎年、見直し、更新を行うこと。

・当該公表を行ったウェブサイトのアドレス（URL）を金融庁に通知することを期待する。

また、本検討会は、当該通知を受けた金融庁に対して、当該公表を行った機関投資家について、一覧性のある形で公表を行うことを期待する。

本来は、日本版スチュワードシップコードの七原則の前に、英国のコーポレート・ガバナンス・コードのように、発行体企業向けの日本版コーポレート・ガバナンス・コードがあり、これに準拠して、機関投資家がその行動目的を描き、行動規範とすることが望まれる。

③　**日本版スチュワードシップコードの七原則（図表5―1）**

金融庁は二〇一四年六月に賛同を得た運用会社の一覧を公表、九月には運用各社が個別原則に対する方針を開示する。『業界団体には公表のひな型を作らないように要請している』（企業開示課）といい、意向通りになれば、各社の書く原則に対する温度差が見えるはず。保険会社に限らず、年金運用を受託する運用会社が、スポンサー企業の株主総会にどう対応するかなど、利益相反は様々な場面で起りう

図表 5-1　日本版スチュワードシップコードの 7 原則

機関投資家向け投資行動 7 原則（SS とはスチュワードシップを表す）
①　機関投資家は，SS 責任を果たすための明確な方針を策定し，これを公表すべきである。
②　機関投資家は，SS 責任を果たす上で管理すべき利益相反について，明確な方針を策定し，これを公表すべきである。
③　機関投資家は，投資先企業の持続的成長に向けて SS 責任を適切に果たすため，当該企業の状況を適確に把握すべきである。
④　機関投資家は，投資先企業との建設的な「目的を持った対話」を通じて投資先企業と認識の共通を図るとともに，問題の改善に努めるべきである。
⑤　機関投資家は，議決権の行使と行使結果の公表について明確な方針を持つとともに，議決権行使の方針については，単に形式的な判断基準にとどまるのではなく，投資先企業の持続的成長に資するものとなるよう工夫すべきである。
⑥　機関投資家は，議決権の行使を含め，SS 責任をどのように果たしているのかについて，原則として，顧客・受益者に対して定期的に報告を行うべきである。
⑦　機関投資家は，投資先企業の持続的成長に資するよう，投資先企業やその事業環境等に関する深い理解に基づき，当該企業との対話や SS 活動に伴う判断を適切に行うための実力を備えるべきである。

る。そうした事例への対応について説明責任をはたせるか。機関投資家自身のガバナンスが問われる。原則の最後には『機関投資家は（企業との対話などのために）実力を備えるべきだ』と言う、英国版にない一項目が加えられた[5]。

5　日本版ケイ・レビュー

「経産省」では、「日本版ケイ・レビュー」を巡る議論が続く。ケイ・レビューとは英国政府の要請を受け、経済学者ジョン・ケイ（英国ロンドン・スクール・オブ・エコノミクスの客員教授）が英株式市場の構造問題について分析したリポートのことである。機関投資家による短期主義と利益相反等の問題を指摘しつつ、投資先企業の長期的価値向上に資するエンゲージメントを行ったか否かを問うている。

① 英国では、大手機関投資企業がフォーラムを創設し、投資先企業の取締役会への働きかけ（エンゲージメント）を強化する動きを本格化させつつある。機関投資家によるエンゲージメントの強化は、ケイ・レビューで提唱されたところであり、英国コーポレート・ガバナンスの潮流となっている。

② ケイ・レビューでは、英国株式市場が企業の長期的成長、最終受益者たる国民の利益に貢献しているのかが検証された。その結果、機関投資家を中心とする投資の関係者の間で、短期主義や利益相反等の問題があるとされ、上記機関投資家フォーラムの創設のほか、四半期報告の廃止やスチュワードシップコードの強化などが提案された。

③ スチュワードシップコードは、議決権行使や投資先企業のモニタリングなど、機関投資家によるエンゲージメントのあり方を規定するものであり、ケイ・レビューの反映も含め二〇一二年九月に改訂されている。「遵守するか、遵守しない理由を説明するか（comply or explain）の原則の下、機関投資家のエンゲージメントに係る指針として機能している。

④ 英国で求められているのは、単に議決権を行使したかといった形式論ではなく、投資先企業の長期的価値向上に資するエンゲージメントを行ったかという実質論であり、故に「comply or explain」として柔軟性を持たせていると言える。我が国においても今後、機関投資家の役割が増していく中で、英国における機関投資家のあり方を巡る議論の行方が参考になろう。(6)

6　英国・米国の「コーポレート・ガバナンス・コード」

①　英国の「コーポレート・ガバナンス・コード」

本コードは、米英の不祥事事件の判例を参考にしながらガバナンスのベスト・プラクチス・コードを〝comply or explain〟方式でまとめたキャドベリー報告書（一九九二年）の影響を受けて作成されている。「コーポレート・ガバナンス・コード」とは、上場企業が目指すべきベスト・プラクチスの行動基準である。この行動基準に各企業がどの位、準拠しているか否かを明確にすることが、機関投資家の「目的ある対話」の目的である。五部構成（リーダーシップ、有効性、説明責任、報酬制度、株主との関係）、一八主要原則、五三項目からなっている。その要旨は以下のごとくである。

(イ)　取締役会

・取締役会は、会社が長期的に成功するよう全体として責任を負う。
・取締役会の独立性を高めるために、非業務執行取締役の報酬は業績と連動しない。
・女性を含めた構成員の多様性を強調する。
・上場会社は三年おきに取締役会の業績について外部の監査（ガバナンス・レビュー）を受ける。
・取締役会に対し独立性に加え、監督を行う上で必要な専門的な知識・経験を有すること要求する。
・取締役会は、相互理解に基づいた、投資家との対話に責任を負う。

(ロ)　取締役会議長

・取締役会議長と業務執行者の分離と、非業務執行取締役との役割と責任の明確化
・取締役会議長の独立性確保（別途、独立性の定義あり）
・取締役会議長は、取締役が議事を進める上で、十分に審議する時間を確保し、構成員が正確な情報を得て審議することに責任を負い、効率的にリーダーシップを持って運営するために、取締役に対して必要な知識を常に新しく与え、それは適時・正確でなければならない。また、取締役が適切な研修を受けているかレビューしなければならない。

(ハ)　非業務執行取締役

・過半数は独立性のある非業務執行取締役でなければならない。
・非業務執行取締役は、業務執行に対して綿密に監督しなければならず、財務面が適正であること、会社の内部統制が適正であることについて責任を負う。
・非業務執行取締役は、監督をおこなうために必要な時間を確保すること。
・非業務執行取締役は、取締役会に参加するために、必要なスキルと知識を備えなければならない。
・非業務執行取締役は、会社のリスクに関する一定程度の情報、知識を有していることが要求される。
・非業務執行取締役は、経営陣の業績を監視し、選・解任・報酬の決定に責任を負う。また、株主が議長・CEOと接触できない時の窓口となる。

②　米国の「コーポレート・ガバナンス・コード」（第10章6「NYSEのコーポレート・ガバナン

ス動向」参照）

米国においても、ＳＯＸ法及びＳＥＣが規則を定め、各証券取引所はＳＥＣの指導を受けて、細かい上場規程を定めている。ＮＹＳＥの場合は以下のごとくであるが、〝comply or explain〟というより、「comply と開示」原則である。

(イ)　独立社外取締役の定義・基準
(ロ)　業務執行取締役が参加しない独立社外取締役の定例会の開催
(ハ)　独立社外取締役しか構成されない指名・ガバナンス委員会、報酬委員会、監査委員会を創設する義務
(ニ)　各社は、自社の「コーポレート・ガバナンス・ガイドライン」を設け、自社のウェブサイトに掲載しなければならない。
(ホ)　各社は、自社の倫理コード（基準）を設け、自社のウェブサイトに掲載しなければならない。
(ヘ)　ストック・オプションその他の株式連動報酬プランについて、株主による承認を受けなければならない。
(ト)　利益相反取引の監視に関する原則

7　本書の日本版「コーポレート・ガバナンス・コード案」

以上のように、英国には発行体企業が遵守すべきコーポレート・ガバナンス・コード（米国ではコーポレート・ガバナンス・ガイドライン）がある。特に、英国では、それに準拠して、会社との「目的を持った対話」が進められ、そのコードと企業の現状との開差を公表している。

前述の如く、「日本版スチュアードシップ・コード」の第一原則には、「機関投資家はスチュアードシップ責任を果すための明確な方針を策定・公表すべきである」とある。このために以下の企業向け日本版「コーポレート・ガバナンス・コード案」を大いに参考にしていただきたい。また、投資家との「目的を持った対話」を進める際にも有効活用し、Win-Win の関係を構築していただきたい。

日本版「コーポレート・ガバナンス・コード案」

① 取締役会は、経営理念に基づき、企業経営の効率性・公正性・社会性を確保し、誠実性と倫理的価値観を持って、意思決定し、もって企業の健全で長期的・持続的な成長を図り、社会的信頼に応える良質な企業統治体制や取締役会行動規範を確立しなければならない。

② 取締役会議長は、正義を重んじ、構成メンバーが臆することなく意見を述べる雰囲気を醸成し、又、どの独立役員にも公正・公平にあたり、全員の取締役・監査役（監査委員）から尊敬と緊張感ある信頼関係を構築できるようリーダーシップを執らなくてはならない。

③ 取締役会議長とCEOの機能分離についての方針を開示しなければならない。

④　取締役会は、経営基本方針・中長期計画・永続性施策（コンプライアンスやリスク・マネジメント体制）を決定しなければならない。

⑤　取締役会は、ISO26000（説明責任、透明性、倫理的な行動、ステークホルダーの利害の尊重、法の支配の尊重、国際行動規範の尊重、及び人権の尊重の原則）を、意思決定し、その実行に組み入れなければならない。

⑥　取締役会は、独立役員の必要性・数、独立役員の独立性・専門性基準、最長任期、複数社就任制限、独立役員への環境整備（スタッフの充実や研修・資料の事前説明・工場見学等の実施）、独立社外取締役の機関投資家との「目的ある対話」への参加義務、等を決めなくてはならない。

⑦　取締役会は、取締役会構成における、多様性（女性、国際性等）、専門性確保の基準を決めなくてはならない。

⑧　取締役会は、株主総会招集通知に記載した、取締役・監査役（監査委員）の選解任案・その他の議案に対し、主要機関投資家との意見交換できる機会を設けなければならない。

⑨　取締役会は、中長期計画との連動も含めた経営者報酬方針・基準を決めなければならない。

⑩　取締役会は、法的ないし任意の指名委員会・報酬委員会、監査委員会（又は監査役会）等の設置と構成についての方針を決めなければならない。

⑪　取締役会は、社長（ＣＥＯ）のサクセッション・プランを持つように心掛けなくてはならない。

⑫　取締役会は、取締役／監査役（監査委員）たる資格と自己個人との間の利益相反行為、及び株主を含むステークホルダーとの利益相反行為（モラル・ハザード等）を、チェックする体制を、連結子会社・関連会社を含めて構築しなくてはならない。

⑬　取締役会メンバーは、監督・監査結果（特に不祥事）等についての適時情報開示と説明責任を果たし、株主を含むステークホルダーとの「情報の非対称」を極力、減らさなくてはならない。

⑭　統合報告書機関への参加による非財務情報（環境価値・社会価値・顧客満足度・従業員満足度・ブランド力・知的財産力等）の把握と開示方針を明確にしなくてはならない。

⑮　会社は、株主だけでなく、全てのステークホルダーの立場に立った誠実・公正な業務の遂行ができているかチェックしなければならない。

⑯　取締役は、担当事業領域にとらわれず、広く関連部門・関連子会社と連携し、また監査役（監査委員）は、独立社外取締役・会計監査人・内部統制部門（以上子会社・関連会社を含む）等との連携を図らなければならない。

⑰　取締役会メンバーは、取締役会の経営品質・監査品質を向上させるべく、経営判断の原則・M＆A・経理・財務・ＩＴ等に付、自己研鑽ないし研修を受けなければならない。特に、グローバル企業は海外腐敗行為防止法（ＦＣＰＡ）や海外の「独禁法」、また、ソシアル・ネットワーク・システム（ＳＮＳ）に係わる問題点等に主体的に取り組むこと。

各企業のコーポレート・ガバナンス体制及び役員の知識と資質等を確認できるように、日本版「コーポレート・ガバナンス・コード」の新設についても、金融庁及び自民党経済再生本部・金融資本市場・企業統治改革グループのリーダーシップに期待したい。一方、「経産省」が進める日本版ケイ・レポートは未だ明確ではないが、デイ・トレイダーのような株主の超短期志向にとらわれずに、中長期間投資し、保有する機関投資家及び長期志向の「その他のステークホルダー」と、企業との間の「目的を持った対話」、「各種会社説明会」、「工場見学」等が頻繁に始まることに期待したい。そのためにも日本版「コーポレート・ガバナンス・コード」の新設が喫緊の重要課題である。また、経済財政諮問会議で、伊藤元重東大教授ら民間議員が提言した「長く保有するほど配当が増える、といった新型の株式を発行しやすいように環境整備に乗り出す」というアイディアがある。その目的は機関投資家らに中長期の株式投資を促し、先端技術の開発などに取り組む企業の中長期の調達を支え、日本企業の技術革新を後押しする。(7) このような取り組みが増えて、デイ・トレイダーのような株主の超短期志向が減少することに期待したい。次に「日立」のコーポレート・ガバナンス・ガイドラインは良くできており、参考までに紹介する。

8　株式会社日立製作所 コーポレート・ガバナンス・ガイドライン

前文

本ガイドラインは、当社取締役会及び関連する委員会の決議によって、当社におけるコーポレート・ガバナンスの枠組みを示すことを目的として、取締役会規則及び各委員会規則に加えて決定されたものである。

取締役会及び委員会は、本ガイドラインの適切さと有効性について継続的に検証し、必要に応じて本ガイドラインを改正することがある。

第一条（取締役会の役割）

・取締役会は、企業価値・株主共同の利益の継続的な向上をめざす。

・上記の目的を達成するため、取締役会は、日立グループの経営の基本方針を決定し、執行役及び取締役の職務の執行を監督する。

・前項の「経営の基本方針」には、中期経営計画や年度予算等を含み、取締役会においては、法令、定款又は取締役会規則に定める決議事項に加えて、経営の基本方針に関する戦略的な議論にも焦点を当てるものとする。

・取締役会が上記の役割を果たすため、取締役会を構成する各取締役は、取締役会内外において、当社に対する忠実義務及び守秘義務を負う。

第二条（取締役会の規模）

・取締役会には、意見の多様性と効率的な運営が求められることから、取締役会の員数は、二〇人以下の適切な人数とする。

・指名委員会は、株主総会に提出する取締役の選任及び解任に関する議案の内容を決定するに際し、前項の方針に従って最適な取締役の員数を検討する。

第三条（取締役会の構成）

・取締役会の継続性を保つため、指名委員会は、取締役候補者の決定に当たり、全て或いは殆ど全ての取締役候補者が新任とならないよう考慮する。

・上記に加え、指名委員会は、取締役会に新しい視点や意見が継続的にもたらされるよう、当該候補者が当社取締役に就任してからの年数や年齢を考慮するものとする。

・原則として、七五歳に達した者は、株主総会において取締役候補者とされない。但し、特別の場合、指名委員会は、七五歳以上の者を候補者とすることがある。

第四条（社外取締役の適性）

指名委員会は、社外取締役候補者を決定する際、第五条に定める独立性の判断基準に加え、以下の事項を考慮するものとする。

一．社外取締役候補者が、人格、見識に優れた者であること

二．社外取締役候補者が、会社経営、法曹、行政、会計、教育等の分野で指導的役割を務めた者又は政策決定レベルでの経験を有する者であること

第五条（社外取締役の独立性の判断基準）

指名委員会は、以下の事項に該当しない場合、当該社外取締役に独立性があると判断する。

一．当該社外取締役の二親等以内の近親者が、現在又は過去三年において、当社又は当社子会社の業務執行取締役又は執行役として在職していた場合

二．当該社外取締役が、現在、業務執行取締役、執行役又は従業員として在職している会社が、製品や役務の提供の対価として当社から支払いを受け、又は当社に対して支払いを行っている場合に、その取引金額が、過去三事業年度のうちいずれかの一事業年度当たり、いずれかの会社の連結売上高の二％を超える場合

三．当該社外取締役が、過去三事業年度のうちいずれかの一事業年度当たり、法律、会計若しくは税務の専門家又はコンサルタントとして、当社から直接的に一〇〇〇万円を超える報酬（当社取締役としての報酬を除く）を受けている場合

四．当該社外取締役が、業務を執行する役員を務めている非営利団体に対する当社からの寄付金が、過去三事業年度のうちいずれかの一事業年度当たり、一〇〇〇万円を超えかつ当該団体の総収入又は経常収益の二％を超える場合

第六条（他役員の兼職）

・取締役は、当社の事業等を理解し、取締役会に出席し、また、その準備を行うために必要な時間を確保することが求められることから、当社の他に四社を超える上場会社の役員（取締役、監査役又は執行役）を兼職しないことが望ましい。

・取締役が他社から役員就任の要請を受けたときは、その旨を第八条に定める取締役に通知する。

第七条（当社株式の保有）

取締役は、就任後、役員持株会を通じて当社株式を取得することが望ましい。

第八条（取締役会の議長）

・取締役会の決議によって、取締役会を招集し議長となる取締役一名を定める。

・前項に定める取締役は、執行役を兼務しない。

・前二項に定める取締役は、取締役会の議論の質を高め、かつ議論が円滑かつ建設的に進むよう努めるものとする。

第九条（取締役会資料の事前配布）

・取締役会における充実した議論を実現するために、議題に関する資料は、取締役会に十分に先立って取締役に配布される。但し、特に機密性の高い案件については、資料を事前に配布せずに取締役会において議論を行う場合がある。

・取締役会での議論や資料の機密性を保持するために、取締役は当該情報の取扱いに十分に注意する。

第一〇条（取締役の独立専門家へのアクセス）

取締役会及び委員会は、必要な場合、外部の独立専門家のアドバイスを求めることができる。

第一一条（役員報酬）

・報酬委員会は、取締役及び執行役の個人別の報酬等の額の決定に関する方針を定める。

・報酬委員会は、前項の方針について定期的にレビューを行う。

第一二条（利益相反）

・取締役及び執行役は、当社の利益に反して、自身又は第三者の利益を追求してはならない。
・右記の意図がない場合でも、取締役及び執行役は、取締役会の承認を得なければ、会社法が定める利益相反取引及び競業取引を行ってはならない。
・前項の取締役会決議において、利害関係（個人的な利害関係のほか、当社外の職業上の利害関係）を有する取締役は、決定に加わってはならない。（二〇一二年五月一〇日制定）

9　第5章のまとめ

金融庁が進める、日本版スチュワードシップコードは一歩前進であるが、その問題点は、罰則がないこと。及び前述の英国スチュワードシップコードの原則四にある Escalation 条項（投資家の関与に、会社が建設的に対応しない場合、どのような手段で活動を強化するか）までたどり着けなかったことである。また、日本版の原則四でインサイダー取引規制に抵触することを防止するための措置を講じた上で、公表された情報をもとに、当該企業との対話に臨むべきであるとした。したがって、機関投資家と経営者間との間には見えざる壁ができ、「情報の非対称」はあまり軽減されないのではないかとの懸念もある。資産運用者としての機関投資家と、資産保有者としての機関投資家を分けた点、後者がどう対処するのか見極めたい。「生損保」のように直接保有しているところの利益相反の解決と、年金の如く別の機関投資家に委託している場合、どのような委託方針を出すのかを見極めたい。また、議決権行使が個別開示とならず「集計公表」となったことは残念なことである。いずれにしても最重要な企業向け「日本版コーポレート・ガバナンス・コード」なくして、どのように「目的ある会話」が進められるのか疑問である。当面はＩＳＳ等の議決権行使助言会社の協力を得なくてはならないであろうが、議決権行使助言会社のサービスを利用している場合には、その旨及び当該サービスをどのように活用したかについても公表すべきであるとＳＳ原則の五－四で述べている。

注

（1）Life stream community (2007)「スチュワードシップ」参照。

（2）米、英、日のデータは一九九九年の "Corporate Ownership around the World" *Journal of Faimance*, Vol. 54, Table II による、及びアジア新興国のデータは二〇〇〇年の "The Separation of Ownership and Control in East Asian Corporations" *Journal of Financial Economics*, Vol. 58, p. 81 による。これらの場合分散保有は、二〇%以上を保有するブロックホルダーがいないケースをいう。一方、イタリア、フランス、ドイツのデータは二〇一二年の "The Life Cycle of Family Ownership: International Evidence" *Review of Financial Studies*, Vol. 25, No. 6, p. 1689 により、家族企業とは、創業家が二五%以上保有するケースを言う。

（3）『商事法務』二〇一三年一二月五日号 (No. 2018)「英国スチュワードシップコードと最近の動向」三七頁。

（4）大和総研グループ（二〇一三）「スチュワードシップコード」及び UK Stewardship Code を参照。

（5）二〇一四年二月一一日『日本経済新聞』の「一目均衡」（編集委員：北沢千秋）による。

（6）『資本市場クオータリー』二〇一三年夏号参照。

（7）二〇一四年二月一四日付けの『日本経済新聞』による。

第6章　経営者支配の正当性の根拠

1　はじめに

渡辺（二〇〇二）[1]によると、「大企業の企業権力、統治の問題を最初に提示したのは、バーリ＝ミーンズ（一九三二）である。それは経営者支配論として理解され権力・統治の問題として議論されなかった。権力・統治の観点から経営者支配の正当性を問題にしたのは、P・F・ドラッカーや三戸公教授等僅かである」と述べている。井上（二〇〇六）の「コーポレート・ガバナンスと会社支配」（『金融経済学バンドブック』一～一一九頁）も会社を支配するのは誰かが中心であって、「経営者支配の正当性」を殆ど取り上げていない。

先ず、最も難解なバーナード（一九三八）の「権限受容説」を見る。次に第1章で「経営者良心」について紹介したバーリ＝ミーンズ（一九三二年）による「経営者支配の正当性の根拠」を紹介し、次に勝部（二〇〇四）による、それらのまとめとその中で触れた、「ドラッカー論と三戸公（一九九七）によるその批判」を詳しく見る。また、ユニークな従業員主権論に立つ伊丹（二〇〇〇）の「権力の正当性論」にも簡単に触れ、次に我が国における「会社はだれのものか」論等を順次見てゆき、それらを踏まえた本書の考え方を次章でまとめる。

2　バーナードの経営者支配の正当性の根拠の要旨

（一般に言われる様に、バーナード論は難解であるので、（括弧）で用語の後に注釈[2]を、また、①～③の番号と見出しは、分り易くするため、本著作者の責任で入れている）

(1)　高橋公夫（二〇〇二）による「バーナード理論と企業経営の発展」

高橋公夫（二〇〇二）はバーナード（Chester Irving Barnard, 1886-1961）の『経営者の役割』（*The Function of the Executive*：1938）についての論文「バーナード理論と企業経営の発展[3]」の中で、

「いかに、経営者支配の正当性を問題とし、いかに専門経営者を擁護しているといえるのであろうか。ここでは経営者の機能的支配論として、組織の三要素（とはコミュニケーション「相互に意思を伝達できる人々がおり」、協働意思「それらの人々は相互に貢献しようとの意欲を持ち」、共通目的の達成を目指す時、に組織は成立する。）に即してバーナードの①権限論、②構成員論、そして③目的論について検討する」（一三七頁）と述べている。

① 権限論について

「まず、バーナードの権限論はいうまでもなく権限受容説として知られている。（中略）受容説は経営管理の合法性も含めて支配の実質的・機能的正当性を問うという意味で、経営者支配の正当性論を本来的に示唆するものであった」（一三八頁）。

②　構成員論について

「経営者権限が社会的受容による授権であるとするならば、いわゆるステークホルダー論は自ら出てくる議論であろう。バーナードの誘因と貢献の理論は、組織に関わるあらゆる構成員の諸利害を均衡させるというものであるから、組織論的なステークホルダー論であるということができる」（一三八頁）。

③　目的論について

「しかしながら、問題はいかなる目的からその均衡を図るかということである。バーナードはこから機会主義的（組織の行為は、現在利用できる条件や手段を機に乗じて利用する以外には、いかなる行為をもなしえない、即ち道徳的の反対物）な誘因の経済あるいは極めて抽象的な組織経済の理論を展開しているが、他方で（あることをするかしないかという）価値的態度、効用評価、行動基準に関する『道徳性』の側面がとわれなければならないとしている。いうまでもなく、財やサービスの経済的供給という特殊な目的を持つ組織体の場合、組織合理性だけでなく営利的合理性との調和という課題が孕まれており、組織維持の立場から戦略的・機会主義的に企業目的が設定されると共に、そこに企業独特の経営理念や具体的道徳準則などが形成されてきているのである。今日の経営者支配企業においては、様々なステークホルダーに配慮した複雑な企業目的や経営理念を持つようになっており、もはや剥ぎだしの営利原則が通用するわけではない。しかしそれだからといって、A・A・バーリーが期待したようなプロフェショナルな経営者達が準公的立場から社内一般的な福祉をめざすというわけでもない。むしろ明らかになりつつあるのは、バーリーの期待に反して、専門経営者支配の組織的独善と自己利益追求の現実であるということができる。これに対して、バーナード理論が可能とする対応は、経営管理機能の健全な達成と道徳的リーダーシップ(4)の発揮をひたすらに主張するばかりである。権力者は自らの権力行使に高い理念を持って、責任を果たし、常に自戒しなければならないことは勿論であるが、それに留まらず、さらに彼の権力行使は第三者的観点から抑制される必要がある。そのために、客観的に制定された基本的行動規範に照らして、経営者が自ら権力行使を機能的にチェックし、また制度的にチェックされうる立憲主義的経営とならなければならないのである」（一三八～一三九頁）。

「結局『経営者の役割』は経営者支配の正当性の課題に対して、貢献者達（参加者、ステークホルダーを含めた広い概念）による経営者権限の忌避と経営者自身の道徳的責任の喚起を要請するにとどまっている」。（中略）「つまり専門経営者はエージェントとして一定の機能を委任された存在であるが、経営管理機能が次第に重要なものとなってくると、経営機能そのものの要請として、委任したプリンシパルの意向には必ずしもそえなくなってくるということである。まさに専門経営者支配が所有者支配から脱却する過程を経営責任の矛盾として指摘しているわけである」（一三九頁）

と述べている。

⑵　まとめ

要するに、バーナードの経営者支配の正当性論は社会的受容（ステークホルダーとの「目的ある対話」、即ち、コミュニケーションの受容、受容されて初めて権威は成り立つ）による授権である。即ち、権限受容説であり、それはステークホルダー論でもある。経営者のしっかりした倫理に裏打ちされた責任感と道徳的リーダーシップが企業経営者にとって戦略的に重要であるということになる。飯野（一九七九）のバーナード『経営者の役割』（一五一頁）によると、道徳的リーダーシップ（Moralistic Leadership）とは、「決断力、不屈の精神、耐久力、勇気などにおいて、個人が優越している側面であり、人の行動に信頼性と決断力を与え、目的に先見性と理想性を与える」（元々の出典：バーナード主著の翻訳書の二一七頁）ことであると述べている。

3　バーリの経営者支配の正当性の根拠の要旨

前述の、第1章で、三戸・佐々木（二〇一三）によるバーリの「経営者良心論」について詳しく触れたので、その前半の部分だけを再掲し、それに対する反論等を続けて述べる。即ち、

「私有財産を解体して巨大な経済力を集中させていく近代株式会社の台頭を問題とし伝統的な財

産権に基づかない近代株式会社は、特定の集団（株主や経営者など）のために運営されるという根拠をなんら持たないため、

① 社会全体の利益をはかるように発展すべきである。

② しかしながら、それには近代株式会社が私有財産にもとづいた制度でないことが社会一般に認知されること。

③ 支配者集団（経営者）が絶対な権力を持っていることの自覚と彼らの良心や誠実、それらを保証する社会的義務の制度が作られなければならない。と述べたのであった。

これはまさに、企業には社会的責任があり、経営者はそれにふさわしい倫理観を持ちなさい。（中略）われわれは、『経営者良心』を近代株式会社体制存続のための中核と位置づけ、法制度による他律的なガバナンスだけでなく自律的なガバナンス体制の確立を目指すべきことである。そのために重要な役割を果たすのが、企業の社会的責任論、ビジネス・エシックス論などの領域であり、これこそ私有財産を解体して所有なき支配を必然とする、近代株式会社の存在に正当性を付与する性格の議論である」と述べている（傍線は筆者挿入）。

本件に関して、高橋公夫（二〇〇二、一三九〜一四〇頁）は、

「かつてバーリはこうした所有者支配から経営者支配への過渡的段階において、後の彼からは意外に思われるほど経営者支配に対して懐疑的な態度で臨んだ。すなわち「会社の経営者や『支配

者』の株主に対する受託義務が弱められるか、あるいは消滅したとき、彼等は事実上の絶対者となる」と。しかしながら、有名なE・M・ドッドとの論争の後、『二十世紀資本主義革命』において、「会社が株主のために利潤追求するという唯一の目的で存在しているとする見解を、現時点で強調するのは好ましくない」とするドッドの主張を容認せざるを得なかった。（中略）バーリは最後まで、経営者権力の絶対化への危惧を払い去れないまま、一方で権力抑制の論理を探り、社会的に受容されうる経営者の機能的正当性への期待を膨らませていったのである。ところが、昨今の経営者企業の失敗や不祥事などの出来事は、バーリの期待ではなく危惧のほうこそが現実のものとなってしまったということができる。それゆえに、会社支配論に代わる企業統治論の台頭や株主復権論の出現は、これまでの経営者支配論への新たな挑戦であり、段階を画した取り組みを求めさせるものであるといえる。つまり、高度な経営者支配の段階においては、ステークホルダーからの合意を取り付け得るだけの経営者の自律的な倫理や道徳を期待するだけでなく、彼らの独善をも客観的にチェックできるようなシステムが必要なのである。ここでは、そのような経営システムを「企業統治」という課題を最も早い段階で取り上げたR・イールズにしたがって、「企業立憲制」あるいは「立憲主義的経営」と呼ぶことにしたいと思う」と述べている。

バーリの「経営者は社会性、公共性を重視した経営を行うべきだ」とする立場に対して、ロストウ、ハイエク、ハーマンの三人が反論している。それらについての勝部論（二〇一三）を要約すると次のようになる。

①経営者の自由裁量の拡大は権力の拡大を招くので抑制すべきものである。
②経営者は株主の声を聞いて株主利益の最大化を目標にすべきであり、それが結果的に公共の利益にも繋がる。
③経営者が企業の社会的責任に取り組むとそれは市場の論理を損ない資源の適正な配分を歪めてしまう。
④「会社良心」などなく、経営者は自己利益を追求することは大いにあり得るが、市場や株主からの圧力や制約によって統制される。

これらの反論はいずれも株主主権論に近いといえる。逆に、バーリの論のよい所は、
①「所有と支配は分離」した後は、専門経営者が実質的に会社権力を行使して、会社を支配している。これを踏まえ、
②会社権力の正当性は社会的合意（public consensus）によって判定されるべきである。
③会社権力の抑制・統制は「会社良心」によって先ずなされなければならないが、それが不可の場合には四つの方法でなされなければならない。即ち、
一つ目は「大きな制約―競争を生む多元性」である。アメリカではどんなに組織権力が強大でも、独占は許されない。

二つ目は「利潤の追求」であり、利潤を上げない限り会社権力の維持はできない。

三つ目は「社会的合意」である。社会、そして組織や指導者からも広く支持されている理念がある

と、そこに「社会的合意」が形成され、それに従うことが制約要因になる。それに従わないと、社会的評価や信望は一気に失われる。

四つ目は「政治的介入」である。[6]

次に、「勝部（二〇〇四）による正当性論の要約」は分りやすいのでまとめとして紹介する。

4　勝部（二〇〇四）によるコーポレート・ガバナンスと正当性論の要約[7]

①「所有と経営の分離」後、株式の分散化により大株主の持ち株比率が低下すると、株主でなくとも総会で過半数の白紙委任状を集めることのできる経営者が代わって支配者の地位に就くことになる。ここで経営者支配が成立する。

②経営者支配が一旦成立すると、会社の最高人事は経営者自身によって事実上決定される。株主総会はそれを形式的に追認する場でしかない。しかし株式会社の最高意思決定機関である株主総会で正式手続きを経て決議されたものであり、法的には何んら問題ない。したがって、経営者支配には違法性はない。しかしながら、

③株式会社はあくまでも株主を支配者とするように作られた法的制度である。にも拘わらず、現実には株主でない経営者が君臨しているのはおかしい。したがって、「経営者支配に正当性はない」と述べたのが、P・F・ドラッカー（『産業人の未来』：一九四二）であった。

その後、かれは変説する。体系化された物的現実（physical reality）において諸個人が社会的地位を得て機能するためには、その社会における共通の理念、信条、価値観に立脚した統治権力がなければならない。そのような権力こそが社会の正当な権力（legitimate power）であり、正当な支配ということであると述べた。

かれはこれまで負のイメージが付きまとった利潤の概念に代えて、企業の目的は顧客の創造にあるとした。そのためにはマーケティングとイノベーションを徹底して遂行することを説いた。また彼の管理論の特徴は、自由にして機能する管理を標榜したことであり、「自由＝責任ある選択」を唱え、従業員には全員経営者化、そしてその実現に目標管理と分権化を論じた。また経営者には卑しいものは就くべきではないとして、品性の高潔（integrity）を強く求めた。しかし、世界をマーケティングとイノベーションのサバイバル競争に導き、結果として地球環境破壊等の随伴的結果をもたらしたのは他でもないドラッカーであり、これは「ドラッカーの終焉」であると三戸公教授は厳しく批判している（詳細後述）。

④　奥村宏教授（一九八六）は法人資本主義（相互持合い→相互所有→相互支配→経営者支配の論理）により、経営者が法人所有という他人の所有に基づく支配であるから「所有の盗奪」である。したがって、経営者支配に正当性はないとみている。

⑤　T・パーソンズ（Talcott Parsons）は「組織体はそれが機能している社会の目標と価値に、彼らの活動が一致する範囲内で正当化される、即ち、正当性は、社会規範に組織活動を一致させる条

件なのである」つまり正当性を得ようとすれば、その行動が社会の規範、目標、価値と一致しなければならない。

⑥　一九七〇年代後半、エリオット・ワイス（E. J. Weiss）は「コーポレート・ガバナンスのシステムの主要な目的は企業を経営する人々に正当性を付与することである」と述べている。したがって、企業の正当性はそのガバナンスの在り方にかかっている。

5　ドラッカー論と三戸公（一九九七）によるドラッカー批判

渡辺（二〇〇二）[8]はドラッカー論の変説の経緯を次のように纏めている。

「ドラッカーはまず、『産業人の未来』（一九四二）において、産業社会の代表的な制度である株式会社における権力、すなわち経営者の権力を問題とし、「株式会社制度における権力の基盤は財産権に由来する。しかしながら、現代大企業に経営者の権力は株主とは関係なく、株主によって制御されず、株主に責任を負ってない。しかも、経営者が行使している権力の正当な基盤として財産権にかわるものは何も見つかってない」と経営者支配を非正当と断定している。戦後になると、大企業を産業社会における代表的・決定的・基本的制度と把握した『新しい社会』（一九五〇）において「大企業への投資家には所有権を与えるべきではなくて、経済的報酬に対する権利主張だけを与えるべきである」と論じている。（中略）その後、ドラッカーは、経営者はいかに機能すべきかの観点から経営者の責任を問い続ける。そのエッセンスは、ドラッカーマネジメント論の集大成とも言える大著『マネジメント』（一九七四）における「マネジメントは社会制度における一個の器官であり、企業とは社内的サービスのための組織体もまた社会の器官である。それらは社会から要求される業績をあげること、課題（task）の達成においてのみ存在理由があり、その権威と正当性は根拠がある」に尽きると言えよう。（中略）整理すると

①財産権という原理レベルでの正当性を問題にし、

②株式会社制度と言う制度レベルでの正当性を問題としている。

③（いかに—筆者挿入）経営者の責任を果たすかという機能レベルの正当性を問題としている」

と変説の経緯を述べている。

続いて、渡辺（二〇〇二）[9]は、「三戸公教授によるドラッカー正当性論にたいする批判」を次のように纏めている。即ち、

「三戸公教授のドラッカー正当性論にたいする批判は、まず第一に、産業社会における社会の純粋理論の適用が不十分であるという点である。二点目は、組織（社会）を問題にしながら、その問題を積極的に論じてないことである。それが、組織社会に成立する経営者支配の正当性の根拠（＝機能）を明確に提示できない原因となったと分析されている。三戸教授は、産業社会に社会の純粋

理論を適用することで「産業社会は組織こそ、その社会の決定的・基礎的・構成的要素であり、諸個人はそれぞれのもつ能力によって組織に参加することによって、社会的機能と地位と所得をうる社会である」と現代社会を組織社会と把握されている。このような理解の上に「経営者支配は組織社会においてのみ成立するものであり、組織維持機能を担うのが経営者であるから、経営者能力を持つものが経営者の地位を占め、組織維持の意思決定をするものが経営者である」と経営者支配を把握される。ドラッカーも言うように、財産権の論理、所有の論理にもとづくかぎり経営者支配に正当性はない。（中略）組織がなにゆえに経営者に権力を与えるのか。組織は目的達成の有効性を求めるところに成立する。すなわち目的達成の有効性＝機能性こそ、経営者を生み出したものであり、経営者に求められる基本原理である。支配の正当性の根拠は財産から機能へ変容したのであり、経営者支配の正当性の根拠はその『機能』に他ならないとするのが三戸正当性論の骨子である。（中略）では経営者はいかに機能すればよいか？その責任は？と議論を展開される。経営者の責務と責任は何か。経営者にとって何よりも求められるのは、経営者の責務（task）を果たすことである。経営者の責務とは企業の維持存続である。なぜならば、企業が社会から要請されている機能が、企業の社会的責任であり、経営者はその企業の最高意思を決定する責務を担う。企業が社内から要請されている機能は経済的機能であり、その維持存続である。そうであるとするならば、経営者は企業の維持存続だけを達成すれば、その他には何も要求されないのであろうか。三戸教授はその点に関して経営者の責任（responsibility）として問題とされている。企業の最高意思決定者である経営者には企業が社会に与える衝撃（インパクト）に対して責任をとることが求められると強く論及されている。近年の不良債権問題や様々な企業不祥事を想起されれば、その重要性は多言を要しないであろう」と述べている。

ところが、渡辺は「社会的衝撃に対する責任論は経営者支配の正当性＝機能とする理論体系の埒外の問題ではないのか」との疑問を投げかけている。

しかしながら、「企業が社会に与える衝撃（影響）に責任を持つこと」は正にＣＳＲの問題であり、当然に経営者支配の正当性に大いに関わると筆者は思う。

次に、渡辺は「株式会社制度に必然の二重の権力集中構造が正当性問題を引き起こす根幹であることを指摘した。この理解の意味することは、大株主支配、経営者支配といった支配主体の別無く、また個人所有や機関所有といった所有構造の別無く正当性が問題となっているということである。それは同時に、統治論で盛んに議論される外部取締役や執行役員制の導入、株主権の強化といった制度レベルの改革だけでは一向にこの正当性問題は解決されないということを示唆している」と実に有意義な論点も示している。

6　伊丹（二〇〇〇）の「権力の正当性」論⑩

伊丹（二〇〇〇）は「権力の正当性」について、以下のように簡潔にまとめている。

「企業組織の経営とは、その組織が所有する物的財産を自由に左右することばかりではなく、その組織の中で働く人々の運命を左右するような決定をしばしば行うことである。つまり、組織に所属するモノとヒトの運命を左右することにつながるのである。その意味で経営とは大きな権力をもつことに等しくなる面がある。（中略）民主国家の権力の正当性は、為政者が民衆によって選ばれているから権力があると正当化する」とのべている。（中略）企業組織での従業員主権の権力の正当性は、民主国家の例と同じで分りやすい。コア従業員が企業共同体のメンバーであるとすれば、企業への貢献とコミットメントをしている彼らが、権力の基盤となる。経営者は彼らに選ばれあるいは負託を受けている場合に、経営権力を正当化できる」

以上が「経営者支配の正当性」問題を正面から取り上げた学説のかなりの部分であるが、やはり『会社はだれのものか』が明確でないが故に、ないしはこの掘り下げが十分でないが故に、いずれの「経営者の正当性論」も部分的には有意義であるが、決め手が無いように見受けられる。

岩井（二〇一三）は、株主と従業員などの組織との関係について、以下のように述べている。

7　会社はだれのものか

(1)　岩井論（二〇一三）

岩井は著書『会社はだれのものか』の中で、株主主権論かステークホルダー論かに関して、次のように述べている。

「会社のあり方には英米型の株主主権論的な仕組みと日本やドイツのように従業員などの組織を重視するタイプと二つある。前者は株主主権をほぼ一〇〇％追及するのに対して、後者はより組織の自立性を追及していく。両者は共存しているからこそ、会社という仕組みは成り立っている。私はこれを二階建て構造と呼んでいる。会社が、会社法という法律の下、知識や技術、能力といった人的資本を一階部分で蓄積しているとすれば、会社を株式という物質として所有する株主が二階になる。二階を強調すれば、英米型のような、株主利潤を最大化する規律が働く株主主権論的な会社になるし、一階を強調すればドイツや日本のような組織を重視する会社になる。この多様性こそが、会社のあり方の本質だと私は考えている。会社には英米型もあれば、日本やドイツのような型もあってもいいのだ。この文脈に沿って言えば、欧米の好景気に沸いた二〇〇〇年代は、二階部分の株主資本主義が非常に強い時代であったと言うことができる。その時代が一つの終焉を迎えたのが、二〇〇八年のリーマンショックだったのであろう。換言すれば、資本主義という枠組みは、この多様性の下、時代に応じて一階と二階を柔軟に変えながら生きながらえてきたと言える。ある意味で非常にしぶとい仕組みであり、これを超える会社のあり方が現在のところ存在してない」と述べている。(11)

これは従業員主権論でもないし、株主主権論でもない。狭義と広義を使い分けている出見世論に近いようにも見える。

(2) 伊丹論（二〇〇〇）（『経営の未来を見誤るな』従業員主権―企業は誰のものか、七三～七四頁）

「日本では、企業、とくに大企業に働く人々の潜在的な意識とも思える一般的観念は、『会社は働く人々のもの』というものである。『会社は一体だれのものか』、と問われた時、『株主のもの』と答える日本の企業人は少ない。やはり『自分達のもの』と大多数の人が思っている。大企業でその傾向が強いだろうが、中小企業にもかなり色濃く見られる。だから、『企業は人なり』と多くの経営者が、大小を問わず、考えている。ここでいう従業員とは、経営者と労働者の両方を合わせたものである。つまり、企業にコミットし、そこで働き、生活している人たちの全体である。（中略）働く人達に主権があるとは、あくまで実質的にメインの主権者、実質的所有者、というほどの意味である。もとより、法律上は日本の商法は株主を少なくとも債権者との比較の上では会社の主権者としている。しかも、株主の提供する資本がなければ、企業がそもそも成立しない。企業には、働く人も株主もともに大切なのである。しかし、どちらがサブでどちらがメインかと言えば、日本の多くの企業は従業員をメインの主権者、株主をサブの主権者と考えてきた。株主への配当を削っても、従業員の雇用の確保を優先する企業行動、外部からの乗っ取り的買収に対する労使共同しての反対運動などはこの企業の概念の典型的な表れである。法律的に所有権が争われているときには株主が主権者として登場するが、それ以外では企業に長期にコミットしている働く人々に主権があるかのごとくに企業は運営されている」。

伊丹論は岩井論の一階部分、即ち、経営者と従業員に主権があるかのように企業は運営されていることを強調している。

(3)　平田論（二〇〇七年五月一三日「日経」論説委員長平田育夫）

「会社法では会社は株主のものとも読める。だが『従業員や取引先の保護』を買収拒否などの理由に挙げる経営者も多い。『なに自分のものと』腹のなかで思う経営者もいるかもしれない。しかし、攻める側も守る側も忘れている事がある。大きく見れば、『会社は社会のもの』だという点である。なぜならば、会社は様々な面で個人より優遇されており、その会社の設立を法律で認めたのは国民の選良だからである。

株式会社が倒産しても、その株主は出資額以上の責任、例えば借金返済の義務を負わない（有限責任）。（中略）かのアダム・スミスさえ反対したという有限責任を一般的に認めたのは、株式会社ならリスクの高い大規模な事業に挑みやすく、生産性向上にも役立って、人々に豊かさをもたらすからだ。国民がそれを選んだのだ」。

(4) 高巌論（二〇一三）（『ビジネスエシックス（企業倫理）』論、一二二頁、一三三～一三四頁）

「社会は企業に何を期待するか、企業は、多様なステークホルダーに囲まれ、彼等とのやりとりを通して事業経営を行っている。このため、企業は、ステークホルダー一人ひとりから寄せられる要求に応えていく必要がある。彼らの要求こそ、「社会の期待」を構成するものだからである。しかし、ステークホルダーの日々変化する無数の細かな要求に応えること、また無限の広がりを持った各自の要求に応えることは、非現実的である。すべての要求を寸分の狂いもなく細かく把握することなど、不可能だからである。（中略）むしろ「本質的な社会の期待」に応えることでなければならない。では、「本質的な社会の期待」とは何か。筆者（高巌―本著者挿入）は、それが数世紀を経ても、引き続き、現代社会に影響を及ぼしている「社会哲学」の「企業に対する要請」であると解している。彼（高巌―本著者挿入）は三つの前提をおいている。

第一は「企業は社会の中に既に存在する主体とみなす」、

第二は「企業は法人格を持つ権利義務の主体」、

第三は「企業を人々の生活をよきものとするための手段として扱う」。

（中略）アリストテレスの哲学を継承する彼ら（一群の倫理学者）は、人々を社会的存在として捉え、よき市民としての責任を果たすよう「徳」を養う必要を説く。経営の場面に照らしていえば、管理者たちが企業組織の職務を通して、社会における「特別な役割」（special role）を担うが故に、品格論者達は、より適切に社会の役割を担えるよう、組織が管理者の品格形成に貢献すべきであるといった主張まで展開するようになる。「美徳倫理」（virture ethics）と呼ばれるこの立場が、コミュニタリアニズムという社会哲学に対応することはいうまでもなかろう」と述べている。

高巌のいうコミュニタリアンは、コミュニティにおいて、各自が担うべき役割や義務を強調する。各自が役割や義務をしっかり担っていけば、コミュニティの秩序は維持され生活も安定するが、コミュニタリアンは、他方で、その秩序が各自の「自律」（autonomy）を損ねるほど過度であってはならないとする。これがコミュニタリアニズムの基本認識である。その企業哲学は、

①「人々が満足できる生活を送れるよう、事業活動を通じてコミュニティの状況を改善する」

②「法令の遵守のみならず、企業倫理を積極的に実践すること」

③「コミュニティに対する社会貢献活動などを推進する」

である。

やはり「本質的な社会の期待」に企業は応えなくてはならない。それは、現代社会に影響を及ぼして

いる「社会哲学」の「企業に対する要請」である。その前提は「企業は社会の中に既に存在する主体とみなす」、「企業は法人格を持つ権利義務の主体」、「企業を人々の生活をよきものとするための手段として扱う」との所見は平田論（企業は社会のものである）を包摂し、首肯されうる面が多い。

(5) 水尾論（二〇一三）（『セルフ・ガバナンスの経営倫理』一九九〜二〇二頁）

ステークホルダーは権利と責任を持つ必要があるものの、企業はしっかりステークホルダーの要求に応えていくことが、結果的に企業の長期的繁栄につながるとの水尾論を紹介したい。

水尾（二〇一三）の「ステークホルダー・マネジメントの七原則」が参考になる。

① 関心認知とモニタリング
マネジメント層は全てのステークホルダーの関心を認知し、企業経営の意思決定に反映させる。

② リスニングとコミュニケーションの原則
マネジメント層は企業の関与者として負わなければならないリスクに対する意見やアイディアについて耳を傾け、企業情報の開示やコミュニケーションを図る。

③ 適切行動の原則
マネジメント層はステークホルダーの関心事や制度や法律に敏感に対応すべく行動プロセスと行動様式をとらねばならない。

④　適切な分配と負担の原則

マネジメント層はステークホルダー間の努力と報酬の相互依存関係を認識し、企業行動がもたらす利益や負担の正当な分配を心掛けなければならない。

⑤　協働の原則

マネジメント層は他の組織体と協働し、企業行動がもたらすリスクや危害を最小限にとどめるとともに、不可避のものについては適切に保障しなくてはならない。

⑥　リスク回避の原則

マネジメント層は関連するステークホルダーに対して、基本的人権の侵害や明らかに受容することができないリスクの発生は回避しなくてはならない。

⑦　潜在的葛藤認識の原則

マネジメント層は、一方で自分自身が組織内の〝従業員〟と言う立場のステークホルダーとして役割を果たすべき認識と、他方で他のステークホルダーの利益に対する法的・道徳的責任を果たさなくてはならないという、マネジメントの立場であるという認識の狭間で潜在的葛藤は常に存在している。これらの葛藤にオープン・コミュニケーションと適切な報告、インセンティブ・システム、さらには必要に応じて利害関係を持たないサードパーティーからのレビューをうけることで敢然と立ち向かわなければならない。

「ステークホルダー・マネジメントは企業戦略上からも対象となるステークホルダーにより、また従業員との関係、企業組織など企業全体としての内部環境や、時代背景、法整備、競争企業の状況など、外部環境により変化させなければならない。また、ステークホルダー・マネジメント・システムとして、企業価値向上により「企業とステークホルダーとの良好な関係性を構築することで、企業の持続的成長を促進し、発展させる」ことを目的として、PDCAの経営システムを策定し、実践することが重要である。しかもそのマネジメント・サイクルを継続的に改善しながら発展させることが企業戦略の視点からも求められる。即ち、その活動のベースには経営理念があり、その理念を実践する際の行動基準として経営倫理規定が礎石になるが、そこには不祥事を未然に防ぐ「予防倫理」と積極的に社会に貢献していく「積極倫理」の考えが根底にあることは論を待たない。記述のステークホルダー・マネジメントの七原則に基づき、その継続的なマネジメント・サイクルの実践が企業の持続的成長を促進し、発展させることになる」と述べている。

全てのステークホルダーの関心を認知し、企業経営の意思決定に反映させることができるか否かは判然としないが、企業は最大限の努力をしなくてはならない。それが結果として、企業の長期的繁栄をもたらすことは間違いないことである。

(6) 我が国の法曹関係における株主主権論は変わったか（但し、傍線は筆者による）

第3章で、三戸浩（二〇一一）は「法学関係では株主主権論がまったく当然中の当然として前提とされているようである」と述べているが、我が国の場合、二〇〇五年三月二三日ニッポン放送の新株予約権発行差し止め仮処分申請に対する東京高裁決定で、次のようにのべている。

「同年二月二三日、ニッポン放送は、ライブドアがニッポン放送株を三七・八五％取得したことに対抗して、ニッポン放送は、新株予約権発行を取締役会決議したが、ライブドアは差し止めを求めた。下記理由により三月一一日、東京地裁は発行差し止め命令を出す。

会社の経営支配権に現に争いが生じている場面において、株式の敵対的買収によって経営支配権を争う特定の株主（ライブドア）の持株比率を低下させ、現経営者（ニッポン放送）又は此れに指示し事実上の影響力を及ぼしている特定の株主（フジサンケイグループ）の経営支配権維持・確保する事を主要な目的として新株予約権の発行がなされた場合には「著しく不公平なる方法による新株予約権の発行に該当するものと解するのが相当である」との決定がなされた。しかし、一方で東京高裁は、「経営支配権の維持・確保」を主要目的とする場合であっても「株主全体の利益保護」という観点から新株予約権の発行を正当化する特段の事情がある場合には例外的に新株予約権の発行が不公正発行に当らない場合もあるとした。一方、東京地裁原決定においては、「会社には、株主の他にも、従業員、取引先、顧客、地域社会などの利害関係者が存在し、これら利害関係者の利益を高めることは、長期的には株主全体の利益にも沿うという事ができるから、企業価値の検討に当っては、これら利害関係者の利益をも考慮する必要があると一応言う事ができる」と明示的に述べていたが、東京高裁においては、かかる記述はなく、むしろ「買収者による支配権の獲得についての従業員の意向等の事情は、＊＊＊株式の取引等の次元で制約要因として法的に論ずるのが相当な事柄にならないというべきである」（松本：二〇〇五）。

このように「東京地裁原決定」にあるステークホルダー論を残念ながら否定している。

また、二〇〇七年七月九日スティール・パートナー（ＳＰ）対ブルドックソース（ＢＳ）事件にみる「新株予約権の割り当ては著しく不公正な方法か」に対する東京高裁判断に次のようにある。即ち、

「不当なＳＰの株式公開買い付けに対抗する手段として必要性、相当性が認められる限り止むを得ない手段である。そもそも現経営陣と買収者のいずれに経営を委ねるべきかの判断については株式会社においては、従業員、取引先など多種多様な利害関係人との不可分な関係を視野に入れた上で企業価値を高めていくべきであり、企業価値について、専ら株主利益のみを考慮するという考え方には限界があり採用する事ができない」

と明示的に述べていたが、最高裁判断では結論は東京高裁と変わりないが、ステークホルダー論に係わる記述はなくなっている（松本：二〇〇五）。

そのほかの例として、大阪地方裁判所平成一六年七月二八日の幸福銀行事件判決は、「経営判断の原則」について、

「取締役は、営利を目的とする会社の経営を委ねられた専門家として、長期的な視点に立って全株主にとって最も利益となるように職務を遂行すべき善管注意義務及び忠実義務を負っている（商法二五四条三項、民法六四四条、商法二五四条ノ三）。もっとも、営利の目的を実現するためには、取引先、顧客、従業員、近隣の住民、地域社会等、会社をめぐる関係者に対する配慮を欠かすことができないから、取締役は、会社を経営するに当たっては、上記関係者に対する適切な配慮を行いつつ、営利の目的を実現すべきこととなる」

と述べ、また「なみはや銀行事件」判決（大阪地方裁判所判決、平成一四年三月二七日、判例タイムズ一一一九号一九四頁）でも、

「営利の目的を実現するためには、取引先、顧客、従業員、近隣の住民、地域社会等、会社をめぐる関係者に対する配慮を欠かすことができないから、取締役は、会社を経営するに当たっては、上記関係者に対する適切な配慮を行いつつ、営利の目的を実現すべきこととなる」

として、ステークホルダー理論に立脚している。

これらの事例からすると、特徴的なのは、銀行の取締役の損害賠償事件において言及されていることが多い点であり、それに続いてライブドアやニレコ事件のようにファイナンスの事件で若干の言及がされているということがわかる（浜辺：二〇一四[12]）。

徐々にではあるが、法曹界関係の判断記述にステークホルダー論に係わる記述が現れたことは歓迎す

べきことである。

8　第6章のまとめ

①　会社観のまとめ（加護野・砂川：二〇一〇『コーポレート・ガバナンスの経営学』一八頁）

以上の諸説のまとめとして、図表6－1の会社観は非常に良くまとめてあるので、参考とされたい。

②　まとめ

会社はだれのものかと聞かれれば、「会社はだれのものでもない、社会の公器である」と答えざるを得ない。高巌のいう「本質的な社会の期待」に応えるには、第一は「企業は社会の中に既に存在する主体とみなす」、第二は「企業は法人格を持つ権利義務の主体」、第三は「企業を人々の生活をよきものとするための手段として扱う」等が前提となる。本筆者はこれに更に二項目追加したい（次章参照）。

図表6-1　会社観のまとめ

基本的な会社観		会社はだれのものか	会社の目的
会社用具観	〈一元的用具観〉株主用具観	株主のもの	利益の最大化：企業価値の最大化
	〈一元的用具観〉従業員用具観	従業員のもの	従業員所得の最大化
	〈一元的用具観〉経営者用具観	経営者のもの	企業の成長：規模の最大化 自由裁量利益の最大化 経営者所得の最大化
	〈多元的用具観〉	労使共同のもの	共同利益の最大化：付加価値の生産の分配
		多様な利害関係者のもの	交渉による目的の形成
会社制度観		会社は公器：誰のものでもない	会社の存続と成長

また、「会社は何をどのようにやるのか」については、ステークホルダーから信頼と共感を得た、社会的に受容された経営理念・経営倫理と会社目的・方針があり、それが会社の末端まで浸透され共有化されている状態になっていれば、コーポレート・ガバナンスのフレームワークも合法的・効率的・倫理的に機能しやすくなり、取締役会の意思決定・戦略・慣行も機能的に効果を発揮しやすくなる。従業員の「ベクトルが合う」とか「一致団結」が見られるようになる。

さて本題である「経営者支配の正当性」について本書の考え方の詳細を次章で紹介したい。当然のことであるが、「経営者支配」はジェンセン＝メックリング（Jensen & Meckling：1976）のエージェンシー理論に基づき厳然と存在する。それが創業者であろうが、雇われ社長であろうが、バーリ＝ミーンズによる株式の分散化・流動化（『商事法務』No. 2007：2013によると、我が国の株式の分散保有比率で九〇%が、二〇%以上のブロックホルダーがいない株式所有構造となっている。即ち、二〇%以上のブロックホルダーがいる株式所有比率は全体の僅か一〇%でしかない。）により「所有と経営の分離」は起っている。したがって、所有者は誰かを議論しても余り意味がない。但し、我が国の事業法人間の「株式持合いや循環持合い」には、前述（第2章の9まとめの⑩）のごとく、相互監視機能はほとんどない。奥村宏教授の言う「支配の盗奪」でしかない。そこに経営者支配の正当性は全くない。

傾向として、国内外の機関投資家が株式所有構造において、過半数を超え主力になることはかなりはっきりしている、彼らは株式を長期に所有せざるを得ない。売れば市場価格が下落して売るに売れない。機関投資家は粛々と第五章で説明した「日本版スチュワードシップ・コード」に準じて、長期的視点から企業をチェックし、同じく第5章で説明した「本書の日本版コーポレート・ガバナンス・コード案」にある状態に企業を近づけることができれば、全てのステークホルダーの利益にもつながることになる。次章以降に、これらを詳細に説明する。

注

（1）渡辺英二（二〇〇二）「バーナード理論と企業経営の発展」『IT革命と経営理論』一八五頁。

（2）飯野春樹（一九七九）『バーナード経営者の役割』五六～五七頁、一一〇頁、一五一～一五三頁、高橋伸夫（二〇〇七）『コア・テキスト経営学入門』、勝部伸夫（二〇〇四）『コーポレート・ガバナンス論序説』、河野大機（二〇〇四）『経営者読解の修行―バーナード『経営者の役割』をケースにして』の解説に基づき注釈をいれた。

（3）高橋公夫（二〇〇二）「バーナード理論と企業経営の発展」『IT革命と経営理論』一三二～一三九頁。

（4）一般に道徳とは社会生活に生きる人間が遵守すべき行いの規準として理解されるが、彼の言う、道徳とは、何が正しいか、何が間違っているかについて自分に向けられる内面的諸力である。これを良心と呼ぶこともある。ここでは人に対して現に働きかけ、その人の行動に影響を及ぼす価値や信条の全てを含んでいる。しかもそれは、人間の外部から生ずるものであって、人間が経験していく過程の中で、おのずから、またある程度の学習を通じて獲得されるもの。また、リーダーシップの本質は組織道徳の創造のことであり、こうした道徳性がリーダーシップの質を支えている。（飯野春樹（一九七九）『バーナード経営者の役割』一五二～一五三頁参照。

（5）三戸浩編者、経営学史学会監修（二〇一三）『バーリ＝ミーンズ』五一頁「社会には必ず権力が存在するものであり、問題とすべきはその制御ということになる。権力の制御の問題とは、権力の正当性の問題である。正当性とは、権力に従うことを納得する論理であり、その論理の限りにおいて権力は制限されるのである。したがって、正当性なき権力とは無制限な権力であり、無制限な権力は非正当な権力とみなされる」また、『ウイキペディア

（Wikipedia）』によると、「正当性」とは、事柄や説・推理などが、理にかなっていると認められること。哲学における正当性とは（英 justification）の意。一方「正統性」は法律・歴史・政治における、過去との法的連続性における正統性（英 legitimacy）。

（6）勝部伸夫（二〇一三）「第3章 バーリの株式会社論の展開」三戸浩編著、経営学史学会監修『バーリ＝ミーンズ』一一三〜一一四頁。

（7）勝部伸夫（二〇〇四）『コーポレート・ガバナンス論序説』三四七〜三六六頁参照。

（8）渡辺英二（二〇〇二）「バーナード理論と企業経営の発展」『IT革命と経営理論』一八六〜一八七頁。

（9）渡辺英二（二〇〇二）「バーナード理論と企業経営の発展」『IT革命と経営理論』一八八〜一九三頁。

（10）伊丹敬之（二〇〇〇）『日本型コーポレート・ガバナンス』一七八〜一七九頁。

（11）岩井克人（二〇〇五）『会社はだれのものか』一七〜二四頁、岩井克人（二〇一三）「株主主権の独り勝ちは終わったか」『日経ビジネス』二〇一三年一月七日号、三五頁。

（12）浜辺陽一郎（二〇一四）からの情報提供による。但し。傍線は筆者挿入。

第7章　本書の「経営者支配の正当性論」

1　経営者支配の問題点

第3章の2で述べた、バーリ＝ミーンズ『近代株式会社と私有財産』（一九三二年）に見る「所有と経営の分離」により経営者支配は現実のものとなった。また、ジェンセン＝メックリング（Jensen & Meckling：1976）のエージェンシー理論で述べているように、株主と経営者との間のエージェンシー関係において、経営者は株主の単なるエージェントとはみなされない。というのも、全ての人間は、限られた情報能力の範囲内で、限定合理的に効用最大化しようとするので、プリンシパルである株主とエージェントである経営者の利害は、必ずしも一致せず、しかも両者の間には「情報の非対称」が存在するので、バーリ＝ミーンズが主張したように、経営者の中には、株主の不備につけ込んで非効率に行動する可能性がある。したがって、ミーンズは、会社権力の問題に真正面から立ち向かうことになる。それを一言で言えば、巨大化した株式会社がもつ経済権力は、どのようにして制御できるのかということになる。より具体的には、誰がどのような権力を行使しているのか、その権力には正当性はあるのか、そしていかにすれば、権力の暴走を防ぎ制御できるのかという問題である。

2　我が国における実態論としての経営者支配の問題点

我が国の会社法一〇五条の一項において「株主は、その有する株式に付き、次に掲げる権利その他この法律の規定により認められた権利を有する」。

一．剰余金の配当を受ける権利、
二．残余財産の分配を受ける権利、
三．株主総会における議決権

と規定されている。株主は自益権としての配当、及び残余財産受益権に加え、共益権としての議決権・株主提案権・議事録及び帳簿閲覧権・役員等に対する責任追及訴訟の提訴請求権などがある。株主は直接的に会社の財産を所有しているわけではない。バーリ＝ミーンズ『近代株式会社と私有財産』（一九三二年）に見る「所有と経営の分離」が存在し、株主は有限責任を持つ株主による、間接民主制である。取締役は取締役会で選任候補が決められ、株主総会で株主の議決権により承認されることになっている。しかし実態は代表取締役社長が、自身か会長等に相談するかは別にして、実質的に決めているのが実態であり、よほど評判が悪くない限り、株主総会で否決されることはない。なぜならば、会社側が株主総会に提案した取締役選任議案に対して、多数決を確保できる可能性はかなり高いと推定さ

れうる。なぜならば、

①　会社法第三四一条には「第三〇九条の第一項の規定にかかわらず、役員を選任し、又は解任する株主総会の決議は議決権を行使することができる株主の議決権の過半数（三分の一以上の割合を定款で定めた場合にあってはその割合以上）を有する株主が出席し、出席した当該株主の議決権の過半数をもって行わなければならない」とある。ほとんどの上場会社では、取締役の選解任について、定款でこの三分の一以上とすることを定めているので、「議決権を行使することができる株主の議決権の三分の一以上を有する株主の出席、及び出席した当該株主の議決権の過半数の賛成（特殊普通決議）」で取締役の選解任議案は承認される。

②　我が国における、各種年金、各種保険会社、各種銀行等による機関投資家、及び株式持合いの事業法人（株主総会提案議案に対して、暗黙の了解の下、現経営陣に友好的・盲目的に株主権の行使を行なう与党株主で、相互牽制機能は殆どない）による株主議決権行使の不活発問題（白紙委任状獲得による株主総会の形骸化）を放置しておいて良いものであろうか。投資運用方針・議決権行使方針も行使結果の公表もせずに、ただ白紙委任状を無為に提出している国内機関投資家や事業法人は、先進国では日本だけの特有現象である。ここで機関投資家（Institutional Investors）とは「個人投資家以外の証券投資・保有を行っている団体」と定義しておく。

因みに、『商事法務』No. 2010、一二五頁にある、平成二四年度「東証」他五大証券取引所の投資部門別株式保有状況によると、金融機関三〇・〇%、事業法人等二一・七%、合計五一・七%と過半数を占める、また、『商事法務』No. 2016、二〇一三年版「株主総会白書」七二頁にある、安定株主比率を五〇%以上保有している企業数は四七・七%を占めている（因みに、米国機関投資家の二〇一〇年保有比率四八・五%：出所ＦＲＢ、欧州全体の二〇〇七年機関投資家と事業法人の保有比率三九%：出所ＦＥＳＥ）。即ち、「物言う」欧米の機関投資家と異なり、我が国の企業は「物言わぬ」（『商事法務』No. 2020によると、株主提案に対する国内機関投資家の賛成率は僅か二・七%と殆んど無関心である）機関投資家と株式持合い事業法人（含む循環持合い）という与党株主を容易に確保することによって、経営者支配をより強固なものにすることが出来ている。さらには、株主及びその他のステークホルダーとの情報の非対称、経験等の相違をいいことにして、個人的名声・財界・政治活動の追求、社長・会長・相談役・顧問等への長期間就任と影響力の行使、業績に連動しない報酬、更に、公私混交等のモラル・ハザード（倫理の欠如）等の不条理リスクが存在する。ここに経営者支配の正当性は存在しない。

③　奥村宏（一九八六）は、「法人資本主義（相互持合い→相互所有→相互支配→経営者支配の論理）により、経営者が法人所有という他人の所有に基づく支配であるから『所有の盗奪』である。したがって、経営者支配に正当性はない」と述べている。

3　我が国の経営者支配の問題点の解決に向けての行政府の取り組み

①　金融庁の金融審議会の取り組みについて

二〇〇九年六月、金融庁の金融審議会「我が国金融・資本市場の国際化に関するスタディグループ報告（案）―上場会社等のコーポレート・ガバナンスの強化に向けて―」八頁で「株式の持合について、資本や議決権の空洞化を招き、株主によりガバナンス機能を形骸化させる等の問題点が指摘されている」と述べている。

②　内閣府令により議決権行使結果の開示が義務化

二〇一〇年三月期以降の株主総会から、内閣府令により議決権行使結果の開示が義務化され、株主総会の議案ごとに議決権行使（賛成、反対、棄権の議決件数）の結果が臨時報告書で開示されることになった。ＩＳＳ（Institutional shareholder Services 米国最大の議決権行使助言会社）が「社外取締役のいない代表取締役などトップの取締役選任議案に無条件で反対することを決定した」。この影響を受けた二〇一三年の六月総会でこの結果が如実に現れている。即ち、社外取締役がゼロの元経団連会長輩出会社二社の経営トップの選任議案に対する賛成率は、七〇％台と最低賛成率グループに入っている。外国機関投資家の反対が影響したものと推定される。会社側からの議決権行使結果の公表は一歩前進であるが、問題は、国内機関投資家サイドの運用方針や議決権行使方針や行使結果の公表である。日本証券投資顧問業協会の「議決権行使の自主規制ルール」の決定に対応して、委託を受ける信託銀行・投資顧問会社が徐々に動きだしたが、全体としては遅々として進んでない。したがって、「日本版スチュワードシップコード」（第5章の4参照）に大いに期待したい。

③　国内外機関投資家の動機付けと企業業績向上についての実証研究

以上のような政府による施策が、国内外の機関投資家をより動機付け、力を持つことと企業業績との関係について、有力な実証研究がある。即ち、

(イ)　宮島＝新田（二〇一一）は、「海外機関投資家による株式保有の進展が企業業績に与えた影響を検証するため、東京・大阪・名古屋の三取引所第一部に上場する非金融事業会社の一九九一年から二〇〇八年までの一八年間のデータに基づいて、ある年度の外国人投資家の株式保有比率が大きいほど、次年度の業績（標準化したROAやトービンのQの計測）がより大きく改善するとの有意義な結果を得ている」。宮島論文はまた、「国内機関投資家の株式保有についても、同様に有意な業績押し上げ効果があること、これに対し、より伝統的な銀行・生命保険の株式保有は、逆に業績にマイナス効果を与えていることを報告している」（『商事法務』No. 2007、三七頁）。[1]

(ロ)　野村証券金融経済研究所の西山賢吾の「会社法制見直し中間試案と企業統治」によると、東証一部上場の約一六〇〇社を対象とした調査で、外国人や機関投資家の持ち分比率が高い会社のROEは平均より高く、社外取締役比率も高い。ROEの高い会社への投資は外国人や機関投資家が選好する、また、その結果として社外取締役の選任割合が高い」（『商事法務』No. 1962、二〇一二年四月五日号）。

これは実に有力な実証研究であるとともに「日本版スチュワードシップ・コード」を制定し、国内外の機関投資家による企業との「目的ある会話」（エンゲージメント）等を通じて企業業績を向上させよ

うとの有力な根拠を示している。

4　我が国の経営者支配の問題点の解決に向けての「相互保有株式の議決権行使の制限」

我が国の会社法三〇八条の一項で「株主（株式会社がその総株主の議決権の四分の一以上を有することその他の事由を通じて株式会社がその経営を実質的に支配することが可能な関係にあるものとして法務省令で定める株主を除く）は、株主総会において、その有する株式一株に付き一個の議決権を有する」とあり、江頭（『株式会社法第四版』：二〇一一、三一三～三一四頁）は「ある会社・組合等（A）の議決権の総数の四分の一以上を他の株式会社（B）が有する場合に、Aが有するBの株式（会社法三〇八条括弧書・三二五条、会社則六七条・九五条五号〔相互保有株式〕）は議決権を有しない。その理由は「会社支配の公正の維持」であると述べている。

多くの国において、議決権行使の制限があり、一定比率を超えて株式を保有している会社に対する被保有会社の保有株式の議決権が消滅する（一定比率以上の相互保有禁止を定めるフランスのような例もある）。その一定の比率とは、日本やドイツは総議決権の二五％と比較的高いが、スペイン、フランス一〇％、イタリアは二％と低い。その結果、株式の持合いは、欧州大陸ではその比率は少ない。二〇〇七年に公表された「ＥＵにおける比例性原則に関する報告書」によると、フランス五％、イタリア三％、欧州全体で二％に過ぎない。

その結果、外国人プラス機関投資家の合計比率は、二〇〇七年末でフランス六一・三％、スペイン四五・〇％である。[2]

我が国の場合も、相互保有株式の上限を二五％から引き下げることを検討し、株式持合いから脱却し、機関投資家や一般株主等の保有比率が上昇して、証券市場が活性化することを望みたい。既に、金融庁と自民党（二〇一四年二月六日、自民党日本経済再生本部・金融資本市場・企業統治改革グループ）がおのおの「株式持合い」の弊害を指摘、ないしは、その対策の検討に入っている。

5　本書の「会社における経営者支配の正当性付与の条件」

前章のまとめでも触れたが、この問題を考える時に大切なことは、「会社はだれのものか」だけでなく、「会社は何のためにあるのか」、「会社はどのように経営されるべきか」である。また、ここでは前提として、会社とは株式会社であり、上場会社を指している。

「会社における経営者支配の正当性付与の条件」

(1)　先ず「会社とは社会の公器である」との立場にたつこと。なぜならば

①「会社は社会の中に既に存在する主体である」、
②「会社は法人格を持つ権利義務の主体である（法人実在説）[3]」、
③「会社は人々の生活をよきものとするための手段でなくてはならない」、
④「会社は社会的インフラ等を利用して収益を上げ、社会から多大な恩恵を受けている」、
⑤　会社は有限な資源（ローマクラブ）を利用して多大な環境損失を発生させている。即ち、「国連の責任投資原則（ＰＲＩ）によると人類の経済活動による年間の環境損失は世界各国のＧＤＰ合計の一一％で、世界企業の上位三〇〇〇社がその三分の一に当たる二兆一五〇〇億ドル分の外部費用（企業自身は負担しない費用）を発生させている」（藤井：二〇一四）。企業が環境コストを全て支払うと利益の四一％を失う（出典：Trucost KPMG)。等の五項目の理由により「会社は社会の公器である」となる。

(2)　経営者支配会社においては、経営者は会社を取り巻く様々なステークホルダーから信頼と共感が得られるような、明確なる経営理念（時代を超えた基本的価値観・存立意義）や会社目的・基本方針を持つこと。即ち、それらは、社会の目的や社会的価値観（ソフトローを含む法令、社会規範、社会の共通善等）に基づく社会的合意（public consensus）による信認（fiduciary、契約とはまったく異質のもので「信頼」「信用」のこと―高巖：二〇一三、四八一頁）である。

(3)　経営者権限は社会的受容（コミュニケーションによる受容、受容されて初めて権威は成り立つ）による授権である。経営者の権力保持の正当性は、基本的には上記のコミュニケーションに

よる社会的合意（public consensus）によって信認されるかどうかにかかっている。この社会的合意とは世論ではない、その会社に関心があるか実際関与している、現在の株主及び将来の投資家（将来の投資家は消費者でもあり、従業員でもあり、債権者でもあり、取引先でもあり、地域社会住民でもある。）からの、会社によるコミュニケーションに基づくコンセンサスである。したがって、会社は機関投資家等の株主との「目的ある対話」だけでなく、消費者、取引先、環境団体、地域住民等との対話集会や工場見学等のコミュニケーション接点を頻繁に持ち、極力「情報の非対称性」をなくす努力をしなくてはならない。基本的に会社活動は、常日頃から社会からの信頼と共感を受けていることが重要であり、それなくして会社の長期的繁栄はない。それはレピュテーション・リスクの低減につながる。例えば、「良き企業市民」を目指し、米国現地工場近郊に根を張っていた、あのトヨタでさえ、二〇〇九〜二〇一〇年に米国で燃え盛ったリコール問題での苦い経験がある。日本側は米政府の期待に沿ったテンポで対応できず、反トヨタの感情が拡大した。社長が米議会に呼び出された。最終的に米当局から「欠陥は見当たらない」との報告が出たが、失った信頼と和解による損失は甚大であった。

(4)　取締役会の責務と責任は本質的に社会からの受認者（エイジェンシー）としてのものであることが明確にされている必要がある。

(5)　経営者の権力行使は第三者的観点から「制度による牽制」が必要である。例えば、独立社外取締役の必要性、法的ないし任意の指名委員会・報酬委員会、監査委員会（又は監査役会）等の必要性、取締役会議長とCEOの機能分離、株主総会で株主の独自取締役擁立権及び経営者報酬に賛否投票権付与等（詳しくは第5章6の本書による「日本版コーポレート・ガバナンス・コード案」を参照）による牽制の必要性である。

特に、独立社外取締役の必要性は「経営チームに経営陣からなる一定の距離を置く外部者を入れることにより、外部者への説明を通じて経営に透明度が高まり、開かれた経営への第一歩となりえる。この機能は必ずしもパーフォーマンスと結びつくものではなく、第一義的には経営者が会社支配権を保持することについての正統性を支える要素である（神作：二〇一三）[4]」。

(6) 経営者は、自らの権力行使に「高い倫理基準」を持って、責任を果たし、常に自戒しなければならない。

(7) 経営者は、企業価値の最大化のみならず、長期的存続可能性の最大化を図るために道徳的リーダーシップを持ち、コア従業員から企業グループの末端まで「経営倫理の制度化（Institutionalization、梅津：二〇〇二）」と開かれた経営を図ること。例えば、

① 経営倫理及び社会規範・法令等の遵守に関するシステムを、適切に機能させる制度化（コードリーダーの設置、人事制度及び徹底した従業員研修、ヘルプライン、内部通報制度の確立等を含む）と管理サイクルPDCA（Plan-Do-Check-Action）を回転させ、ベストプラクティスを毎期積み上げること。

② 社会秩序の維持と社会的貢献の実施

③ 現在及び将来の株主・投資家を含むステークホルダーの立場に立った誠実・公正な業務の遂行
④ 基本的人権、地球環境の保全、国際社会ルールの遵守等の社会的使命の自覚（ISO26000の遵守）
⑤ 各職位における利益相反行為の適切な管理・防止
⑥ 情報開示・透明性の確保及び機関投資家及びその他のステークホルダーとのエンゲージメント（目的を持った対話）による第5章6の本書による「日本版コーポレート・ガバナンス・コード案」の実現である。

6　本書における「コーポレート・ガバナンスの定義」

①　コーポレート・ガバナンスの定義とは

「先ず、企業は社会の公器であるとの立場を踏まえる（理由は前掲）。従って、現在及び将来のステークホルダーを含めた市場からの、信認（fiduciary）が得られるように、企業は企業価値の最大化のみならず、環境価値・社会価値向上をはかり、結果として企業の長期的持続発展性が高められるよう、企業活動に規律を与え、経営者を評価・監督・助言すると共に、株主等との利益相反を監督し、意思決定するフレームワークのことである」と考える。このフレームワークが合法的・効率的・倫理的に機能している時に、その取締役会の信認が増し権威も出てくるし、取締役会決議の正当性も増してくる。それは「何が適法かを超えて何が適正か」でなくてはならないと考えるのが本書の立場である。このコーポレート・ガバナンスのフレームワークを、合法的・効率的・倫理的に機能させるためには、我が国で一般的に見られる、社内取締役を中心としたマネジメント・ボード体制では機能しないと考える。第2章で述べた、オリンパスの菊川剛、日本振興銀行の木村剛、三越の岡田茂のようなワンマン経営者が出現した場合に、「集団愚考の罠（一人で冷静に考えれば、変だと気づくことが集団だと見落とされる現象）」や、「ムラ社会意識（有力者を中心に上下関係が厳しい秩序を保ち、よそ者を受け入れない排他的社会）」に陥ったりすることを防止しなくてはならない。

そこに独立社外取締役の存在意義があると考える。

7　本書における「経営者支配の正当性」の事例研究

──「日本航空（JAL）の再建に見る、稲盛経営哲学の普遍性」を取り上げる理由

前述の本書の「会社における経営者支配の正当性付与の条件」をJALに当てはめた場合、

①「JALという航空会社は社会の公器である」。

②JALにおいては、経営者は会社を取り巻く様々なステークホルダーから共感が得られるよう

な、経営理念「ＪＡＬグループは、全社員の物心両面の幸福を追求し、(イ)お客様に最高のサービスを提供し、また、(ロ)企業価値を高め、社会の進歩発展に貢献します」と四〇項目からなるＪＡＬフィロソフィー、及び政府・株主・債権者・従業員等に支持された再建計画という企業目的を持っている。即ち、それらは、社会の目的や社会的価値観（ソフトローを含む法令、社会規範、社会の共通善等）に基づく社会的合意（public consensus）による信認（fiduciary）が存在する。

③　経営者の権力行使は第三者的観点から牽制される必要があるが、ＪＡＬは監査役設置会社でありながら、任意の指名委員会・報酬委員会を持ち、社外役員比率が四〇％を超えている。

④　経営者は自らの権力行使に「高い倫理基準」としての、四〇項目からなるＪＡＬフィロソフィーを持っている。

⑤　経営者は企業価値の最大化のみならず、長期的存続可能性の最大化のため道徳的リーダーシップを持ち、コア従業員から企業グループの末端まで「ＪＡＬフィロソフィーの制度化(Institution-alization、梅津：二〇〇二)」を行っている。例えば、ＪＡＬフィロソフィーを適切に機能させる制度化（リーダー研修、部門別採算制度「アメーバ経営」による意識改革運動と従業員研修等）と管理サイクルＰＤＣＡ（Plan-Do-Check-Action）を回転させ、ベスト・プラクティスを毎期積み上げている。

これらを効果的に実施して、経営破たんから僅か二年半で再上場を果たした「ＪＡＬの再建に見る、経営者　稲盛和夫の経営哲学」をより具体的に検証してみたい。尚、「ＪＡＬの経営破綻」については、第2章を参照されたい。

注

（1）トービンのQ＝(株式時価総額＋負債）／総資産時価総額。
（2）藤田勉（二〇一〇）『上場会社法制の国際比較』中央経済社、四一頁、四八～五一頁参照。
（3）法人有機体説・法人組織体説・法人社会作用説を纏めて、「法人実在説」という。法人擬制説に対するアンチテーゼ。日本の判例・学説においては法人実在説がやがて主流となった。この結果、法人擬制説に傾倒している民法を法人実在説的に解釈していくということになった。一九七〇年六月、最高裁は八幡製鉄政治献金事件において、法人実在説によって実効的な法支配が競れていることが確認されている。一方、英米法では法人擬制説が基本で、会社は「契約の束」でしかなく、経営者は「契約の束」の中核にいて総合的に経営を管理する主体である。また、経営者は株主に契約によって雇われたエージェントに過ぎないとの株主主権論に基づいている。
（4）神作裕之（二〇一三）「取締役会の独立性と会社法」『商事法務』No. 2007、四八頁。

第8章　日本航空（JAL）の再建に見る、稲盛経営哲学の普遍性

1　はじめに

稲盛和夫の経営哲学の中心にあるのは、道徳的リーダーシップである。これはバーナード（Chester I. Barnard）がその著書『経営者の役割』（一九三八）で用いた言葉である。道徳的リーダーシップとは、「決断力、不屈の精神、耐久力、勇気などにおいて、個人が優越している側面であり、「人の行動に信頼性と決断力を与え、目的に先見性と理想性を与える」[1]ものである。

バーナードの言う、道徳とは様々な諸要因が個人に働きかけることによって個人の内に形成される遵守力、私的行動準則である[2]。また、それは何が正しいか、何が間違っているかについて自分に向けられる内面的諸力である。これを良心と呼ぶこともある。リーダーシップの本質は組織道徳の創造のことであり、こうした道徳性がリーダーシップの質を支えている。これらを文字通り実践したのが経営者稲盛和夫である。

2　ＪＡＬの経営破綻の主要点（第2章の5「日本航空（ＪＡＬ）事件」参照）

①　組合対策の失敗

一九八五年八月一二日、ＪＡＬは航空史上最悪の事故である御巣鷹山事件（死亡者五二〇人、負傷者四人）を起こしている。事態を重く見た当時の中曽根首相は、カネボウ会長の伊藤淳二を会長に送り込んだが、管理職であるべき機長に組合権と団体交渉権を与えた。また、最大の会社側組合（一万人のＪＡＬＦＩＯ）を敵に回す。

②　「政府・運輸族議員の関与」による財政基盤の脆弱化

一九七〇年、政府・運輸省は空港整備特別会計（空港特会）を作り、狭い国土に九八の空港を作る愚挙をとり続けた。この「空港特会」の年間五〇〇〇億円規模の主たる財源は、二〇一〇年で航空燃料税、空港着陸料、航空援助施設利用料、合計二七六一億円、この内ＪＡＬは毎年一七〇〇億円負担していた。

「空港特会」ができると、航空官僚の天下り団体が続々と誕生した。航空関係の独立法人・特殊法人・公益法人・その他の団体を加えると、二四団体六三〇人になる。

③　ＪＡＬの機能分担型組織の問題点と経営執行サイドのリーダーシップ不在

ＪＡＬの組織は組合に呼応するかのように、運行、整備、客室、空港、営業、企画の六部門から成り立っていたが、役割不可侵、あたかも別会社のようであった。予算は経営企画本部から降りてくるものであった。

④「隠れ破綻」

(イ)　二〇〇三年から二〇〇五年迄、航空機メーカーから航空機や部品を買ったときに受け取るリベートを、航空機の値引きとして取得価格から減額せずに、営業外収益（約四〇〇億円／年）とした。これがなければ五期連続赤字であったと推定される。新日本監査法人も政策投資銀行の指摘で、二〇〇五年以降これを止めさせた。

(ロ)　二〇〇六年三月期の退職給付関係の簿外債務が二七三一億円存在し、且つ、所有権移転外ノンリコースのファイナンス・リースの簿外債務が三九二二億円存在した。これを債務と認識すればこの時点で大幅債務超過となっていた。

⑤ナショナル・フラッグは潰れない・潰せないのうぬぼれ意識(3)

⑥取締役会の機能不全

ＪＡＬの破綻原因を調べていたＪＡＬ独立機関の「コンプライアンス調査委員会」は「重大事態に対する歴代経営者の不作為が原因で破綻した」との結論をだした。

3　ＪＡＬの再建計画

ＪＡＬは二〇一〇年一月一九日会社更生法の適用を申請し、同年一一月に、東京地裁は再建計画を承認した。その内容は

① 燃費の悪い四機種の退役。
② 国内一〇、国際三九の不採算路線からの撤退。
③ 四万八七一四人の人員を三年間で一万六一一七人（三三％）減らし三万二五九七人にする。
④ ホテル事業等の売却。
⑤ 既存株式の一〇〇％減資。
⑥ 金融機関が持つ債権の内五二一五億円をカット（カット率八七・五％）。
⑦ 企業再生支援機構からの三五〇〇億円の増資、等であった。

4　稲盛改革始まる

(1)　リーダー教育開始(4)

二〇一〇年二月には稲盛和夫京セラ名誉会長が、ＪＡＬ会長に就任し、最初に行ったのは、従来からあった外部研修屋に丸投げしていた「階層別のマネジメント研修」をやめさせ、「リーダー研修」を始めた。リーダーとは、自ら動いて周囲を巻き込み、結果として、企業価値を着実に高められる人材のことを言う。言い換えれば、ＪＡＬの経営哲学とリーダーとしての行動規範を、経営幹部から

全社員に至るまで浸透・共有させ、業務における判断・行動が同じ価値観（「経営哲学の制度化」＝Institutionalization　梅津：二〇〇二）のもとで展開されることを意味する。これがリーダー教育の目的であった。因みに、リーダーの役割一〇か条とは、

一．事業の目的・意義を明確にし、部下に指し示すこと。
二．具体的な目標を掲げ、部下を巻き込みながら計画を立てる。
三．強烈な願望を心に抱き続ける。
四．誰にも負けない努力をする。
五．強い意思を持つ。
六．立派な人格を持つ。
七．どんな困難に遭遇しても決して諦めない。
八．部下に愛情を持って接する。
九．部下をモチベートし続ける。
一〇．常に創造的でなければならない。

稲盛は経営改革の補佐役として、意識改革担当の大田嘉仁（リーダー教育担当専務執行役員に就任）、アメーバ経営の専門家森田直行、経営管理のスペシャリスト米山誠の三人を京セラから連れてきた。二〇一〇年六月、第一回リーダー教育が経営幹部五二名を対象として、平日三日間プラス土曜日の週四日で一七回の集中カリキュラムが組まれた。リーダー教育は稲盛氏の経営哲学である右記の「リーダー

の役割一〇か条」「経営一二カ条」「会計七原則」「六つの精進[5]」を中心としたが、講義後は各グループに分かれての討議と翌日までのレポート提出が義務づけられた。最初の頃は「製造業から来た老人の精神論に付き合う暇は無い」との懐疑的空気が流れていたが、徐々に「会長の話は目から鱗のような話が多くて、すごく腑に落ちた」との声が聞こえ始めた。研修の最後にあるコンパでの決意表明は一人三分であるが、延々と続き夜中の二時～四時ごろまで掛かることがあった。意識改革は順調に滑り出し、八月には対象者も部長クラスへと裾野を拡大していった。

(2)　ＪＡＬグループ新企業理念・フィロソフィー（企業行動規範）の作成・研修の開始[6]

二〇一〇年七月末、稲盛氏は記者会見で「ＪＡＬらしい企業理念、経営フィロソフィを本年内に作っていきたい」と述べた。八月には「ＪＡＬフィロソフィ検討委員会」がリーダー研修を終えた経営幹部中心に立ち上がった。メンバーには五一七頁の「京セラフィロソフィを語る」が事前に配布された。一一回の検討会を経て四カ月後に完成された。その後一三〇名の社員の意見を草案に反映させ、二〇一一年一月、四〇項目からなる「ＪＡＬフィロソフィ」が完成された。結果的に、約九〇％京セラのものに近くなったが、ＪＡＬ独自の項目も入った。企業理念についても同時並行的に議論が進められ、同時に発表された。

①　ＪＡＬグループの新企業理念（傍線部はＪＡＬオリジナルの項目、その他は京セラフィロソフィーによる[7]）

ＪＡＬグループは、全社員の物心両面の幸福を追求し、

・お客様に最高のサービスを提供します。
・企業価値を高め、社会の進歩発展に貢献します。

お客様や社会貢献よりも、社員のことを最初に位置づけたことに対して、経営幹部から「社会貢献が一番ではないのか、何故一番に社員の幸福がくるのですか」との声が上がった。稲盛会長は「高慢な企業理念では社員にはわからんぞ。この会社で働き、幸せになりたいと思う社員がいて初めて、お客様へのサービスや企業価値、社会貢献が実現できる」と答えられた。いかにＪＡＬ従業員の心がすさんでいたか、会社への忠誠心が薄れていたかを稲盛会長は既に洞察していたのではないかと思う。これまでのＪＡＬでは想像も出来なかった企業理念が制定された。「物心」の「物の幸福」とは賃金・賞与等であるが、「心の幸福」とは、全社員のモチベーション向上のため、心に火をつけることを考えた。因みに、破綻前の企業理念は「ＪＡＬグループは、総合力ある航空輸送グループとして、お客様、文化、そしてこころを結び、日本と世界の平和と繁栄に貢献いたします」とお客様志向は入っていたが、強固な戦闘的組合集団という岩盤によって浸透しなかった。

② 四〇項目のＪＡＬフィロソフィ（企業理念を実現するための心構え）[8]

第１部：すばらしい人生を送るために
第１章　成功方程式（人生・仕事の方程式）
人生・仕事の結果＝考え方×熱意×能力
第２章　正しい考え方をもつ

・人間として何が正しいかで判断する・常に謙虚に素直な心・小善は大悪に似たり、大善は非情に似たり・ものごとをシンプルにとらえる・美しい心を持つ・常に明るく前向きに・土俵の真ん中で相撲をとる・対極をあわせもつ

第３章　熱意を持って地味な努力を続ける

・真面目に一生懸命仕事に打ち込む・有意注意で仕事にあたる・パーフェクトを目指す・地味な努力を積み重ねる・自ら燃える

第４章　能力は必ず進歩する

第２部：すばらしいＪＡＬとなるために

第１章　一人ひとりがＪＡＬ

・一人ひとりがＪＡＬ・率先垂範する・尊い命をお預かりする仕事・お客様視点を貫く・本音でぶつかれ・渦の中心になれ・感謝の気持ちをもつ

第２章　採算意識を高める

・売上を最大に、経費を最小に・公明正大に利益を追求する・採算意識を高める・正しい数字をもとに経営を行う

第３章　心をひとつにする

・最高のバトンタッチ・現場主義に徹する・ベクトルを合わせる・実力主義に徹する

第４章　燃える集団になる

・強い持続した願望を持つ・有言実行でことにあたる・成功するまであきらめない・真の勇気をもつ

第5章　常に創造する

・昨日よりは今日、今日よりは明日・見えてくるまで考え抜く・果敢に挑戦する・楽観的に構想し、悲観的に計画し、楽観的に実行する・スピード感をもって決断し行動する・高い目標をもつ

行動規範は、全社員の心をひとつにして、一体感を持ってお客様に最高のサービスを提供することを、究極の目標とするとともに、職業人としていかに生きるべきか、現場で判断に迷ったとき、どう対処するかを平易な言葉で綴ったものである。第1部では企業理念にある「全社員の物心両面の幸福を追求する」を実現するための、人としての心構えを示している。

第1章では、稲盛会長の成功の方程式「人生・仕事の結果＝考え方×熱意×能力」が示されている。そして、

第2章から第4章までには、この三要素である考え方、熱意、能力においてどのような心構えが必要かを示している。また、

第2部では、企業理念にある「お客様に最高のサービスを提供する」「企業価値を高め、社会の進歩発展に貢献する」を実現するための、ＪＡＬグループ社員としての心構えを示している。

第2章から第5章までは、ＪＡＬの企業価値を高めるための心構えを示している。これらの中で、最

も重要なポイントは第2章にある「正しい考え方をもつ」である。「人間として何が正しいかで判断する」ことは、前記三要素の中で最重要事項であると述べている。そして、ＪＡＬフィロソフィ策定と同時に、社長を委員長とするＪＡＬフィロソフィ委員会が発足した。メンバーは各本部長を中心に構成され、年四回開催されている。委員会では、ＪＡＬフィロソフィ浸透についての全社方針を策定するとともに、各現場の現状報告が毎年なされている。二〇一一年二月には、ＪＡＬフィロソフィ手帳が完成し、日本語版四万冊、英語版四〇〇〇冊、中国語版六〇〇冊、がＪＡＬグループ（パート・派遣を含む）及び業務委託先にも配布された。社員の受け止め方は「フィロソフィによって、戻るべき原点が出来たことは大きい」とか「すごく浸透してきているので、忘れてしまうことはないといった自信が、なぜかあります」と率直な感想をのべている。

(3)　部門別採算制度（アメーバ経営）による意識改革(9)

採算意識の欠如や、計画は企画部門から降ってくるものであるため、計画の共有意識がなかったことについては、前述の通りである。しかし、経営破たん後のＪＡＬは、経営幹部から現場まで、収益部門は勿論のこと、コストセンターでも、ＪＡＬフィロソフィ第2部第2章に支えられた「部門別採算制度」が導入されたことによって採算意識が組織の隅々まで浸透した。

①　組織改編と採算責任の明確化(10)

二〇一〇年一〇月、まで経営企画本部に集中していた権限を大幅に削減し、機能別に分かれていた組織を改編した。

(イ)　収益責任を負う事業部門として路線統括本部、旅客販売統括本部、貨物郵便本部を新設し、路線別収支の見える化を図った。

(ロ)　航空運輸サービスを提供する事業支援本部として運航、整備、客室、空港の四本部とし、社内売上げ制度として収益目標（(イ)への付け替えコストに一定のマージンを載せる）を持ち、コストについての小集団活動が活発におこなわれるようになった。

(ハ)　本社部門として、経営企画、経営管理、財務・経理、総務、人事の五本部に統合され、コストセンターとしての意識が高まった。

②　業績報告会による職場での創意工夫(11)

部門別採算制度導入に先立ち、業績報告会が始まった。一回／月、二日間開催され、役員全員・本部長・主要関連会社社長、支社長等一二〇名が参加し、役員や本部長自らが、前月の収支とその理由及び当月の予定・次月の見込み、現在取り組み中の施策・課題を発表するということは、かつてのＪＡＬでは考えられないことであり、劇的な変化であった。破綻前には月次実績は三カ月後であったが、一カ月後に出すことに稲盛氏はこだわった。このころ現場では、不思議な現象がおきていた。目標数値を大幅に上回るコスト削減が、毎月実現されていった。一連の仕組みにより現場は、初めて経営に全員参加できる機会を与えられ、職場での創意工夫と目標達成に幸福感を感じ出した。確固たる経営哲学と精緻な部門別採算制度をベースとしたアメーバ経営(12)により全員のベクトルが合い出した。

5　機長組合・乗員組合の変化⒀

破綻前、ＪＡＬの労使関係は緊張していた。なかでも機長組合・乗員組合はその急先鋒であった。しかし、破綻後、これらの組合は過去の姿から一変し、協力的になった。これまでなかった以下の①〜④を進んで行った。

① 運航本部長によるパイロット等の運航乗務員に対しての、直接的説明機会の増加。
② 「社員同士の信頼関係を取り戻そう」「プラスアルファのサービスを考えよう」「コスト意識を持とう」とのメッセージの度重なる発信。
③ 経営数値の開示と機長・運航乗務員間等での共有化。
④ 機長・運航乗務員だけでなく、異なる階層からなるＪＡＬフィロソフィ教育とグループ討議による啓発。

などにより、機長組合・乗員組合は「機長のタクシー通勤の取りやめ、給与などの待遇削減の受諾、会社側との話し合いを尊重する」などの声明を発表した。

因みに、現社長の植木義晴は航空大学校卒、一七年間のＤＣ—10の機長であり、「情の植木」といわれ、敵を作らない親分肌の人柄である。東大卒しかなれなかったＪＡＬ社長に彼を抜擢したこの人事は正に「稲盛マジック」である。

6　JALのコーポレート・ガバナンスの新基本方針と体制

JALグループは、企業理念のもとJALフィロソフィを定め、適切な経営判断を迅速に行うと同時に、高い経営の透明性と強い経営監視機能を発揮するコーポレート・ガバナンス体制を確立し、企業価値の向上に努め、説明責任を果たすことを、コーポレート・ガバナンスの基本方針として、監査役設置会社であるが、指名委員会（社長プラス「その他の取締役」で五名以内、「その他の取締役」の過半数は社外取締役）と報酬委員会を持つ。二〇一二年二月現在の取締役会は七名、うち独立社外取締役二名、監査役会は五名、内三名が独立社外監査役と四〇％以上が社外役員である。

7　稲盛経営哲学の原点

稲盛氏は、物事を判断する際の最もベーシックな倫理的価値観とは「人間として何が正しいのか」「正義にもとることなかりしか」「動機善なりや、私心なかりしか」などであると述べている。こうした倫理観は常に自分自身の中で反省し、繰り返し反復しながら、何年も掛けて次第に身に付くものであると述べている。[14]

①　米国COSOの倫理的価値観と稲盛和夫の経営哲学

一九九二年米国トレッドウェイ委員会組織委員会（ＣＯＳＯ）は、「内部統制の統合的枠組み」を発表した。その中で、「倫理的価値観（Ethical Value）とは、『意思決定者をして、何が適切な行動様式であるかを決定させることを可能とする、道徳的な価値観のこと』であり、それは、何が適法であるかを超えて、何が正しいかを基礎においたものでなくてはならない」と述べている。

ＪＡＬの場合、「内部統制の基本システム」として、「ＪＡＬフィロソフィ」をその基本におき、「人間として何が正しいかで判断する」等の四〇項目の精神を基軸において関連規程を定め、倫理監査を含めたＰＤＣＡの管理サイクルを毎年実施している。

「ＪＡＬフィロソフィ」の元になった、「京セラフィロソフィ」は一九九二年のＣＯＳＯよりも、かなり早く一九六一年に確立していた事実に驚かされる。既に、京セラは一九七六年にＮＹＳＥに上場していたので、一九九二年に発表されたＣＯＳＯの倫理的価値観が奇しくも殆ど同じであることをこの時点で確認できたと思う。

②　稲盛哲学の原点

(イ)　一九三七年頃、四〜五歳の時に父に「隠れ念仏[15]」に連れていかれ「これから毎日、なんまん、なんまん、ありがとう」といって仏さんに感謝しなさい[16]といわれ、これが彼の感謝する心の原型になったと述べている。

(ロ)　一九四五年、一三歳の時、肺浸潤を患った。そのときに「生長の家」の創始者谷口雅春の「生命の実相」の中にある「我々の心の内にそれを引き寄せる磁石があって、周囲から剣やピストルでも災難でも病気でも失業でも、引き寄せるのであります[17]」とのくだりに衝撃を受けている。稲盛氏は「心に描いたとおりに結果が現れる。従って、肺浸潤も心の反映である」との教えに「自分はやましいことを、思ったことがないのにと思いつつ、必死に善き想念を描こうと努力した」「善き想念とは、世のため人のために尽くすことである」との考えに到達した。これは谷口雅春さんの唱えた「感情・感覚・本能は外部に現れた現象世界であり、内部の純粋は心こそが実相である」との思想の影響を受けている。彼はここから仏教に関心を持ち始める。「生長の家」は松下幸之助にも影響を与えている[18]。

(ハ)　稲盛氏は育った薩摩の風土がその精神形成に影響を与えている。彼は京セラの経営理念「全従業員の物心両面の幸福を追求すると同時に、人類、社会の進歩発展に貢献する」を創業三年目の一九六一年に、南州西郷隆盛が書「敬天愛人」（社是）を基に、将来の待遇保証を求めた三日三晩の労働争議の経験から作り上げている。「天を敬う」とは、自然の道理、人間としての正しい道、即ち、「人間として正しいことを貫く」ことであり、「人を愛する」とは人を思いやる「利他」の心をもって生きるべしという教えである。そのほか、「南洲翁遺訓（儒教）」より「動機善なりや、私心なかりしか[19]」をいただいている。

(ニ)　稲盛氏は、善を実現するためには、実相にある不滅の魂を磨く必要があり、それこそが人生の目的であるとして、一九八〇年ごろから、禅の思想を学び、取り込んで行く。遂に、一九九七年、臨済宗妙心寺派の円福寺で在家得度（僧名「大和」）し、托鉢を経験している。「日々反省をしながら善行を積もうと一生懸命努力していれば、その姿を見て、お釈迦さまは慈悲の心で救ってくださる。この修行を通じて私はそう信じられるようになった」と述べている。[20]

また、右記(ロ)の「世のため人のために尽くすとの善の想念」と(ハ)の「敬天愛人」とが「考え方」を指し(ニ)の「一生懸命の努力が熱意を生む」ことから、京セラフィロソフィにある「人生の結果＝考え方×熱意×能力」が生まれていると考えられる。能力とは先天的な知力・体力等を指す。熱意と能力は〇～一〇〇までであるが、考え方は一〇〇（正しい考え方）～マイナス一〇〇（悪い考え方）まで広がりがあり、最も重要な要素であると述べている。[21]

我が国の企業文化には、石田梅岩の石門心学がある。心学とは「心」をもって人間の本質・真実とし、「道」を人のあるべき姿とし、調和を尊び、神道・儒教・仏教をも統合する、いわば日本人に内在する精神的なあるべき態度に立脚した企業文化である。稲盛氏の「心の経営システム」も「心」を大事にするところと、儒教・仏教（禅宗）から学んでいる点は近似している。

8　第8章のまとめ

経営破綻する前のＪＡＬは、素晴らしい企業理念、企業行動規範、再生中期プラン等を持っていたが、全く社員に周知徹底されなかったのは、取締役会及び経営陣が、日本で最強の「戦闘的組合集団」である機長組合等八組合を、とことん敵に回してまで、経営の根本的課題である、不採算路線の整理、高賃金・高年金の是正、隠れ債務の是正、意識改革運動等を、身命を賭してまでやらなかった不作為、及び取締役自身の国土交通省や政治家志向からの脱却ができなかったこと、等による（第2章参照）。

　ＪＡＬの再建は、ＪＡＬ会長に就任した稲盛和夫主導による、（一）リーダー教育からスタートし、（二）ＪＡＬグループ経営理念並びにＪＡＬフィロソフィ（企業行動規範）の作成・研修及び（三）ＪＡＬフィロソフィの浸透に支えられた「部門別採算制度」（アメーバ経営）の三位一体の「心の経営システム」としての活動によって、意識改革が末端まで浸透すると共に、これに拍手喝采する社会的受容（コンセンサス）があった。その上に、不採算路線からの撤退、四〇％の人員削減、二〇％の人件費削減、最大五三％の企業年金削減等の再生戦略が社員や社会に共感を持って、受け入れられ再建が成功したといえる。

　再建時、①既存株式の一〇〇％減資、⑥金融機関が持つ債権の内五二一五億円をカット（カット率八七・五％）、③企業再生支援機構からの三五〇〇億円の増資、等の支援を受けたが、③は二〇一二年八月、四七八四億円で売却でき政府は一二八四億円の利益（約三〇％）を出すことができた。①と②は、歴代社外役員に、大株主や大口債権者である金融機関出身者等が名を連ねていたが、監督機能が有効に機能しなかった。ＪＡＬの破綻原因を調査していた独立機関の「コンプライアンス調査機関」は、「重大事態に対する、歴代経営陣の不作為によりＪＡＬは倒産した」と述べている。株式売買は自己責任とはいえ、一般株主は救われない。現在のＪＡＬはＣＳＲ（ISO26000採用、国連グローバル・コンパクト加盟等）に力を入れ、特にＪＡＬ東北応援プロジェクトを立ち上げ、チャリティ・マイリッジなる募金活動を今も継続している。また、お客様第一として安心・安全に力を入れると共に、「定時到着率世界一位」を二年連続続けている（ＡＮＡは三位）。

以下に、稲盛経営哲学による経営改革は、理論的に普遍性があるのか、単なる偶然なのかについて、学問的観点から、検証してみたい。

①　高巌（二〇一三）の稲盛改革の分析・評価

「それが究極的には『顧客を見る経営を蔑ろにしてきた』ことにあると考えている。それゆえ、ＪＡＬ再生の道は、役社員の意識を『監督官庁・族議員を第一』から『生活者や顧客を第一に』へと転換させたことにあるといえよう。（中略）再建がうまくいった理由の一つに京セラに培われた『アメーバ経営』の導入があったとされる。これは、職場単位の収入と費用を把握させ、各職場の改善を促す経営手法であるが、これを持ち込んだことで、社員の意識は大きく変わった」（五三九頁）

と企業理念の転換とアメーバ経営による意識改革を評価している。しかし、稲盛氏の意向で政官界へのロビー活動を封印したが、今や、ＪＡＬは羽田発着枠等でＡＮＡに大差（六〇〇億円／年の売上高の差）を付けられた。完全民営化といえども、多くの許認可権を監督官庁は持ち、それに多くの地方空港から撤退したＪＡＬに対し自民族議員が不快感を持っており、また、二〇一三年三月期末で一兆円弱の繰越欠損金を持ち当分税金を支払う必要がない点もＡＮＡと比較して優遇されているとみなされている。前途は楽観できないが、いつまでも族議員に固執するわけにはいかない。

② 水尾（二〇一三）の「強い企業文化」論

「企業文化には『強い企業文化』と『弱い企業文化』に区分することができる。さらに一元性と多元性の角度からも企業文化を分類することができる」（中略）「強い企業文化は内外の環境変化に対してタフな強さを有し、マネジメント・コントロールシステムの視点からは、組織のロイヤルティを強め、求心力の向上と一体感、組織の安定性とチームワークの協力体制の構築に結び付く。強い企業文化は革新力、即ち新しい価値観を浸透・定着させるエネルギーを持ち、企業文化の変革や組織改革に必要な与件となる。またこのことは経営資源の有効活用にもつながり、意思決定や行動に要する時間とコストと金銭的コスト、さらには労働コストの削減につながる」（二三七頁）と述べている。

この「強い且つJALフィロソフィーなる一元的企業文化導入」による経営改革の凄みは、「稲盛和夫の心の経営システム」において、如実に見ることができ、理に適っているといえる。

③ 稲盛氏の「心の経営システム」とバーナードの「道徳的リーダーシップ」との類似性

青山（二〇一一）は著書『京セラ稲盛和夫　心の経営システム』（九六〜一〇一頁）の中で、「リーダーの人格が企業に魂を入れる。心の経営がリーダーシップを必要とする五つの理由として、

(イ)　リーダーシップが経営理念を活かす。

(ロ)　リーダーシップだけが人間の心を動かす。

(ハ)　リーダーシップが挑戦と克服を可能にする。
(ニ)　リーダーシップが組織に方向性を与える。
(ホ)　リーダーシップが情報共有を可能にする」

と述べている。

これは、バーナード（Chester I. Barnard）が言う道徳的リーダーシップ、即ち、「決断力、不屈の精神、耐久力、勇気などにおいて、個人が優越している側面であり、人の行動に信頼性と決断力を与え、目的に先見性と理想性を与える（前掲）」に通ずる概念である。稲盛和夫の「リーダーの役割一〇か条」をこれに当てはめると、決断力とは「強い意思を持つ」、不屈の精神とは「誰にも負けない努力をする」、耐久力・勇気とは「どんな困難に遭遇しても決して諦めない」、先見性とは「具体的な目標を掲げ、部下を巻き込みながら計画を立てる」、理想性とは「常に独創的でなければならない」ということになる。

経営者、稲盛和夫はこの道徳的リーダーシップをもってＪＡＬを再生したといっても過言ではない。不思議なことに二〇一〇年度の更正計画に基づく営業利益六四一億円に対して、実績は一八八四億円であった。この改善額一二四三億円の内四〇三億円の増益要因は未だに要因不明である。[22] これは正に「人の行動に信頼性と決断力を与え、目的に先見性と理想性を与えた」結果、目に見えぬ力が作用したのではないかと思う。

④　稲盛氏の「心の経営システム」と出見世教授の「倫理的行動の促進」

図表 8-1　倫理的行動の促進

コンプライアンス型	職場環境主導型	価値共有型
強制された基準に適用	職場に求められる基準に適用する	自ら選定した基準に適用する
違法行為の防止を目指す	「風通しのよい」職場を目指す	責任ある行動の実現を目指す
教育を行い，個人の自由裁量を縮小	教育を行い，職場の裁量範囲を拡大	教育を行い，個人の裁量範囲を拡大
個人は自己利益に導かれ自立的存在	個人は職場の人間環境により影響を受ける社会的存在	個人は自己利益、価値観に導かれる社会的存在

出所：出見世（2012）。

「倫理的行動の促進（出見世：二〇一二）――企業倫理の取り組みの相違」三〇頁、によると、図表8―1の如く、

①　コンプライアンス型
②　職場環境主導型
③　価値共有型

の三つを挙げている。

稲盛和夫による「リーダー教育」はL. S. Paineが主張した、個人の裁量拡大と責任ある行動の実現を目指した③の価値共有型である。

また、「JALフィロソフィ研修」及び「部門別採算制度（アメーバ経営）」は職場研修及び小集団活動としての出見世理論の②職場環境主導型であり、風通しの良い職場と職場の裁量拡大をもたらした。ただし、アメーバ経営の主目的にアメーバリーダーの育成があるので、②と③が混在したシステムであるといえる。

『アメーバ経営論』を著した三矢（二〇一〇）は京セラで「アメーバ経営」を学び、その導入事例として、①システック

（ＰＣメーカーの下請け企業で一九九五年までの七年間赤字であったが、導入後大変身を遂げた）、②ディスコ（半導体装置メーカーで黒字会社、フィロソフィ導入せず、システムとして導入、無駄の排除等の効果あり）、③広島アルミニュウム（マツダ向け車アルミ部品メーカーで、一九九〇年代の円高不況で利益が低迷していたが、導入後「利益上の貢献」のスコアがはっきりと改善した）等の事例研究を行っている。その共通点は、単なる採算改善ではなく、その背景にある企業文化・風土まで変化させ従業員の考え方を大きく変えてしまう点にある。

このように、稲盛式「心の経営システム」は理論的にも理に適っており、他にも適用されうる普遍性が存在するといえる。特に、再生会社、赤字会社、長期の利益低迷会社、創業期の会社等の、極めて危機感・緊張感の強い会社に有効であるといえる。

二〇一三年一二月現在、オーナー経営者を中心に約九〇〇〇名（内、中国の塾生一四〇〇人を含む）が盛和塾(23)に所属し、国内外七〇拠点で稲盛氏から、人としての生き方（人生哲学）、経営者としての考え方（経営哲学）を学んでいる。年に一回世界大会も開催されている。所属企業の企業理念・経営フィロソフィ（企業行動規範）・意識改革活動は、かなり京セラのそれらと近似しており、その心酔ぶりには驚かされる。恐らく日本最大の経営塾であろう。ＪＡＬ再生にあたり国内塾生が一人一〇〇人の仲間を集め「五五万人ＪＡＬ応援団」を結成し、ＪＡＬ優先利用にとどまらず、グランドスタッフ等の多くのＪＡＬ社員に応援の言葉を添えたメッセージカードを渡し、破綻後のＪＡＬ社員の心の支えとなった。

これらのことは、稲盛経営哲学が社会的受容（コンセンサス）を受け、経営陣（取締役会）を中心とした再建活動が、株主をはじめ、従業員、取引先、利用客等多くのステークホルダーに信認された結果であろうと思う。そこには経営者支配の正当性と権威が存在する。

二〇一三年一〇月、中国・成都市で行われた大会では一五〇〇人の若手経営者を集め、稲盛氏の登場を割れんばかりの歓声で出迎えている。防空識別権や尖閣諸島問題で隣国と揉めるよりも、ソフトパワーの方が善隣外交に適しているのかもしれない。

注

（1）飯野春樹訳（一九七九）『経営者の役割』有斐閣新書、一五一頁（バーナードの原文、二一七頁）。
（2）田中求之（二〇〇九）『チェスター・バーナード『経営者の役割』を読む』参照。
（3）引頭麻実（二〇一三）『ＪＡＬ再生』四〇頁。
（4）稲盛和夫（二〇一二）「再び成長路線へ」『日本経済新聞』二〇一二年一〇月三一日、「日航・稲盛和夫1～4」『日本経済新聞』二〇一三年二月一八日～二一日、「稲盛和夫の叱り方」『PRESIDENT』二〇一三年三月一八日号、二二三～三三頁、引頭麻実（二〇一三）『ＪＡＬ再生』六一～六七頁参照。
（5）①　経営12カ条：事業の目的、意義を明確にする、具体的な目標を立てる、強烈な願望を心に抱く、誰にも負けない努力をする、売上を最大限に伸ばし、経費を最小限に抑える、値決めは経営、経営は強い意思で決まる、燃える闘魂、勇気をもって事にあたる、常に創造的な仕事をする、思いやりの心で誠実に、常に明るく前向きに、夢と希望を抱いて素直な心で。
②　会計7原則：キャッシュベース経営の原則、一対一対応の原則、筋肉質経営の原則、完璧主義の原則、ダブルチェックの原則、採算向上の原則、ガラス張り経営の原則。

③　6つの精進：誰にも負けない努力をする、謙虚にして驕らず、反省のある毎日を送る、生きていることに感謝する、善行、利他行を積む、感性的な悩みをしない。

(6)　稲盛和夫（二〇一二）「再び成長路線へ」『日本経済新聞』二〇一二年一〇月三一日、「日航・稲盛和夫5〜6」『日本経済新聞』二〇一三年二月二一〜二三日、「稲盛和夫の叱り方」『PRESIDENT』二〇一三年三月一八日号、二二三〜二三三頁、参照。
(7)　引頭麻実（二〇一三）『ＪＡＬ再生』七六〜八〇頁参照。
(8)　同右、八〇〜九四頁参照。
(9)　同右、九九〜一〇五頁、一一三〜一一八頁参照。
(10)　同右、一〇六〜一一三頁参照。
(11)　同右、一二〇〜一二五頁参照。
(12)　アメーバ経営とは「組織を小集団に分け、市場に直結した独立採算制により運営し、経営者意識を持ったリーダーを育成し、全従業員が経営に参画する「全員参加経営」を実現する経営手法である」。
(13)　引頭麻実（二〇一三）『ＪＡＬ再生』一四二〜一四三頁参照。
(14)　同右、一四八頁参照。
(15)　隠れ念仏とは、江戸時代に薩摩藩で浄土真宗が弾圧されて以来、密かに活動を続けた念仏講の一つであると見られる。
(16)　稲盛和夫（二〇〇四）『生き方』一四一頁。
(17)　稲盛和夫（二〇〇四）『稲盛和夫のガキの自叙伝』三二一頁。
(18)　稲盛和夫（二〇〇一）『稲盛和夫の哲学』一九八頁、青木良和（二〇一三）『変革のための16の経営哲学』二〇七〜二〇八頁参照。
(19)　皆木和義（二〇〇八）『稲盛和夫の論語』五〜六頁、二一四頁参照。

(20) 稲盛和夫（二〇〇一）『稲盛和夫の哲学』二〇一〜二〇六頁参照。
(21) 稲盛和夫（二〇〇四）『生き方』二四〜二六頁、稲盛和夫（二〇一二）『ゼロからの挑戦』九八〜一〇三頁参照。
(22) 引頭麻実（二〇一三）『ＪＡＬ再生』一六〜三九頁。
(23) 盛和塾：一九八三年に発足。京セラ、ＫＤＤＩ、ワタベウッディング、ブックオフコーポレーション、バリュークリエイト等八〇三一人の主として中堅企業経営者・準経営者からなる日本最大の経営塾。

第3部　独立社外取締役の必要性と取締役会構成における多様性・専門性

第9章　藤田（二〇一〇）の「独立取締役制度の是非」[1]

1　藤田（二〇一〇）の「独立取締役制度の是非」論の内容

藤田勉（二〇一〇）は著書『上場会社法制の国際比較』の第4章第3節コーポレート・ガバナンスの5「独立取締役制度の是非」で、我が国では独立取締役の効果は限定的である旨、述べている。また、『日経ヴェリタス』（二〇一〇年五月二日号）で「日本に社外取締役は不要」なる見出しで同様の論を展開している。曰く、

「株主優位モデルを採用し、かつ敵対的買収を含むM&Aが活発でない日本において、独立取締役制度が十分に機能することは期待しづらい。金融審議会金融分科会我が国金融・資本市場の国際化に関するスタディグループ報告『上場会社等のコーポレート・ガバナンスの強化に向けて』は『取締役会の例えば三分の一ないし二分の一以上を（独立）社外取締役とすべきであるとの意見が寄せられている。平時において経営者に責任の確保、有事における社外の視点を入れた判断の担

保や経営者の暴走等の防止・安全弁といった役割が期待され、監督機能の強化の観点からその有効性が指摘されている』と述べている。そして、これは東証の独立役員選任の義務化につながったと思われる。つまり、取締役会における独立取締役の構成比が高まると、コーポレート・ガバナンスが改善するとの主張であると解釈しうる。確かに、外国人投資家は、独立取締役の構成比が高い米国、英国に集中しているため、投資家が、独立取締役の構成比を高めることを要求することは自然である。

しかし、報告書において、独立取締役の構成比とコーポレート・ガバナンスの改善に関する根拠や、実例については、十分に示されてない。このように、理論的あるいは実証的な根拠がないにもかかわらず、日本独特の制度を導入することは適切であるとは言い難い。憲法や会社法に代表されるように、日本では、法制度を海外から移入することがある。しかし、これまで議論してきたように、法制度には、その国の歴史、文化、社会など独自の要因が大きく影響する。そのため、日本では部分的に導入した者の、十分な効果を発揮しないものが少なくない。独立取締役制度も、同様である。これは中世の英国のユース（土地信託）をルーツとする信託の概念が発達したものであり、主に、米国を中心にアングロサクソン諸国で普及している。日本では、社長を中心とする社内取締役が独立取締役候補を指名し、持ち合い株式を保有する株主などの賛成を得て、株主総会で選任されるパターンが多く見受けられる。さらに、多くの会社で、取締役の責任限定契約を締結し、かつ独立取締役に対して年間の報酬を一、〇〇〇万円前後支払う。つまり、監視される人（社長を中心とする社内取締役）が、監視する人（独立取締役）の人事権を持ち、同時に多額の報酬を支払っているのである。そもそも、監視される人が、監視する人の人事権と報酬決定権を事実上持っているような制度が十分に機能するとは考えづらい。独立取締役推進論者は、この点について、理論的に整理することが望まれる。米国デラウェア州会社法は、言わば、株主総会よりも取締役会の権限が圧倒的に強い『間接民主制』である。取締役会の権限が強いからこそ、取締役の独立性が重要なのである。米国では日本と異なり、監視される人（ＣＥＯ）が監視する人（独立取締役）の人事権を持たないことが一般的である。独立取締役を指名するのは独立取締役のみによって構成される指名委員会であり、その候補者はサーチファーム（ヘッドハンター）などの推薦を受けることが多い。そして、取締役の独立性は、株主によるクラスアクション訴訟などによって監視される。つまり三重のフィルターによって、独立取締役の独立性を担保することを努めている。

欧州や日本では、株主優位モデルを採用しているため、株主総会の権限は取締役会の決定をオーバーライドできる。つまり株主による「直接民主制」である。日本には、取締役優位モデルやクラスアクション訴訟など米国の法的プラットフォームを包括的に導入すれば独立取締役制度は効果があろうが、「直接民主制」の日本に「間接民主制」の制度を部分的に導入したのでは、効果が限定的であることは歴史が証明している。「直接民主制」をとる日本において、コーポレート・ガバナンス改善に不可欠であるのは、株主による直接的な株主権の行使、例えば株主提案権や議決権行使の活発化と、支配権市場の活性化であると考えられる。これ等が実現すれば、英国同様、独立取締役が経営監視効果を持つことは期待できよう」と述べている。

2　藤田（二〇一〇）の「独立取締役制度の是非論」について

「持ち合い株式を保有する株主などの賛成を得て、株主総会で選任されるパターンが多く見受けられる」。「日本において、コーポレート・ガバナンス改善に不可欠であるのは、株主による直接的な株主権の行使、例えば株主提案権や議決権行使の活発化と、支配権市場の活性化であると考えられる」。この結論に賛成である。そうすべきであることは本書の第7章「経営者支配の正当性論」で株式持合い等の解消策についていくつかの提案を行っている。しかし、「株式持合い等の解消」が進み、支配権市場の活性化が図れるまでは、なにもしなくてよいのであろうか。その時まで、独立社外取締役が不要なのであろうか。

3　本書の「独立社外取締役の義務化」の必要性及び根拠

本件は「法制審部会」で中心的に議論されてきたテーマである。

(1) 独立社外取締役の必要性

我が国の代表取締役（社長）等の職務執行を監督する面で、社外取締役を除くほぼ全取締役が、社長を頂点としたヒエラルキーの一員（監督と執行の不分離による）であるため、その頂点にいる社長を効果的に監督することは、事実上困難で、逆に社長から監督され指揮命令を受けており、取締役の独立性に問題がある。その根本には、我が国特有の終身雇用制による、会社への忠誠心が経営トップへの忠誠心と混同されがちとなり、また共同体意識（ムラ社会意識）等が存在し、強い上下関係や否定しない文化につながっている。第2章の六社の事例でも分るとおり、取締役会において、カリスマ経営者のもとで、一定時間内に合意に至ろうとするプレッシャーのために、物事を多様な視点から、批判的に評価する能力が欠ける「集団愚考（社会心理学、group-think）の罠」即ち、「まあいいか症候群」（筆者による命名）に陥りやすくなる。従って、社内役員だけで構成された時に、株主やその他のステークホルダーに対し、何らかの利益の不一致が、必然的・不可避的に生じるリスクが大である。そこに取締役会の正当性は存在しえないのではないか。例えば、業績不振でも止めないし（久保：二〇一二は『三年連続赤字で経営者交代があったのは七・六％』九四頁）、役員報酬も下げない。財界・政界活動にうつつを抜かす。内部留保を溜め込むだけで新規事業に投資しない等である。即ち、「経営トップは神様ではない。自分で自分を監督できない」（石田：二〇一三）。従って、「社外の眼」である独立社外取締役に聞いてみることが重要である。よって、独立社外取締役の義務化は、それがハードローであれ、ソフトローであれ、焦眉の急である。

⑵ 独立社外取締役の義務化の根拠

現在、米・英・欧州各国及びインド、中国、韓国を始めアセアンの殆どの国が上場会社において法律や規則（先進国に多い）で、独立社外取締役を義務づけており、グローバル・スタンダードになりつつあり、わが国もハードローで義務化されることがのぞまれる。

その論拠は、

① 独立社外取締役を義務付けてない我が国のROEは、欧米企業の二分の一以下であり、業績が悪くても経営トップの交代が行われてない。この点に関して、ACGA（Asian Corporate Governance Association）等共同提案機関は、二〇〇八年の〝White Paper on Corporate Governance in Japan〟において、我が国の資本効率の低さを指摘している。

② 社外取締役導入と企業価値の向上との相関関係は、英国・韓国での実証研究では、規制による社外取締役の強制導入を支持するものとなっているが、米国では、一般に取締役会独立性を高めるほど、企業価値が高くなるという傾向は観察されてない（詳細第10章参照）。

③ 斉藤（二〇一〇）は「社外取締役を導入した企業は、導入と非導入グループ間にある様々な企業特性の差、平均への回帰をコントロールしても、導入しなかった企業よりも、利益率が上昇していることを意味しており、社外取締役の導入が、企業の利益率に貢献していることを示している[2]」との実証研究を日経五〇〇社について一二年間（一九九七年～二〇〇八年）追跡統計を駆使して示した。「内田（二〇〇九）も社外取締役ゼロの企業が社外取締役を導入した際、トービンのQ（第7

章注（1）参照）が有意に上昇したと報告している。また、宮島・小川（二〇一二）は、情報獲得コストの低い企業においてのみ、社外取締役比率が企業パフォーマンスに正の影響を与えることを指摘している[3]」。即ち、特に事業が複雑でない助言機能が発揮し易い企業や研究集約度が高くない企業において、企業価値が引き上げられる可能性を強く示唆している。

④　野村証券金融経済研究所の西山賢吾の、「会社法制見直し中間試案と企業統治」によると、東証一部上場の約一六〇〇社を対象とした調査で、外国人や機関投資家の持ち分比率が高い会社のROEは、平均より高く、社外取締役比率も高い。ROEの高い会社への投資は、外国人や機関投資家が選好する、またその結果として社外取締役の選任割合が高い[4]。

⑤　「東証」上場部企画グループ課長の渡邊浩司の「独立社外取締役の選任とROEとの関係[5]」によると、

(イ)　二〇一二年で、独立取締役が過半数の企業一〇社の平均ROEは一二・七五%、三分の一以上いる企業六〇社平均で四・六七%、三分の一未満しかいない企業二一四社平均では一・二七%、

(ロ)　売上高利益率でも、同様に過半数のケースで、四・七七%、三分の一以上のケースで四・一四%、三分の一未満のケースで三・五三%であった。（以下全部で七ケースについて分析あり、詳細省略）

等のデータから、

・独立社外取締役を選任しているほうがROEが高い。

・独立社外取締役を複数名選任しているほうがROEが高いとはいえない。
・独立社外取締役の割合が高いほうがROEが高い。
・独立社外取締役を選任している、複数名選任している、割合が高いほうが財務レバレッジ[6]が高い。
・独立社外取締役を選任しているほうが売上高利益率が高いとは言えないが、複数名選任している、割合が高いほうが売上高利益率が高い。
・独立社外取締役を選任しているほうが総資産回転率が高い。
・独立性の高い社外取締役を選任しているほうがROEが高い。

これらの調査から「コーポレート・ガバナンスを向上、具体的には独立社外取締役を選任することで、資本効率の低い日本企業の現状を改善することができるのではないか」との興味ある調査結果をまとめている。

二〇一四年二月二日付け「日経」は「実際、社外取締役の起用が業績や資本効率の向上と一定の関係があるという結果が、東京証券取引所などの調べで分っている」とのべている。

⑥　独立社外取締役の経験・知識を活かした助言機能は経営戦略に有効であり、特にM&Aにおいてアドバイス機能を果たすとの米国における実証研究がある（第10章参照）。

⑦　不正会計や利益操作等のモニタリングについても独立社外取締役が一定の監督機能を果たすとの米国における実証研究がある（第10章参照）。

⑧　選解任権を通じた経営者の交代や報酬の決定を通じたモニタリングにより、経営全体に対する監

督機能が発揮されるとの米国における実証研究がある（第10章参照）。

⑨　機関投資家は今後、政府による「日本版スチュワードシップ・コード」に準じ、目的ある会話を企業と進めなくてはならなくなる。この時、独立社外取締役はその窓口として機能を果たすのに最適である。

⑩　企業買収される立場に立った経営陣は、株主の利害を離れ、自己保身的となりがちである。この場合、独立社外取締役が第三者的立場で意見を述べ利益相反を緩和する必要がある。

以上のように、独立社外取締役と企業価値向上については、なお多くの実証研究の積み重ねが期待されるが、企業価値向上以外の他の項目については、殆ど検証されており、独立社外取締役の義務化の根拠は、整備されつつあるといえる。

(3) 「東証」による一名以上の独立役員の義務化

「東証」等は独立役員一名以上の設置を義務化（二〇〇九年一二月）しているが、その実態として各社は、これまでの社外監査役を独立役員として振替指名しているだけ（二〇一一年七月の日本監査役協会調査による社外監査役の独立役員指名比率は七八・五%、二〇一三年七月のProNedの調査でも七一%）であり、新任取締役の登用は二一・五%（ProNed同右調査で二九%）のみで、やはりソフトローでは実効性はあまり向上してない。因みに、「東証」で独立性を問わない社外取締役比率は六〇・九%である（ProNed同右調査）。「東証一部」だけをとると、六二・三%である（「東証」二〇一三年八月調査）。なお、「東証」は、会社法改正案（後述）の附帯決議「金融商品取引所の規則において、上場会社は取締役である独立役員を一人以上確保するよう努める旨の規律を設ける必要がある」を受けて、有価証券上場規程を改定し、「上場会社は、取締役である独立役員を少なくとも一名以上確保するよう努めなくてはならない」こととされ、二〇一四年二月一〇日より施行されている。これは従来の単なる努力義務より高められ「努めなければならない」と規定された。まさに、これは「Comply or Explain」（履行せよ、しからずんば説明せよ）に当たるものである。

(4)「会社法改正要綱案」から「社外取締役の義務化」が削除された背景

①「法制審部会」一六回「中間試案」

二〇一一年一二月、「法制審部会」一六回「中間試案」で、

A案　「公開会社（会社法第二条⑤）で且つ大会社（会社法第二条⑥）に限定して、一名以上の社外取締役の義務化」

B案　「有価証券報告書提出株式会社において、一人以上の社外取締役の義務化」

C案　「現状維持」

の三案が提案された。

パブリック・コメント（以下パブ・コメと略す）で導入賛成が、大学教授や弁護士会を中心に四三団体＋個人一三、反対が実業界中心に三二団体＋一五個人であった。「経団連」は「経営の監督機能の

強化のためには社外取締役という形式的属性ではなく、個々人の資質や倫理観といった実質で決まる」等を反対理由に挙げた。「社外取締役の義務化」は会社法ができて以来、実に七年かけて、やっと改正の俎上に乗ったが、「法制審部会」は実業界からの反対を斟酌し、二〇一二年八月一日、「会社法改正要綱案」から「社外取締役の義務化」を削除、「監査役会設置会社（公開会社であり、かつ、大会社に限る）のうち、金融商品取引法第二四条第一項の規定によりその発行する株式について有価証券報告書を提出しなければならない株式会社において、社外取締役が存しない場合には、社外取締役を置くことが相当でない理由を事業報告の内容とするものとする」と英国のComply or Explain原則に近い形にとどめ、かつ附帯決議で「社外取締役に関する規律については、これまでの議論及び社外取締役の選任に係る現状等に照らし、現時点における対応として、本要綱に定めるもののほか、金融商品取引所の規則において、上場会社は取締役である独立役員を一人以上確保するよう努める旨の規律を設ける必要がある（努力義務）」とした。また、「社外取締役を置くことが相当でない理由」について、「株主総会での説明」が追加された（後述）ことは、かなりの前進である。

② 「経団連」等の実業界代表等による「社外取締役義務化」への反対理由

(イ) 経営の適正な監督を行う事が出来るか否かは、社外取締役であるといった形式的な属性ではなく、個々人の資質や倫理観といった実質により決まる（「経団連」、及び平成二四年四月一八日第一九回「法制審部会」での杉村豊誠日本電信電話（株）委員発言）。

(ロ) 監督を行うに当たっては、専門的な経営判断の妥当性をも見極める必要があるが、社外取締役であれば常にそうした能力を備えているとは限らない（「経団連」）。

(ハ)　経営者に対する適正な監督は、「社外」かつ「取締役」でなければ担うことが出来ないとの明確な根拠はない。また、社外取締役の義務付けによって企業価値向上が保証されるわけではない（平成二四年四月一八日第一九回「法制審部会」伊藤雅人オーデリック（株）委員発言、及び「経団連」、「関経連」、「年金連」、「全銀協」等の「パブ・コメ」）。

(ニ)　ガバナンスの問題は、法で強制するのではなく企業の自主性に任せるべきである（「中経連」、「鉄鋼連」、「全銀協」、「日商」、「専大」等の「パブ・コメ」）。

(ホ)　社外取締役の義務化は社外監査役との重複感がある（「経団連」、「関経連」、「鉄鋼連」等の「パブ・コメ」）。

(ヘ)　人材確保に難点がある（「全銀協」、「建設連」等の「パブ・コメ」）。

(ト)　「東証」規則で独立役員の確保義務があり、これで十分である（「関経連」、「中経連」等の「パブ・コメ」）。

(チ)　会社法ではなく、「東証」上場規則で対応すべき（経済同友会）。

(リ)　社外取締役は非常勤であるため、企業の事業やリスクに精通するには限界がある（「関経連」、「印刷連」、「法友会」、「専大」等の「パブ・コメ」）。

以上の「経団連」等の実業界代表等による「社外取締役義務化」への反対理由は、「社外取締役を置くことが相当でない理由」として使用可能な理由に該当しない。

本件に関し、『商事法務』No. 2025（一四～二五頁）は、多くの事例を使用して解説しているので参照されたい。その中で、唯一、「――社外取締役に客観的な視点から経営参加していただくことは有益であることから人格・見識・能力等において適切な人材がおりましたら取締役候補として検討してまいります」という右記の(ヘ)の「人材確保に難点がある」のケースは、「相当でない理由」として一時的には使用可能であろうが、ただ漫然と毎年、係る記載を繰り返すことは許されないものと考えられると述べている。なぜならば、筆者が関係する独立役員養成・推薦機関だけでも一〇〇〇人以上の候補者が存在する。

① 特定非営利活動法人　日本コーポレート・ガバナンス・ネットワーク
　会長：田村達也、理事長：牛島　信
② 株式会社　プロネッド（ProNed Inc.）
　代表取締役社長：酒井　功
③ 一般社団法人　ディレクトフォース（DIRECTFORCE）
　代表理事：真瀬宏司

それなりの努力をすれば、社外取締役候補を探すことはできると考える。

また、「東証」が「社外取締役選任に関して、強い努力義務」を課していることも考慮しなくてはならない。

一方で「社外取締役義務化」に関わる経済界の取り組み意識や環境も大きく変化しつつある。例えば、「日立」の取締役は、一四人中八人を既に社外取締役で構成している。その内四人はジョージ・バックリー氏（米スリーエム元会長）などの外国籍である。「なぜ（社外取締役の義務化に）反対するのか理解できない。企業が経営者のロジックだけで動かせていけると思うのは大変傲慢だ」。二〇一三年一二月四日、「日立」が米ワシントンで開催した取締役会の直後の記者会見で、中西宏明社長はこう断言した。政府が企業統治の強化策として盛り込もうとした「上場会社の社外取締役の選任義務化」が「経団連」などの反対で見送られたことを受けての発言だ。[7]

また、新日鐵住金が二〇一四年三月四日、社外取締役を二名採用する事を内定したと発表した。東日本旅客鉄道相談役の大塚陸毅氏と、日米協会会長の藤崎一郎氏である。キヤノンも同年三月二八日付けで、元大阪高等検察庁検事長の斉田国太郎氏と、元国税庁長官の加藤治彦氏の二名採用する事を発表した。両社共、経団連会長輩出会社として影響力は大きい。

⑸ 政府による「日本再興戦略」—JAPAN is BACK（二〇一三年六月一四日）『コーポレート・ガバナンスの強化』（二八頁）

① 攻めの会社経営を後押しすべく、社外取締役の機能を積極活用することとする。このため、会社法改正案を早期に国会に提出し、独立性の高い社外取締役の導入を促進するための措置を講ずるなど、少なくとも一人以上の社外取締役の確保に向けた取り組みを強化する。

② 企業の持続的な成長を促す観点から、幅広い範囲の機関投資家が企業との建設的な対話を行い、

適切に受託者責任を果たすための原則について、我が国の市場経済システムに関する経済財政諮問会議の議論も踏まえながら検討を進め、年内に取りまとめる。

③　収益力の低い事業の長期放置を是正するため、企業における経営改善や事業再編を促すための施策について、経済産業省ほか関係省庁における検討を加速する。

④　国内の証券取引所に対し、上場基準における社外取締役の位置付けや、収益性や経営面での評価が高い銘柄のインデックスの設定など、コーポレート・ガバナンスの強化につながる取組みを働きかける。

④に関連して、日本経済新聞社、日本取引所グループ、東京証券取引所は二〇一三年一一月六日、共同して新しい株価指数「ＪＰＸ日経インデックス４００」を開発したと発表した。採用銘柄は三年平均のＲＯＥや営業利益等の資本効率性の高さのほかに、二人以上の独立社外取締役を置いているか、ＩＦＲＳ（国際会計基準）を採用しているか、等のコーポレート・ガバナンスの取組み姿勢を評価基準にして、二〇一四年一月に算出を開始した。年金基金や個人投資家が投資の新たな指標として、活用を検討する動きが広がっている(8)。

(6)　「会社法要綱案」の行方

二〇一三年一一月二九日、「会社法改正案」が閣議決定された。二〇一四年四月二五日衆議院を通過し、今国会で成立する見通しとなった。今回の法案の附則二五条には「政府は、この法の施行後二年を経過した場合において、社外取締役の選任状況その他の社会情勢の変化等を勘案し、企業統治に係る制度の在り方について検討を加え、必要があると認める時は、その結果に基づいて、社外取締役を置くことの義務付け等所要の措置を講ずるものとする」と明記することとなった。また、法制審議会による「会社法要綱案」からのその他の変更点として、塩崎やすひさ衆議院議員の国会議員公式サイトによると、

① 前年度に社外取締役がいなかったことに関する相当の理由に関する説明責任（explian）規定を省令（前述の如く、(4)「会社法改正要綱案」から「社外取締役の義務化」が削除された背景の項目で述べた省令）から法律（三二七条の二）に格上げしたこと。

② また、その説明義務を書面ではなく、株主総会での口頭説明を義務付けたこと。即ち、「(第三二七条の二）社外取締役を置いてない場合、取締役は、当該事業年度に関する定時株主総会において、社外取締役を置くことが相当でない理由を説明しなければならない」とした。

③ さらに、当該年度の株主総会での社外取締役を選ばない「相当の理由」の「株主総会参考書類」への記載を省令で義務付け、事実上、前年度の説明と同時に当該年度に関しても、口頭で説明せざるを得ないようになったこと。

このことは、省令事項であるが、「株主総会参考書類」であるので、ここでミスがあると、株主総会決議取り消し問題にかかわることになるので、注意が必要である。

以上の三点が改訂・追加されたとのことである。

もはや、独立社外取締役重視の動きは止められないと思う。現に、二〇一四年一月三一日の衆議院予算委員会で、谷垣禎一法務大臣は、法案によって社外取締役の選任が事実上義務化されたとの評価が十分に可能である旨を答弁している。(9) 施行二年後の「法制審部会」の再開が待たれる。

(7) 監査等委員会設置会社制度の導入

改正会社法第二編第四章第九節の二において、当初「監査・監督委員会設置会社」と呼称されていた名称は「監査等委員会設置会社」に変更された。更に、現行の「委員会設置会社」は「指名委員会等設置会社」と呼称されることとなる。

新設の「監査等委員会設置会社」の「監査等委員会」の構成員は、全員取締役（議決権あり）、で人数は三人以上、社外が過半数、「指名委員会」と「報酬委員会」不要、常勤者不要、解任は株主総会の特別決議、株主総会へ法令違反の報告義務あり、等である。以下に制度間の比較をおこなう。

なお、「監査等委員会」の「等」の意味は、①経営の基本方針決定（議決権）②取締役の選・解任及び報酬についての意見表明権③利益相反取引の承認（任務懈怠推定解除）の機能が含まれる。(11)

図表 9-1　監査役設置会社，指名委員会等設置会社，監査等委員会設置会社の比較[10]

	監査役会	指名委員会等	監査等委員会
監査役，指名委員会等の委員，監査等委員会の監査委員の任期	4年	1年	2年
他の一般取締役の任期	2年以下（⇒1年にして459条の規律も可能）	1年	1年
独立した調査権限（独任制）	あり	なし	なし
監視の対象	取締役等の職務執行	執行役・取締役の職務執行	取締役等の職務執行
選解任等への意見陳述権	監査役についてのみ意見陳述権あり	なし	監査等委員になる取締役及び他の取締役の選解任，報酬等に関して，意見陳述権あり
解任・辞任後の意見陳述権	あり（345条4項）	なし	あり
報酬規制	定款又は株主総会決議による	報酬委員会による	他の取締役とは別に定款
取締役会が委任可能な職務範囲	362条4項の範囲内	重要な事項（416条4項但書）を除き，執行役に広く委任可能	362条4項の事項も委任可能（注の①～③）
423条の推定規定	必ず適用	必ず適用	監査等委員会の事前承認で任務懈怠の推定規定が不適用（注の④）

注1：監査等委員会設置会社の甘味剤について，今回の制度には以下の点が現在の日本の経営者にとっていわば甘味剤となるのではないかと推量される。即ち，

① 監査等委員会設置会の取締役会は，第364条第4項各号に掲げる事項その他の重要な業務執行の決定を取締役に委任することができないものとする。

② ①にかかわらず，監査等委員会設置会社の取締役の過半数が社外取締役である場合には，当該監査等委員会設置会の取締役会は，その決議によって，重要な業務執行（委員会設置会社において，執行役に決定の委任をすることができないものとされている事項を除く）の決定を取締役に委任することができる。

③ ①および②にかかわらず，監査等委員会設置会は取締役会の決議によって，重要な業務執行（委員会設置会社において，執行役に決定の委任をすることができないものとされている事項を除く）の全部又は一部の決定を取締役に委任することができる旨を定款で定めることができるものとする。

④ 監査等委員会制度の甘味剤として，監査委員会が「事前に」承認をすると会社法第423条第3項に定められた取締役の任務懈怠の推定規定が適用されない。

注2：会社法第423条第3項

第356条（競業及び利益相反取引の制限）第一項第二号または第三号（これらの規定を第419条第二項において準用する場合を含む）の取引によって株式会社に損害が生じたときは，次に掲げる取締役または執行役は，その任務を怠ったものと推定する。

1．第356条第一項（第419条第二項において準用する場合を含む）の取締役又は執行役
2．株式会社が当該取引をすることを決定した取締役又は執行役
3．当該取引に関する取締役会の承認に賛成した取締役（指名委員会等設置会社においては，当該取引が指名委員会等設置会社と取締役との間の取引又は指名委員会等設置会社と取締役との利益が相反する取引である場合に限る）

⑻　ＩＳＳ（Institutional Shareholder Services）の二〇一四年議決権行使助言に関するポリシー及び方向性

ＩＳＳは下記のいずれかに該当する場合は、原則として反対を推奨する。

① 総会後の取締役会に社外取締役（但し、独立性は問わない）が一人もいない場合、経営トップである取締役

② 親会社や支配株主を持つ会社において、ＩＳＳの独立性基準（＊）を満たす社外取締役が二名未満の場合、経営トップである取締役

③ 前会計年度における取締役会の出席率が七五％未満の社外取締役

④ 少数株主にとって望ましいと判断される株主提案が過半数の支持を得たにもかかわらず、その提案内容を実行しない、あるいは類似の内容を翌年の株主総会で会社側提案としない場合、経営トップである取締役

（＊）ＩＳＳの独立性基準

・会社の大株主である組織で、会社のメインバンクや借入先で、会社の主要な取引先である組織で、会社の主要幹事証券会社で、現在働いているもしくは過去に働いたことがある

・会社の監査法人において、過去に働いたことがある。

・親戚が会社ではたらいている

クーリングオフの期間がないので厳しい感じはするが、一方で、大株主、メインバンク、主要な取引先の定義が不明確である。

現在これらのＩＳＳのポリシーはかなりの影響力を持っている。会社側が公開する議決権行使結果に如実に現れている。今後、外人持ち株比率が上昇すると更なる強い助言効果を発揮するであろう。特に、「将来の方向性（二〇一五年以降）として、取締役の選任にＲＯＥの採用を検討」（ISS Executive Director 石田猛行：二〇一三年一一月二〇日）と述べ、その理由として、二〇〇八年までの一八年間、日本の平均ＲＯＥは三・六％、米国一一％、欧州一〇％、その他の国一〇％であり、ボラティリティは日本が一番高い、即ち、リスキーであるということである。したがって、ＲＯＥが低い場合や、改善が見られない場合、取締役の選任に反対することも考えられる。導入が決まれば、企業としては、自社株買いなどの株主還元、不採算事業からの撤退、買収した企業からのリターンの早期実現、レバレッジをきかしたＬＢＯなどが考えられる。そうしないと代表取締役の選任議案に大量の反対票が投じられることとなる。一方、ＲＯＥ中心主義の問題点として、自己資本を増やさないように借入金でまかなう投資の増大、行過ぎた自社株買いによる財務基盤の脆弱化が懸念されるが、我が国の場合、ＲＯＥが先進国の中で低すぎると共に、ボラティリティが高すぎることも事実であり、当面、投資効率の改善に注力すべきである。

⑼ 独立社外取締役の存在意義とは

モニタリング・モデルにおける、独立社外取締役に期待される基本的機能は、指名・報酬問題への関与を含めた、経営陣への評価・監督・助言機能、及び株主等と経営陣との利益相反問題の監督機能である。したがって、監督機能の中心は、社長（ＣＥＯ）が策定した経営基本計画の審議・承認とその成果の検証・評価である。久保（二〇一〇）の指摘のように三年連続赤字でもやめない状態が継続するようでは困る。また、経営陣と株主等との利益相反（政財界活動にうつつを抜かすとか公私混交等の各種モラルハザード）の監視を独立社外取締役に期待いたしたい。特にグローバル時代における社外取締役の果たすべき基本的機能は、二〇〇六年に国連責任投資原則（ＰＲＩ：Principles for Responsible Investment）において、初めて提唱された投資評価基準であるＥＳＧ（Environment Society Governance）という概念である。それは持続的企業価値向上を目指すためには、単に経済価値を向上させるだけでなく、環境価値、社会価値を向上させ、それらを具体化させるようなガバナンス・システムが重要であると述べている。即ち、現在及び将来の投資家（含むその他のステークホルダー）に配慮した企業価値・環境価値・社会価値の最大化が考慮されるべきである。「経営トップは神様ではない、自分のことは自分では分らない」（石田：二〇一三）である。かかる観点から、経営陣の同質性を排し、独立社外取締役を含む多様性、異質性、専門性が尊重されるべきである。我が国において、物言わざる国内機関投資家と株式持合い事業法人からなる安定株主をバックにした経営者支配（これはある意味では経営者による実質的株主総会支配である。）から脱却し、先ず、企業の株式持合い制限（二〇一四年二月六日、自民党日本経済再生本部・金融資本市場・企業統治改革グループが検討中）の実施、一般投資家と外国機関投資家と日本版スチュワードシップに啓発された国内機関投資家等がマジョリティを持ち、かれらとの「目的ある対話（エンゲージメント）」や議決権行使の結果、選任された取締役（独立社外取締役を含む）の存在が重要になる。そのような独立社外取締役を含む取締役会には「取締役会の正当性（権威・信認）が存在する」と考えるのが本書の立場である。即ち、実質社長が決めている取締役（独立社外取締役を含む）選任の変更である。又、次の項目⑽で述べるように、会社法における社外性の強化、及び「東証」規則における独立性の強化により、独立社外取締役の会社や社長からの独立性も増してきている。従って、わが国において、今後たとえ時間がかかっても、会社法ないしは上場規程（努力義務ではなく遵守義務）において「独立社外取締役の一名以上の義務化」を盛り込み、米国ＮＹＳＥや英国 Combined Code で規定されているごとく、その構成を過半数にすることをあきらめてはならないと思う。

⑽　独立性の高い社外役員（社外監査役／社外取締役）選任基準の提言

二〇〇九年一二月二九日「東証」の企業行動規範に「独立役員の確保義務」（規程第四三六条の二）が定められた。その定義は「一般株主と利益相反が生じる恐れのない社外取締役または社外監査役」で、これが実質的基準である。しかし実態は前述のように、社外監査役を独立役員に読み替えた（前掲七八・七％）だけであり未だ実効性は向上してない。また、その独立役員の該当規程については「事前相談を要請する要件」及び「コーポレート・ガバナンス報告書開示要件」で形式的基準が述べられているが、随所に「主要な取引先」、「多額の金銭」、「主要株主」、「最近まで」等の定性的表現が実に多い。最終的には独立役員として指定した理由を「コーポレート・ガバナンス報告書」において客観的かつ合理的に説明しなさいとしている。また、オリンパス等の事例や独立役員の監督・監視機能を勘案すれば、「東証」の定義である「一般株主と利益相反が生じる恐れのない社外取締役または社外監査役」だけではなく、会社及び経営者からの独立性の視点の方が更に重要である。「東証」は批判に応えるべく、独立役員の更なる情報開示を拡大し「独立性の見える化」を進めていることは一歩前進である。例えば、「東証」は、上場規則等を改正し（平成二四年五月一〇日施行）、独立役員・社外役員に関する情報開示の拡充のため、「上場会社は、独立役員に関する情報と社外取締役の独立性に関する情報を、株主総会における議決権行使に資する方法により、株主に提供するよう努めるものとする」という努力義務を定めた（上場規程四四五条の六）。また、①独立役員が取引先の出身者である場合には、その旨及び関連事項の概要を、②社外役員の相互就任の関係にある先（いわゆる「社外役員の持ち合い」）の出身者の場合にはその旨、及び③寄付を行っている先または出身者である場合にはその旨及び寄付の概要を、それぞれ、属性情報として独立役員届出書やコーポレート・ガバナンス報告書への記載を求めた（上場規程施行規則二一一条四項五号、二二六条四項五号）。

「法制審部会」の「会社法改正要綱案」で社外役員（社外取締役及び社外監査役）の社外条件厳格化の追加的規制として、「親会社及び兄弟会社の取締役等を外すことや取締役等の配偶者又は二親等内の親族を外すこと、及び社外取締役・社外監査役に就任前一〇年、当該会社及び子会社の役員等でないこと」が盛り込まれたことは一歩前進であるが、「主要な」等の定性的表現もまだ見られる。

米国ではＳＯＸ法三〇一条で、監査委員会の全ては、独立取締役でなければならない。ＮＹＳＥは指名及び報酬委員会は、全て独立取締役でなければならない。一方、ＮＡＳＤＡＱでは報酬委員会は、全て独立取締役でなければならないが、指名委員会は、過半数が独立取締役で可となっている。ここで言う「独立している」とは、ＮＹＳＥはコーポレート・ガバナンス規則で詳細を決めている（第10章6に詳細あり）。これら米国基準を参考にして、日本取締役協会は二〇一四年二月二五日「取締役会規則における独立取締役選任基準」の改訂版を出し、内容を定量的・具体的に定めている。例えば、主要株主とは議決権所有割合一〇％以上、主要取引先とは直近の年間連結売上高の二％以上の支払いを当社から受けた者又は支払いを行っていた者などと定めた。現在の「東証」等の企業行動規範の「独立役員の確保義務」（上場規程第四三六の二）の資格要件部分に付、本基準で置き換えることを提言する。規定上、「独立社外取締役の資質とは何か」を決めることは困難であるが、基本は Independennt Judgement ができる Indepeident Mind を持った人であることを忘れてはならない。

4　藤田（二〇一〇）の「監視される人（社長を中心とする社内取締役）が、監視する人（独立取締役）の人事権を持っている」との指摘について

本件についても、問題の本質としては、株主総会が不活発であり、社長が実質的に決めている取締役・監査役選任議案が、株主総会で何の抵抗もなく承認されている現実がある点にこそ問題が存在している。専ら、物言わぬ国内の金融機関（銀行、生・損保、信託会社等）や事業法人相互の株式持合い株主からなる安定株主の存在がある。その内訳は、『商事法務』No. 2010、二五頁にある、平成二四年度「東証」他五大証券取引所の投資部門別株式保有状況によると、金融機関（含む都銀・地銀・信託銀行、「生損保」、証券会社）三〇・〇%、事業法人等二一・七%、合計五一・七%と過半数を占める、また、『商事法務』No. 2016、二〇一三年版「株主総会白書」七二頁にある、安定株主比率を五〇%以上保有している企業数が四七・七%を占めている。また、前述の如く、会社法第三四一条には「第三〇九条の第一項の規定にかかわらず、役員を選任し、又は解任する株主総会の決議は議決権を行使することができる株主の議決権の過半数（三分の一以上の割合を定款で定めた場合にあってはその割合以上）を有する株主が出席し、出席した当該株主の議決権の過半数をもって行わなければならない」とある。ほとんどの上場会社では、取締役の選解任について、定款でこの三分の一以上とすることを定めているので、「議決権を行使することができる株主の議決権の三分の一以上を有する株主の出席、及び出席した

当該株主の議決権の過半数の賛成（特殊普通決議）」で、取締役の選解任議案は承認される道がある。このために、経営者支配が株主総会支配にまで至っているケースもかなりあると推定される。株主総会の機能不全である。「社会からの信認」ではなく「自らを自らが信認」している。行きすぎた経営者支配ではないのか。バーリのいう「会社権力の正当性は社会的合意（public consensus）によって判定されるべきである」やバーナードの「経営者支配の正当性論は社会的受容による授権という権限受容説」など何処吹く風で「会社とは俺のもの」と思っているのかもしれない。また、バーリの「会社の経営者や『支配者』の株主に対する受託義務が弱められるか、あるいは消滅したとき、彼等は事実上の絶対者となる」との予言が不幸にして当たってしまっているのが、我が国の現状ではないであろうか。したがって、

① 「会社は社会の公器である」との立場に立って、本書が提案している「会社における経営者支配の正当性付与の条件」が満たされること。

② 本書が提案している「日本版コーポレート・ガバナンス・コード」に裏打ちされた、日本版スチュワードシップコードの実施、及びそれに基づく国内外機関投資家と投資された会社の取締役（社外取締役を含む）との「目的を持った対話」が進むこと。

③ 「支配権の盗奪」である「企業の相互株式持合い」の制限として、本書が提言した「相互保有株式の議決権行使の制限」の強化が進むこと（なお、「企業の株式持合い」の制限については、金融庁が問題点を指摘すると共に、二〇一四年二月六日、自民党日本経済再生本部・金融資本市場・企

業統治改革グループが検討を開始している)。

④　会社法改正案の国会承認と附則に付いた「その施行の二年後の見直し」及び「東証」規則の充実が進むこと。

等によって、株主総会や証券市場が活性化することに期待いたしたい。

5　藤田(二〇一〇)の「独立取締役の構成比に関する根拠や、実例については、十分に示されてない」との指摘について

本疑問については大きい問題であるので、章を改めて第10章 米国における独立社外取締役の構成比として扱う。

注

(1) 藤田勉(二〇一〇)『上場会社法制の国際比較』中央経済社、二一八～二二〇頁。
(2) 宮島英昭(二〇一一)『日本の企業統治』(斉藤卓爾の実証研究を含む) 東洋経済新報社、二〇七～二〇八頁。
(3)『商事法務』No. 2007、四二頁。
(4)『商事法務』No. 1962。
(5)『商事法務』No. 2006、二〇一三年八月五日号及び二〇一三年一一月一九日号、日本コーポレート・ガバナンス・ネットワークにおける本人による講演会資料等参照。
(6) 総資産/自己資本。

（7）「経団連を捨てたHITACHI」『NIKKEI BUSINESS』2014.01.20、一〇頁。
（8）『日本経済新聞』二〇一三年一一月七日及び二〇一四年三月二六日参照。
（9）『商事法務』No. 2024、一三頁。
（10）浜辺陽一郎（二〇一二）「会社法制の見直しの動向と企業実務への影響」『会社法務A２Z』二〇一二年一一月号、第一法規、一四～一七頁を参考にして筆者作成。
（11）太田順司（二〇一四）「改正会社法と監査役制度」一七頁、平成二六年四月三日、監査役懇話会。

第10章　米国における独立社外取締役の構成比

1　はじめに

前章で、我が国における社外取締役導入と企業のパフォーマンスとの関係についての実証研究のいくつかを紹介したが、米国の場合以下に述べる如く、社外取締役が過半数を占める会社のほうが、社内取締役が過半数を占める会社よりも業績が良いという関係は見られなかった。但し、取締役会の構成と規模は、ＣＥＯの交代、企業買収の交渉、役員報酬の決定といった取締役会の判断の質に影響を与えるとの実証研究がある。また、不正会計防止との関係において、社外取締役の存在は有意な関係がみられる。

しかしながら、全ての会社について、取締役会の規模や構成とパーフォーマンスとの間の相関関係の有無を調べても余り意味がないように思う。むしろ、各企業の経営理念、目的、戦略等に照らして、最適な取締役会の規模・構成を考えるべきである。一方で、取締役会構成において、一人も独立社外取締役がいない場合の取締役会の決定に正当性があるのか疑問である。他方で、全員独立社外取締役である場合に、何が起るのかの事例研究として、コダックの経営破綻の事例を紹介しておきたい。

2　米国における社外取締役の起源

米国における社外取締役の起源については、一九六〇年代までは、ほとんど社会的関心事ではなかった。一九六五年にＮＹＳＥは全上場会社の取締役会に、最低二名以上の社外取締役を参加させることを上場規則でさだめていた(1)。第3章で述べた如く、一九七〇年に起こった米国最大（当時）の鉄道会社ペン・セントラルの倒産は、業務執行者による債務超過の隠蔽、違法配当、インサイダー取引が主因で、株主に甚大な経済的損失をもたらし、株主主権論に火をつけた。その結果、一九七七年ＮＹＳＥは社外取締役からなる監査委員会制度を導入した。

一九七四年にはＮＹＳＥ上場会社について、三人以上社外取締役がいる会社が九四％、七人以上いる会社が半数というデータもある。いわゆるモニタリング・モデルが提唱されたのはこの頃からである。一九八九年には社外取締役は八六％にまで上っている(2)。

3　米国における社外取締役の過半数の起源

先に述べた、一九七〇年に起こった米国最大（当時）の鉄道会社ペン・セントラルの倒産は、取締役会に期待できる法的役割は役員の選任・解任を基礎とする業務執行の監督と、これに付随する助言や基本的な経営計画の承認等であるとの結論を示した。Eisenbergは、このような監督機能に重点を置いた取締役会をモニタリング・モデルと称した(3)。

米国における社外取締役の過半数の起源は、一九七八年一月、有力な経営者団体である経営者円卓会議（Business Round Table）が公表した取締役の役割に関するステートメントで基本的にはモニタリング・モデルに沿った取締役会の役割を支持し、取締役会の構成員の過半数が社外取締役により構成されることが望ましいとした。また、同年に、アメリカ法曹協会（American Bar Association）の会社・金融および事業法小委員会が、取締役も職務遂行のガイドラインにおいても、同様の傾向が見られる。これは、経営に関与しない取締役が取締役会の過半数を構成すべきことを奨励するとした(4)。何故、その全員ではなく過半数を社外取締役が構成すべきとしたのか、その理由について次のように説明している。

第一に、取締役会の過半数とした方が実務には受け入れやすいこと。

第二に、社外取締役を過半数とすることで、取締役会の経営者からの独立性の確保と、経営判断に有益な人材である社内取締役の採用の双方を実現でき、結果として、各企業が自社に適した取締役会を構成し、その機能を充実化できること。

第三に、役員を兼任する社内取締役を取締役会に参加させることで、重要な経営問題を取締役会で議論する機会が増え、取締役会の活性化が期待できるという(5)。

4　米国における社外取締役と企業価値に関する実証研究(6)

① 社外取締役が取締役会に占める割合と会社の業績との関係を測定したところ、社外取締役が過半数を占める会社のほうが、社内取締役が過半数を占める会社よりも業績が良いという関係は見られなかった（Bhagat & Black：*The Uncertain Relationship Between Board Composition and Firm Performance*, 1999, p.63, pp. 942-944）。

② 取締役会の規模は会社の業績に関係するが、その構成は関係ない。

③ 取締役会の構成と規模は、ＣＥＯの交代、企業買収の交渉、ポイゾン・ピルの採用、役員報酬の決定といった取締役会の判断の質に影響を与える（右記②と③は Benjamin E. Hermalin & Michel S. Weibach：*Boards of Directors as an Endogenously Determined Institution: A Survey of the Economic Literature*, 2003）。

④ 会社の業績が悪化した場合にＣＥＯが更迭される可能性と社外取締役が過半数を占める取締役会は有意の関係が見られる（Michel S. Weibach：*Outside Directors and CEO turnover*, 1988）。

⑤ ポイゾン・ピルの採用と社外取締役の構成比率は何の関係もない（Paul Mallette & Karen L. Fowler：*Effects of Board Composition and Stock Owenersip on the Adoption of "poison Pills"*, 1992）。

⑥　役員報酬の決定に関しても、社外取締役の構成比率が高い会社の方が、ＣＥＯおよび役員の報酬はより高額になる傾向がある（Bhagat & Black：*supra note*, p. 63, 931）。

5　米国における社外取締役と不正会計に関する実証研究

利益操作や会計不正の抑制においても、独立取締役が有効な機能を果たすと指摘されている。Klein（2002）は社外取締役が取締役会の過半数を占める企業では超過裁量会計発生高が低いことを示し、Xie et al.（2003）は独立的かつ上場企業での執行役員経験のある取締役の割合が超過裁量会計発生高と負の関係にあることを指摘している。Cornett et al.（2009）は銀行を対象に、独立取締役割合が高くなるほど利益操作が小さくなることを示している。また、Beasley（1996）は会計不正を行った企業はそうでない企業に比べて社外取締役比割合が低いこと、Agrawal and Chadeha（2005）は修正決算報告（restatement）を行った企業にはファイナンスの専門知識を持った独立取締役が少ないことを示している(7)。

6　NYSEのコーポレート・ガバナンス動向

①　コーポレート・ガバナンスのルール

上場会社の取締役の過半数は、独立取締役でなければならない。（§303A.01）
これは取締役会による監督の質を高め、損害をもたらす利益相反の可能性を減少させるためである。

② 独立性の要件について（§303A.02）[8]

(イ) 取締役が直接、パートナー、株主または上場企業と関係を持つ組織の役員として上場企業と重要な関係を持たないことを取締役会は積極的に判断することなしに、いかなる取締役も社外取締役とはされない。

(ロ) 詳細、図表10－1 Final NYSE Corporate Governance Rules を参照。

③ 非業務執行役員による定期会合（§303A.03）

モニタリング機能強化のため、非業務執行役員（Non-management director）は、経営者を除いて、定期的に会合を持たなくてはならない。これには業務執行役員でない全ての取締役をいい、独立してない取締役を含むため、これに代えて独立取締役のみからなる会合を選択することも可能とされる。[9]

④ コーポレート・ガバナンスのガイドライン（§303A.09）

(イ) コーポレート・ガバナンス・ガイドラインの制定と開示が要求されている。これには、取締役の資格基準、取締役の責任、取締役の経営者及び、必要な場合には、独立したアドバイザーへのアクセス、取締役の報酬、取締役のオリエンテーションおよび継続的な教育、経営者の承継、取

図表 10-1　Final NYSE Corporate Governance Rules

社外性	・雇用関係が過去３年間にはない（近親者については上級執行役員）
企業集団	・当規則において上場会社とは，全ての親会社および連結会社を含む
取引関係	・年間 100 万ドルまたは連結売上高が 2% 超の取引先役職員ではない
報酬関係	・役員報酬などを除き，年間 10 万ドル以上を過去３年間得ていない（近親者については上級執行役員） ・自身が役員を現在または過去３年間に就任していた会社の報酬委員を，上場会社の役員が務めていない
監査人	・上場会社の監査人役職員でない（近親者が監査人の従業員である場合，監査業務に従事してない） ・上場会社における直接の監査業務に，過去３年間は従事してない
親族関係	・上記いずれの項目も近親者を含める

締役会のパフォーマンスの年次評価等である。[10]

(ロ) 少なくとも四分の三以上の独立取締役が望ましい。

（ＣＥＯと副ＣＥＯは取締役メンバーになること可能）

⑤ 取締役会構成において、「ＣＥＯ＋全員独立取締役」の場合は弊害を生むことがある。事業ポートフォリオ戦略上、数名の社内取締役が入ることが望ましい（NYSE Commission on Corporate Governance Report : 2010）。この「ＣＥＯ＋全員独立取締役」が九〇％[11]近い米国企業で採用された理由について、CalPERS等の機関投資家が推奨した以外に、訴訟リスクの軽減があるという（川口：二〇一三）。即ち、株主代表訴訟において、取締役会は、特別訴訟委員会（special litigation committee）を設け、当該訴訟が会社の最善の利益に反すると判断する時は、訴えの却下を申し立てることができる。但し、裁判所は、委員会が独立且つ誠実に行為し、合理的な調査を行ったかを判断し、委員会の独立性が証明されない場合に限って、独自の経営判断を適用して、委員会の判断内容を検討

する。即ち、取締役会が作る特別訴訟委員会メンバーを全員独立社外取締役にしておく必要性が存在したといえる[12]（傍線部は筆者挿入）。

また、企業買収において、裁判上、社外取締役の役割が重視されるようになった。一九八五年、グリーン・メーラー（濫用的買収者）として有名なブーン・ピケンズ氏が石油大手のユノカル（Unocal）社に対し、傘下のメサ社を通じて敵対的ＴＯＢを仕掛けた事件では、ユノカルの取締役会は、メサ社を除く全株主を対象に自社株のＴＯＢを開始したところ、ピケンズ氏が差別的として差し止めを求めた裁判で、デラウエア州の最高裁は保身ではなく株主利益のためであることを取締役が立証する責任があるとした。その際のポイントとして、①敵対的買収が対象会社の経営や効率性に対して脅威であることの合理的根拠、②防衛策の内容が脅威との関係で相当なものであること（過剰でないこと）、の二点を示している。さらに、過半数の社外取締役で構成される取締役会の承認があれば、その立証が相当程度高められるとされた。

7　ＮＹＳＥのコーポレート・ガバナンス委員会報告（NYSE Commission on Corporate Governance Report：2010）

既報告の通り、エンロン・ワールドコム・リーマンを含む、二〇〇〇年からのコーポレート・ガバナンスの変遷・反省から一〇の提言を纏めた。その内、重要な三点を以下に再掲する。

①　取締役会の基本目的は株主価値の長期的・持続的拡大を目標にすべきで、過度の役員報酬に刺激された risk-taking は厳に慎むべきである。

②　健全なコーポレート・ガバナンス確立の成功の鍵は「Integrity を持った企業風土を末端まで醸成させよう」とする経営者責任の自覚にある。

③　取締役構成は独立性（社外）と非独立性（社内）の適切なバランスを取るべきで、「ＣＥＯプラス全員社外取締役」をＮＹＳＥの規則は強制してない。

8　我が国の取締役会構成について

「社外取締役の選任に関する最新動向と留意点」（『商事法務』No. 2027、太田・森本、一二頁）によると、「近時は、モニタリング・モデルの考え方が世界的にも支配的になっており、社外取締役を選任することで、経営の効率性と公平性の確保につき、実効的なモニタリングの実施が期待できるといわれている。そして、モニタリング機能の究極の目的が、経営者が法令または定款に違反する行為を行ったり、あるいは経営のパフォーマンスが悪い場合において、当該経営者を解任することにあることに照らすと、モニタリング・モデルの下では、社外取締役を複数選任することが望ましく、究極的には、社外取締役が取締役会の過半数を占め、社外取締役の意思のみで代表取締役ないし代表執行役を解職できることが望ましいことになる」（中略）「経済同友会も、二〇一三年一〇月二八日に、『上場規則を通じた複数独立取締役の選任を強制するために、必要な政省令やガイドライン等の策定を含めた適切かつ実効的措置を講ずる方向を明確化されることを求める』との声明を公表している」と述べている。

先に紹介した、ＪＰＸ日経インデックス四〇〇でも複数の独立した社外取締役の選任、ＲＯＥの高さ、ＩＦＲＳの採用の有無を銘柄選定の加点評価項目としている。これらの動向は歓迎されるべきことである。

今後は、
① 複数の社外独立取締役選任、望むべくは過半数
② 取締役としての倫理観等の資質を高める、ないしそのような人材の養成
③ 取締役会構成における多様性・異質性
等が求められる段階に入ってきたといえよう。

次に、企業行動原則の前文に株主中心主義を採用したコダックはＣＥＯを外部から招聘し、その他の全役員を社外取締役にした、全員アウトサイダーシステム（早大の宮島教授の呼称）を、延べ一六年間採用した。この結果何が起ったのかを見てみよう。やはり『過ぎたるは猶及ばざるが如し』の例である。

注
（1） 川口幸美（二〇〇四）『社外取締役とコーポレート・ガバナンス』三九頁。
（2） 若林泰伸（二〇一四）「アメリカにおける非業務執行役員と取締役会の監査機能」『月刊監査役』No. 624、

一三八頁。

（3）川口幸美（二〇〇四）『社外取締役とコーポレート・ガバナンス』三四頁。

（4）川口幸美（二〇〇四）『社外取締役とコーポレート・ガバナンス』四〇頁。

（5）川口幸美（二〇〇四）『社外取締役とコーポレート・ガバナンス』三五頁。

（6）川口幸美（二〇〇四）『社外取締役とコーポレート・ガバナンス』五〇～五三頁。

（7）内田（二〇一三）「日本企業の取締役会の進化と国際的特徴」『商事法務』No. 2007、四三頁。

（8）若林泰伸（二〇一四）「アメリカにおける非業務執行役員と取締役会の監査機能」『月刊監査役』No. 624、一〇九～一五六頁及びNYSE company manualの訳、ＮＹＳＥ・ＬＳＥ上場規則よりＤＩＲ経営戦略研究所が作成したもの等を参考にして著者が作成。

（9）同右、一四〇～一四一頁。

（10）同右、一二〇頁。

（11）Hwang and Kim（2009）は、米国企業の八七％がいわゆる独立的な取締役会を有している一方で、社会的な意味でも独立的な取締役会を有している企業は六二％にすぎないと指摘している。

（12）川口幸美（二〇一三）『日米の社外取締役制度について』七頁。

第11章　フィルムの巨人コダック社（Eastman Kodak）凋落の真因

1　はじめに

一八八〇年、ジョージ・イーストマン（George Eastman）が創業。一八八八年、力強くシャープな感じがすると同時に、ジョージのお気に入りでもあった「K」でスタートするKODAKなる社名と黄色のマークを使用した。経営理念として、「妥協のない Integrity、企業化精神（Entrepreneurship）、人間尊重、従業員尊重等」をもち、研究開発とマーケティング（特に、低コスト大量販売、国際販売、大規模広告、お客様重視）に尽力すると共に従業員思いであり、株式の一部を無償譲渡したり、従業員教育・研修に力を入れた。

一九三五年に世界初のカラーフィルムを発売し、世界を席巻したコダックは、ピーク時（一九九六年、売上高約一六〇億ドル、一九九九年、利益二五億ドルがピーク）株式時価総額は四兆円を超えていた。しかしながら、利益の過半を稼いでいた写真感光材料事業の総需要は、日本（フォトマーケット調べ）を始め先進国では一九九二年～一九九三年以降に順次ピークを打ち、以降下降局面に入る。ハイテク企業への脱皮を急いだが、次の理由により成功しなかった。

2　研究開発力は抜群であったが、事業開発力がなかった

(1)　デジタルカメラの失敗

一九三五年に世界初のカラーフィルムを発売し、世界を席巻したコダックは、その四〇年後の一九七五年には世界初のデジタルカメラを開発し、将来に対し磐石にみえた。とは申せその時のデジタルカメラはトースター並みの大きさでとてもカメラと言う代物ではなかった。本格的なデジタルカメラはその六年後の一九八一年にソニーが発表したマビカであった。コダックが一時的に成功したのは、二〇〇一年発売したEasyShare System（ドック式コンパクトデジタルカメラ、キャッチ・フレーズが『あなたはボタンを押すだけ、後はコダックが全部やります』）で、カメラは少々大きいが、撮影後、置かれたドックに付いているボタンを押せばパソコンを介して（一枚のソフトをPCに入れる）映像がコダック・ギャラリーにオンラインで飛び、全米にあるプリント申込者の住所の最寄りの現像所から申込者にメールオーダーでプリントが返送されて来るビジネス・モデルを構築した。これはカメラの販売利益とデジタルプリントの利益の囲い込みという意味で成功であった。しかし、日本の一眼五社（キヤノン、ニコン、ソニー、オリンパス。ペンタックス）の技術進歩についていけずやがて衰退していく。特に、近年、デジタルカメラ（約一億台／年）のマーケット市場にスマートフォンやタブレット型PC

（約一〇億台／年）が侵入し、コンパクトデジタルカメラは激減し、遂に、コダックは二〇一二年二月にデジタルカメラから事業撤退した。

(2) 有機EL事業の売却

一九八七年には有機ＥＬ発光素子を二人の技術者が開発した。有機ＥＬはスマートフォン、タブレット型ＰＣ等の用途において、液晶部材事業に取って代わる未来技術である。将来の飯の種の事業部と知的財産権を韓国ＬＧ社に約五〇〇億円で二〇一〇年に売却した。貧すれば鈍するとはこのことか。

(3) インクジェット・プリンター事業の失敗

ＨＰ社から招聘されたアントニオ・ペレツ（Antonio Perez）は二〇〇三年以降、新規にインクジェット・プリンター事業に乗り出す。彼はそのためにＨＰ社から、当時のコダックの取締役会の決定により招聘されている。ＨＰからの数十人の技術者も引き抜いたといわれている。そのため業務用のインクジェット・プリンターのヘッドには特徴があったといわれる。しかしながら、世界の家庭用プリンター市場（台数シェア）はＨＰ、キヤノン、セイコーエプソンで八九・四％（カートナー：二〇一一）を占める岩盤のような知的財産権と販売網に阻害されて、八年間かかっても僅か二・三％しか、マーケット・シェアをとれず、最大の赤字事業となる。何故この様な難しい事業分野への市場参入を決めたのか、また、その後、医療機器システム事業や有機ＥＬ事業を売却して得た原資をこの事業に投資し続け

図表11-1　コダックの10年間の年平均売上高人件費比率

	2001年	2005年	2009年	2011年
人員	75,100	54,800	24,400	18,800
売上高人件費比率	28.9%	31.0%	22.7%	21.7%

たのかが不思議であるが、因みに、当時の取締役会メンバーには社内取締役が一人もいなかったし、社外取締役には既存事業のわかる方がいなかった。即ち、取締役会構成の失敗である。

3　コスト管理不在・資金力不足

①　ピークの一九八八年には一四万五〇〇〇人いた従業員は、一九九七年に一万九〇〇〇人のリストラを行い、その後も人減らしを行ったが、高い人件費水準が直らなかった（二〇〇一年～二〇一〇年、一〇年間の年平均売上高人件費比率二九％は驚くべき水準である）。（図表11－1参照）

②　経費管理の甘さ。（隆盛時、一般従業員もファーストクラスに乗れた。）

③　コダックは、一九九五年頃は約一兆円近い自己資本を保有していたが、次頁の表の左に隠れているが、内部留保より株主還元を優先し、一九九五年前後から～二〇〇〇年の六年間に六〇〇〇億円の自社株購入により財政的基盤を著しく脆弱にした。債務超過の最大の要因の一つとなる。

「フィルムの巨人」「先駆者のおごり」が全社意識改革を鈍らせたのではないか。取締役会や経営トップに身命を賭して、何が何でも意識改革・コスト改革を

図表 11-2　コダック対富士フイルムの資本政策の比較

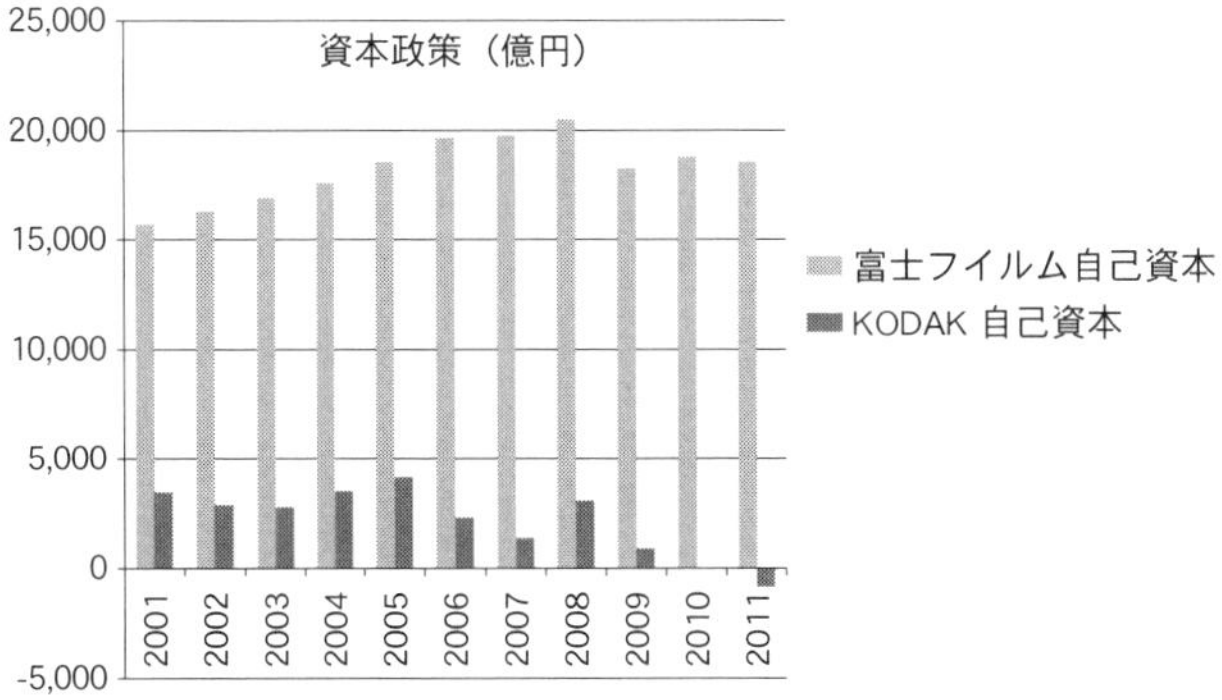

やりぬくとの気概が見られなかった。また、しばらくの間、株主には我慢していただいて、財務体質の健全化を優先する方策を採らなかった。取締役会の不作為・機能不全といわれてもしかたがない。

4　救世主として、ハイテク企業から招聘したCEO（二名、延べ一六年間在籍）は成功だったのか？

①　一九九三年モートローラから日米構造協議で名を成したジョージ・フィッシャー（George Fisher）を招聘

(イ)　一九九三年、コダックの取締役会が、日米構造協議（通信分野）で名を成したジョージ・フィッシャーを招聘した段階から、彼らは市場における健全な競争ではなく、何か別の方法・手段で競いかけてくるであろうことは想像に難くなかった。果たせるかな、一九九五年、コダックと米国USTRは「日本政府はFujifilm（FF）の組織的反競争行為を看過した」との理由で米通商法三〇一条を発動した。これに対しＦＦは「歴史の改ざん」（六〇〇頁）なる反論書を発表するなど懸命な努力の結果、訴状に書かれていた事実関係が殆ど虚偽であることを立証した。その後、世界貿易機関（ＷＴＯ）に場を移して争ってきた日米フィルム紛争において、ＦＦは三年後の一九九八年、勝訴した。ＦＦは勝訴したことを社外・社内とも報告会を実施せず、驕ることなく、粛々と対処したことは当時の経営トップ層の人徳を表していると評されている。(1)

(ロ)　次にフィッシャーが行ったことは、一九九四年、六年前の一九八八年に約五〇〇〇億円で買収した医薬品会社 Stering Drug 社を、ばらばらにしてバイエル等に売却した。その理由は、債務の返済と写真事業への選択と集中を進めるためであった。既に先進国では写真事業のピーク（日本における写真感光材料の総需のピークは一九九二～一九九三年、レンズ付フィルムを含むカラーロールフィルムの国内出荷量のピークは一九九七年、出典：フォトマーケット）は見えていたこの時期に、写真事業の利益率が未だ若干高いだけの理由で、写真事業に回帰することを認めたコダックの取締役会には、既存事業が分る人材が一人もいなかった。しかも、ＣＥＯをはじめ全員社外出身の取締役で構成されていた。

(ハ)　一九九七～一九九九年、複写機メーカーのキヤノンやリコー等の日本企業の高品質・低価格攻勢に、音を上げた Kodak は、一九七五年から二〇年以上続けてきた複写機事業の営業・サービス部門を一九九七年、ダンカ・ビジネス・システムに、また、工場を一九九九年、ハイデルベルグに売却した（一方、同様の経営環境から二年連続赤字となった米国ゼロックス社（Xerox Corp.）は独自改革を進め default の淵から甦ることとなる―後述）。

(ニ) 前述の如く一九九五年前後～二〇〇〇年、複写機事業等の売却代金約六〇〇〇億円を六年間に亘って、自社株買いに使用し、株主は喜ばせたが、財務体質を著しく弱体化させた（株主中心主義の弊害―後述）。

② 二〇〇三年、HP社からアントニオ・ペレツ（Antonio Perez）を招聘（経営破綻するまで九年間在籍）

(イ) 前述の如く、二〇〇三年以降、IJプリンター事業に参入したが大幅なる赤字事業となる。

(ロ) 二〇〇四年、Digital Scitex Printing 社とジョイント・ベンチャー（J／V）を作る。

二〇〇五年、J／VのKODAK Polychrome Graphics 社を一〇〇％買収、Creo 社も買収し、印刷事業の基盤を固める。

(ハ) 二〇〇七年、順調に運営されていた医療機器システム事業をカナダのファンドケア・ストリーム社に売却（約二〇〇〇億円）。

(ニ) 二〇一〇年、前述の如く、有機EL事業部と特許を韓国LG電子に売却（約五〇〇億円）（注：液晶パネル事業でLGは二〇一二年トップシェアとなる）。

(ホ) 二〇一二年一月一九日、米連邦破産法一一条の適用を申請した。

5　コダックと富士フイルムとの真逆の意思決定事例

次頁二図表（図表11－3、4）は富士フイルムとの比較において、コダックの取締役会の意思決定が複写機事業、医療事業、液晶部材事業（有機ＥＬ事業）において真逆の決定をしていることを示している。即ち、

①　一九九七～一九九九年、キヤノン、リコー等の低コスト・高品質製品攻勢に押されたコダックは苦し紛れに複写機事業をハイデルベルグ（工場）とダンカ（営業部門とサービス部門）に売却したが、富士フイルムは二〇〇一年にそれまで米国ゼロックス社（Xerox Corp.）と五〇：五〇のジョイント・ベンチャー（Ｊ／Ｖ）であった富士ゼロックスの株式の二五％を買い増し、七五％まで取得し、経営のリーダーシップを執ると共に、連結子会社化することができた。現在この事業が富士フイルムホールディングスの営業利益の約六〇％（二〇一三年度第３四半期報告書、四二頁）を稼いでいる。また、

②　医療事業については、コダックが一九九四年に医薬品事業を、また二〇〇七年には、医療機器システム事業をともに売却したが、富士フイルムは逆に二〇〇八年に富山化学を、その後もソノサイト等の買収に買収をかさねている。二〇一四年三月二四日、医薬新製品、坑インフルエンザウイルス薬（アビカン、Ｔ－７０５）の販売承認をやっと取得した。

図表 11-3　コダック対富士フイルムの売上高比較

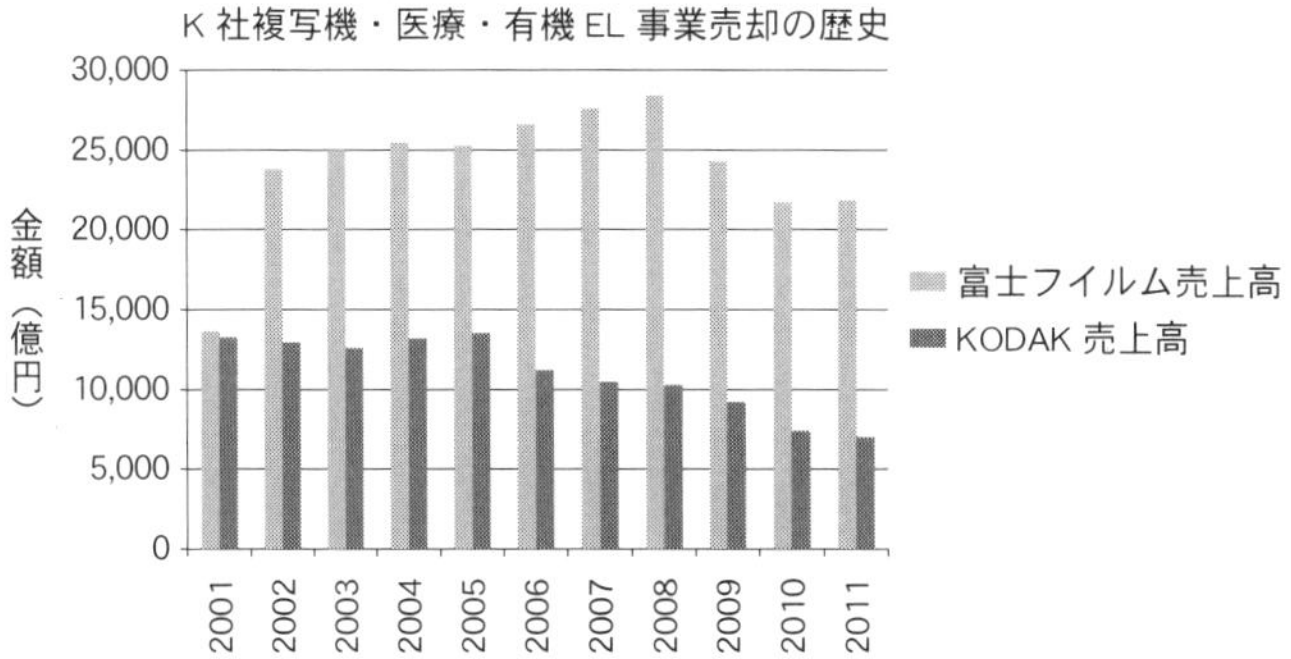

③　液晶部材事業についても、コダックは二〇一〇年、将来液晶部材に取って代わると期待された有機ＥＬ事業部とその知的財産権を韓国のＬＧ電子に売却したが、富士フイルムは、液晶部材事業について、一九五八年にＴＡＣフィルム「フジタック」を発売、一九九六年に視野角拡大（ＷＶ：ワイドビュー）フィルムを発売した。技術系経営陣の先見性により、しっかり育て上げられてきた。

その後、静岡県の吉田工場や九州の熊本工場に生産展開する礎を提供した。また、この事業は長期にわたって漸減していった写真感光材料事業の利益を補填してきた。富士フイルムは写真事業で培ってきた技術に新規のテクノロジーを加え、貪欲に周辺事業を拡大しつつある。一方、コダックは勝手知ったる事業を売却して得た資金を、主として二つのことに投資した。

(イ)　一九九五〜二〇〇〇年にかけて、複写機事業等の売却で得た代金を、事もあろうに、株主に自社株買いと言う形で還元した。

(ロ)　二〇〇三年以降、主として家庭用インクジェット・プリン

図表 11-4　コダック対富士フイルムの利益比較

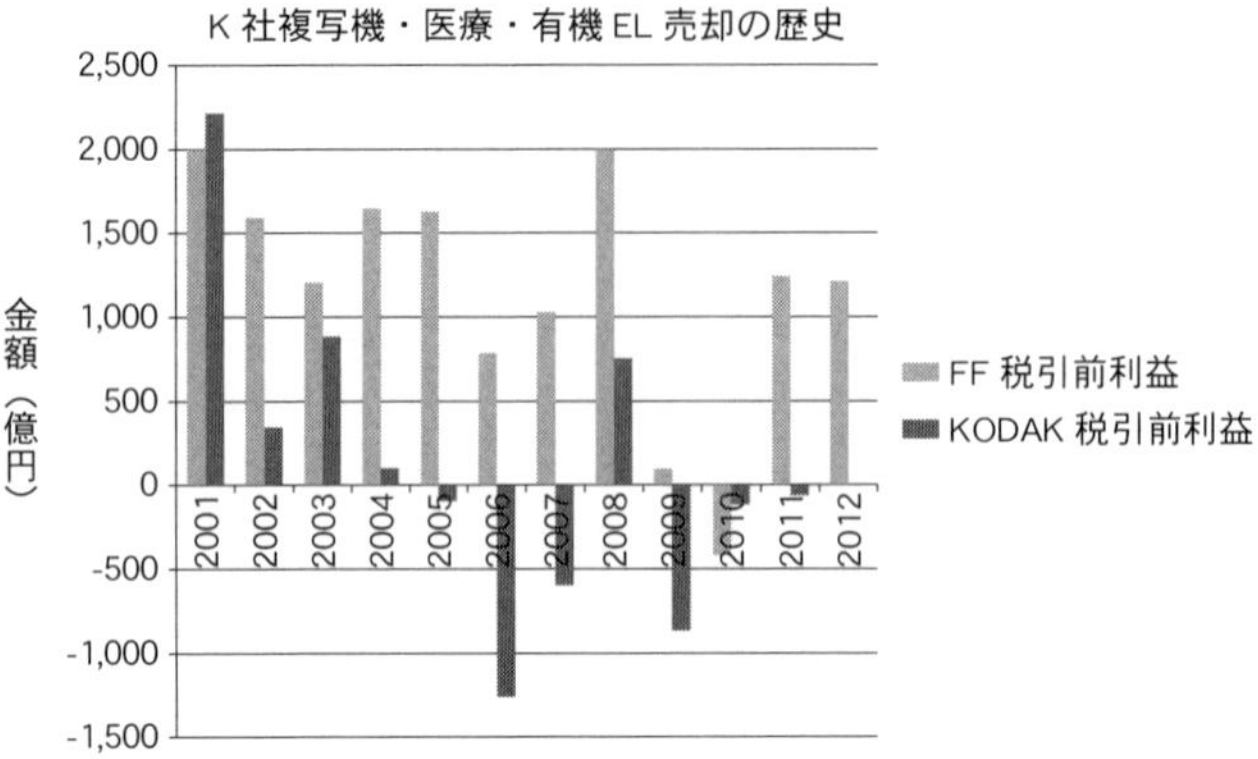

ター事業に投資した。しかしながら、キヤノンやリコー等の岩盤のような知的財産権や販売網の壁に阻害されて、八年かかっても二・三%しかマーケット・シェアを取れず、大きな赤字事業を作ってしまった。この意思決定の差はどこから来ているのであろうか。（8「コダックの経営破綻の真因」参照）

図表11―3の解説

二〇〇一年、富士フイルムは富士ゼロックスの株式の二五%を買い増し七五%とし、連結子会社化したため、二〇〇二年から売上高が連結対象になり、一気にコダックの売上高を凌ぐこととなる。一方コダックは医療機器事業を二〇〇七年に、また有機EL事業を二〇一〇年に売却し、ますます売上高は減少し、新規に進出したインクジェット・プリンター事業の売上高はなかなか伸張しなかった。

6　コダックの経営理念（The Kodak Value）と企業行動原則（Corporate Responsibility Principles）

コダックの経営理念には、人間尊重、妥協のない Integrity、企業家精神（Entrepreneurship）、従業員間の信頼、職場での継続的改善と研修、等創業者ジョージ・イーストマン（George Eastman）の基本的価値観が生きている。しかし、企業行動原則（Corporate Responsibility Principles）の前文にある株主中心主義の「良好な株主関係と株主価値向上」が責任序列のトップに来ている。この株主主権論は一九七〇年代のミルトン・フリードマンの影響を受け、コダックは一九九〇年代に、この企業行動原則の前文に挿入したものと見られる。その理由は、第3章の11のGMのところで、一九九三年～一九九四年に「企業統治憲章」が作られたことを示した。これを受けて、カリフォルニア洲の教職員企業年金団体のカルパースがこの憲章の採用を上場企業に求めたが、これに呼応して、一三二社が同種のものを作成したか作成中との記録がある。この中にコダックが入っている。因みに、GMの場合も、株主が責任序列のトップに来ている。

コダックの企業行動原則の本文は、①高い倫理基準の企業行動、②法令遵守、③環境遵守、④人権尊重、⑤機会均等、⑥雇用における Diversity の尊重等で、これはどこにでもあるような標準的なもので

図表 11-5　コダックの取締役会構成（2007 年の例）

(1) Antonio Perez—CEO（元 HP 副社長）		1人
(2) 他社の現・元 CEO/CFO 等		5人
① PPG	ガラス工業	
② Advanced Micro Devices	半導体	
③ MidOcean Partners	PE ファンド	
④ BET—media & entertainment（女性）	メディア	
⑤ Sprint Nextel	通信，携帯電話	
(3) 大学教授		2人
① MIT	Computer Science	
② CA 大学 Berkeley（女性）	economics	
(4) 元大使（南米）		1人

ある。⑥の「雇用における Diversity の尊重」は一九六〇年代の公民権運動の一環として、株主総会で指摘され、それまでの白人ばかりの採用基準を改め、企業行動原則に挿入したものである。

7　コーポレート・ガバナンス上の問題点

① 二〇〇七年の取締役会構成の状態は、合計九名、内、女性二名、黒人一名、平均在籍九年で、HP社から招聘したCEOのアントニオ・ペレツ（Antonio Perez）と八名の独立社外取締役で構成されていた。見ての通り、社内取締役が一人もいない。これで、既存の医療事業や有機EL事業の売却と、新規参入したIJプリンター事業との適切な比較検討等ができたのか疑問である。

② 独立社外取締役の専門性（Professional Diversity）においてコダックの既存事業が分かる専門家がいない。

③ 株主中心主義の弊害として、CEOと独立社外取締役に対する、インセンテイブは株式報酬が約七〇%を占める。少なくと

も独立社外取締役は現金による固定報酬であるべきである。また、株主優遇策として複写機事業等売却で得た約六〇〇〇億円を六年間にわたって自社株買いに使用し、財政基盤を弱体化させた。

8　コダックの経営破綻の真因

①　コダックの企業行動原則にある株主中心主義（ROE中心主義でもある）。
②　「外部招聘CEOプラス全員社外独立取締役」のアウトサイダーシステム（早大の宮島教授の命名）の全員社外取締役の取締役会構成。
③　その取締役会構成員の中に既存事業が分る取締役が存在しない。

という三条件が揃った場合、取締役会の意思決定は

(イ)　外部招聘CEOが自らの在任期間に業績を上げようとする短期業績主義に走り勝ちとなる（J・フィッシャーは医薬品事業を売却して、前途のない事業であることがはっきりしているのに、まだ比較的に高採算の写真事業へ安易に回帰したなど）。また、
(ロ)　ROE中心主義であるが故に、分母の自己資本を小さくしようとするため、やたらと自社株買い（J・フィッシャーによる約六〇〇〇億円の自社株買い）に走り財務基盤を著しく毀損することとなり、債務超過の一因となった。
(ハ)　取締役構成として、社内出身取締役が全くいない場合、経営基本方針設定、事業ポートフォリ

オ戦略、M&A戦略が適正にかつ真剣に議論できたか疑問である。

㈡　取締役会の監査委員会メンバーに、リスク・マネジメントの専門家や財務専門家（Financial Expert）等がバランスよくおり、財務状況を年々よくチェックし、経営が破綻する前に異議を唱える牽制者がいたか疑問である。

これ等の結果、コダックは経営破綻したといえる。従って、第3章の「まとめ」で述べた如く、エンロン、ワールドコム事件〜リーマン・ショック、GM事件までの約一〇年間の反省として、NYSEのコーポレート・ガバナンス委員会が二〇一〇年に纏めた〝Report of the NYSE Commission on Corporate Governance〟でいみじくも指摘をしている一〇項目の内、本件に関係する、下記三項目を示す。

① 取締役会の基本目的は、株主価値の長期的・持続的拡大を目標にすべきで、過度の役員報酬に刺激された risk-taking は厳に慎むべきである。

② 取締役構成は、独立性（社外）と非独立性（社内）の適切なバランスと多様性、専門性の確保をはかるべきで、「CEOプラス全員社外取締役」をNYSEの規則は強制してない。

③ 倫理観等を持ったCEOを戦略的に内部で養成するための succession plan の作成・実施が重要である。

③の理由は、ピーター・ドラッカーの教え子と自らいう、ジム・コリンズは『ビジョナリーカンパニー③衰退の五段階』一六〇〜一六一頁で、

「偉大な企業の構築と外部からのCEO招聘の間には、強い逆相関関係があることが分っている。今回、（彼が）分析対象とした衰退企業一一社の内八社は、衰退の過程で外部からCEOを招聘しているが、比較対象成功企業では対象期間に外部の人材をCEOに迎えたのは一社に過ぎなかった。（中略）良好な企業から偉大な企業への飛躍を指導した経営者の九〇％は社内から昇進している」と述べている。

注

（1）「時代のリーダー　大西實・富士写真フイルム会長」『日経ビジネスオンライン』二〇〇九年五月一四日。

第12章　多様性、専門性のある取締役会構成（Board Diversity）

1　はじめに

今後の課題として、さらにコーポレート・ガバナンスの強化を図る観点から、会社法改正案施行の二年後に、「社外取締役の義務付け再検討」の議論に加え、独立性の高い社外取締役の選任、将来的に複数の社外取締役の選任、多様性、専門性のある取締役会構成（Board Diversity）等が求められる。特に、米国のトップ・ダウン企業、及び我が国の高度成長期の企業においては、単一性や均質性が求められ、これに我が国独特の年功序列や終身雇用制が取締役会にまで持ち込まれ社長をトップにしたヒエラルキーができ「集団愚考の罠」にはまり、第二章で見たような社長解任劇に至ることになる。一方、今日のような複雑系の社会や環境変化が激しいグローバル時代には、異質性・多様性・国際性なくして国際的企業と世界で競争できなくなってきた。取締役会における女性の登用、専門家の登用、国際派の登用は避けて通れない。独立性とは取締役の一要素であり、専門的資格、経験、倫理観等の人格・資質、多様性、異質性等の様々な要素の組み合わせが取締役会構成（Board Diversity）として必要になる。

2　女性の登用（Gender Diversity）について

女性登用に関して、「機会の平等」の話しは沢山あるが、「結果の平等」を求めたのは、ノルウエーが最初である。高齢化から労働力が不足し、移民政策の緩和をとるか女性の活用を図るかの選択を迫られ、最終的に後者にしたとの背景があるといわれている。

(1)　機会の平等

① 女性が取締役（board member）へ上る場合、障害となる「ガラスの天井」が存在する。「Gender Bias（性差に基づく偏見や固定観念）の存在に疑問を呈することも、声を上げることもしない。その結果、不公平なシステムがいつまでも続く。これは男女両方の責任である」（Sheryl Sandberg：2013, p. 210）。女性も「一歩前にでる（Lean in）」昇進・昇格意欲を持たなければならない。

② 我が国の場合、M字カーブ（年齢別労働人口比率）の存在から三〇歳前後から四五歳前後の女性が結婚、出産、育児により離職してしまう。この間の夫の育児・家事への参加による支援、待機児童ゼロ化、等の企業や政府によるワークライフ・バランス施策は重要である。また、復帰後の女性の空白期間の取戻しや技能教育（女性の五五％が非正規雇用）・管理者教育（特に、リーダーシップ教育）を企業が率先しておこなうこと、それを政府が支援することが望まれる。

③　政府は「日本再興戦略」において、女性の役員・管理職への登用「二〇二〇年三〇％」の政府目標を掲げた。(1)

(イ)　企業における女性の活躍状況の「見える化」として上場企業の女性登用状況等の業種別一覧表を内閣府ＨＰに掲載（管理職・役員の女性比率、女性登用の目標、育休の取得者数、復帰率、残業時間、年休取得率など）

(ロ)　コーポレート・ガバナンス報告書への女性の活躍状況の記載促進

(ハ)　女性の活躍「見える化」について総理表彰の創設、企業への助成金制度や税制上の措置の活用。「経産省」と「東証」は二〇一四年三月三日、女性活用を業績向上につなげている「なでしこ銘柄」として、東レ、ニコン、ＫＤＤＩなど二六社を選定した。また、「経産省」は同日、多様な人材を活用する企業を表彰する「ダイバーシティ経営企業一〇〇選」を発表した。政府は公共工事の入札などで、女性活用企業を優遇する検討に入った。

(ニ)　育児休業中・復職後の能力アップに取り組む企業への助成制度の創設、男性の家事・育児等への参画促進、ワークライフ・バランスや労働生産性向上の観点からの労働時間法制の総合的議論、待機児童解消加速化プランの展開。

④　東レ経営研究所の試算によると、残業時間が月四〇時間以上の企業が残業ゼロになれば、「正社員に占める女性比率」は一八％から二七％に上昇する。さらに「子供を持つ正社員にしめる女性比率」は残業四〇時間以上では一〇％にとどまるが、ゼロになった場合は二〇％と二倍になるとい

う。女性活用の労働条件の整備が重要で、M字カーブの是正となる。既に、リコーや伊藤忠商事等が午後八時以降の残業禁止に踏み切ったことは画期的なことである。

(2) 結果の平等

① ノルウェーは二〇〇三年会社法を改正し、取締役の内、どちらかが四〇%以上にしなければならないとした。国営企業は二〇〇四年施行。民間上場会社は二〇〇八年までに達成しなければならないとしたが、上場廃止企業の増加、企業価値の低迷が見られた。[2]

② 二〇一三年一一月二〇日、欧州議会は欧州企業の役員会における男女比を改善するための欧州委員会法案（上場企業の非常勤役員に占める女性役員比率を二〇二〇年までに四〇%にすることを義務付けた）を可決した。因みに、二〇一二年一〇月のEU域内の女性取締役比率は一六・六%になっている。

③ 男女の平等度において、米二三位、日本一〇五位と言う調査がある。「世界一三六カ国の男女平等度合いを示す、ジェンダーギャップ指数二〇一三年版によると、米国の順位は二三位と日本の一〇五位を大きく引き離している。指数はスイスに本拠を置くシンクタンクの世界経済フォーラムが女性の地位を経済、教育、健康の四分野で分析したものである。[3]

我が国の労働人口は、一九九五年でピークを打ち減少傾向にある。二〇一三年約六六〇〇万人の労働人口は、内閣府の推計によると、二〇三〇年には約五七〇〇万人と一四％も落ち込むといわれている。大量移民は考えられず、真剣に女性活用を考えなくてはならなくなる。

3　専門家の登用（Professional Diversity）について

社外独立取締役のProfessional Diversityも重要である。新規事業・既存事業の分かる方、リスク・コンプライアンスの専門家、財務専門家（Financial Expert）等のバランスを取ること。女性の登用（Gender Diversity）においても経営専門性（経営リタラシー）を兼ね備えることが重要である。

4　国際派の登用（International Diversity）について

グローバル展開に伴う、リスクの多様性に適切に対応するため、国際派の登用（International Diversity）に配慮し、一九六〇年代までのKodakがそうであったように、米国人の白人だけで固めてはならない。

我が国においても、オリンパスがマイケル・ウッドフォードをCEOに迎えた途端に悪事が露見した。武田薬品がCEO含みでクリストファー・ウェバーCOOを迎えたことも良き結果が出ることに期待したい。

5　米国ゼロックス社（Xerox Corp.）の快挙

多様性、専門性のある取締役会構成（Board Diversity）の良き事例として米国ゼロックス社（Xerox Corp.）を紹介したい。

①　米国ゼロックス社の二年連続赤字

米国ゼロックス社は二〇〇〇年～二〇〇一年にかけて、キヤノンやリコー等の高品質・低価格の複写機攻勢に加え、効率化のために全支店にあった売掛金回収機能を本社に一元化したが、ソフトの混乱から正しい請求書が発行できなくなった。ユーザーは代金を支払わず、従って、正しい売上債権が計上できず、ＳＥＣから粉飾決算の嫌疑を掛けられ、何度も調査が行われ、株価は九二％下落、二年連続赤字決算となった。借入金は二〇〇一年一六七億ドル（約一・六兆円）と総資産の六〇％を超えた。逆に、先述の如く、コダックは日本勢の攻勢に複写機事業に見切りをつけ、ハイデルベルグ等に売却したが、米国ゼロックス社は倒産（Default）の淵から甦ることとなる。

②　女性ＣＥＯアン・マルケーヒー（An M. Mulcahy）による再生

二〇〇一年にＣＥＯに就任した、アン・マルケーヒーは当時フォーチュン五〇〇社の中でも珍しい女性ＣＥＯであった。彼女は経営理念を「カスタマー指向と従業員中心主義」に据えた。

彼女は経費節減や資金管理を強化するため、副社長（African-American 女性ウースラ・バーンズ

図表 12-1　米国ゼロックス社（Xerox Corp.）の取締役会構成

取締役会構成（2005年の例）	
1．CEOのアン・マルケーヒー（女性）以外全て社外取締役11名（内女性2人，有色人種2人）	
2．社外取締役11名の専門分野（Professional Diversity）	
(1)　他社の現・元CEO/CFO等	――9名
①　Time Warner Cable	――TV，インターネット
②　The Tompson Corp.	――情報サービス
③　Citizen Communications	――通信（女性）
④　Johnson & Johnson	――カスタマー・オリエンテッド
⑤　The Procter & Gamble Co.	――カスタマー・オリエンテッド
⑥　Deutsche Bank AG	――金融
⑦　人権保護団体（女性）	
⑧　弁護士	
⑨　投資家	
(2)　大学教授	――2名
①　ブラウン大学（海外政策）	
②　コネチカット大学（金融論）	

Ursula Burns, EVP）とCFOとTreasurer等に女性役員を配すると共に、カラー複写機のR&Dとマーケティングに力をいれ、二〇〇五年までの五年間に約一兆円の借入金を返済する。

③　米国ゼロックス社（Xerox Corp.）の取締役会構成（二〇〇五年）

二〇〇五年の取締役会構成はコダックと異なり、実に目的的なDiversityが見てとれる。将来の米国ゼロックス社は箱物販売から情報サービスに力を入れなくてはならないとして、TV、インターネット、情報サービス、通信分野からCEO等三人を社外取締役に入れ、大借金をしたため、金融に明るい方を二名、また、経営理念の一つをカスタマー・オリエンテッドに変更したため、この分野に詳しいJ&J（Johnson & Johnson）とP&G（The Procter & Gamble Co.）から元会長等二名を入れている。

④ African-American 女性CEOウースラ・バーンズ（Ursula Burns）の快挙

二〇〇九年にCEOに就任したウースラ・バーンズはフォーチュン五〇〇社で最初のAfrican-American 女性CEOで、且つ、The Most Powerful Women の一人に選ばれている。その理由は、アフィリエーテッド・コンピューター・サービシズ（ACS社：Business Process Outsourcing の会社）を六四億ドル（約五〇〇〇億円強）で買収（資金不足から約半分を株式交換とした）し、Business Process Outsourcing（オフィスの効率運営を支援する事務機管理受託やセキュリティを含む文書関連業を受託する事業）分野でキヤノン、リコーよりもワールドワイドで一歩先行した。その結果、米国ゼロックス社を売上高二・三兆円、税引前利益一五〇〇億円を毎年のようにコンスタントに実現する会社に導いた。

フォーチュン五〇〇社で女性トップは二一人の四％しかいない（『日本経済新聞』二〇一三年五月一一日「ガラスの天井を破る」）。何かを犠牲にしないと（例えば一生独身とか、子を産まないとか）トップになれない、そこには「ガラスの天井」があるといわれる。その中でAfrican-American 女性がCEOになれるのは、更に難しいといわれているが、彼女は夫もいるし二人の娘もいる。

二〇一二年、米国ゼロックス社の取締役会構成（Board Diversity）は一〇人中四人女性である。既に、米国にありながら、欧州委員会法案で示された目標の四〇％を達成している。執行役員三一人中一一人が女性（資金を扱う部門長は殆ど女性が占める――倒産の淵から甦る力となる）。

⑤ 女性の母性本能

米国ゼロックス CEO ウースラ・バーンズ
写真：ロイター／アフロ

英国 Leeds 大学の A. G. Wilson 教授の研究（一万七〇〇〇社対象）では、「少なくとも女性取締役が一人以上いる企業は経営破綻リスクを二〇％減らせる、三人に増えると更に減らせるとの分析がある」（The Sunday Times March 19, 2009）。

やはり、女性には、いざと言う時に母性本能としての個体保存本能が働くのであろう。これを文字通り実証したのが、米国ゼロックス社の女性ＣＥＯアン・マルケーヒー（An M. Mulcahy）であり、African-American 女性ＣＥＯウースラ・バーンズ（Ursula Burns）である。

６　第12章のまとめ

我が国においても、二〇一四年六月定時株主総会で初めて女性取締役議案を付議する会社を含めて、これまで、女性取締役を選任した、ないし選任予定の著名企業は、本田技研、三菱重工、日立、パナソニック、三菱ＵＦＪフィナンシャル・グループ、丸紅、オリンパス、ローソン、ブリヂストン、セブン&アイ・ホールディングス、ルネサンス、味の素、資生堂、三菱商事、りそなホールディングス、アステラス製薬、等である。しかし、内閣府男女共同参画局が二〇一四年二月六日付で公表した報告書において、上場会社二九九五社のうち、コーポレート・ガバナンス報告書において、取締役の女性が存する旨の記載があったのは四・一%（一二四社）に過ぎない。(4) 消費の約半分を女性が決めていることに鑑みると、まだまだ少ない状況である。ここに機会の平等の段階を越えて結果の平等を求める根拠がある。

注

（1）森まさこ女性活力・子育て支援担当大臣（二〇一四年一月二〇日）「日本再興戦略と女性役員登用への期待」日本コーポレート・ガバナンス・ネットワーク『新春シンポジュウム２０１４』参照。

（2）田中信弘（二〇一四）「ソフトローとしてのＣＳＲ国際規格の有効性」二〇一四年一月一一日、『日本経営倫理学会研究交流会報告』三七頁。

（3）『日本経済新聞』二〇一四年一月一九日「Ｗの未来～やればできる⑤」

（4）『商事法務』No. 2027、一三頁、及びProNed「２０１３年社外取締役・社外監査役白書」参照。

第４部　本筆者の意見・提案のまとめ

第13章　全体としての本筆者の意見・提案のまとめ

第1章で述べた如く、バーリ＝ミーンズは「経営者支配論、即ち、現代大企業はもはや株主＝会社所有者によって支配されているのではなく、所有者ならざる経営者によって支配されている」というあまりに衝撃的な主張を、アメリカ大企業二〇〇社の実証研究に基づいて行った。また、「所有者支配から経営者支配へ」という現象に伴う「支配の正当性（新しい支配者、経営者は正当な支配者か）」という支配の正当性論議に触れ、その原因として、経営者支配は、企業規模の大規模化、即ち、発行株式の増大が株式所有の分散化・流動化をもたらし、株主は支配力を失い、代わって経営者が支配力を持つようになったといわれている。

また、序章で触れた如く、我が国における、この経営者支配の問題は、平成二三年一月二六日に開催された「法制審部会」の第九回の第二読会で、「社外取締役の選任の義務化」に関し、「経団連」意見として、次のことが述べられた。即ち、

・社外取締役の選任の一律的な義務付けは各企業の規模・業種・業態に適したガバナンス体制の構築を制約する。社外取締役の選任の要否は各企業が自主的に判断すべき。
・法的に社外取締役の選任の義務付けるのなら、機能は社外取締役でなければ担うことができないとの明確な根拠が必要。
・監査役会設置会社において社外取締役の選任の義務付けは必要ない。

これに対して、上村委員（早大教授）の意見として、

・私はコーポレート・ガバナンスとは何ですかと言われたら経営権の根拠をいかに説明するかという話であろうと答える。あるいは会社支配の正統性の根拠とでもいおうか。
・ところが実際大事なことは選ばれた直後でも正当な理由なく解任されるし、実際はそのことが決定的な権威をもたらすわけでもない。むしろ、その後いろいろチェックを受け続けるわけで、その様々なプロセスの権威が大事。自分に対して牽制的な機能を持つガバナンス・システムの担い手たちが今、経営者を信任しているという事実こそが経営権の権威のよりどころだと思う。（中略）
・八丁地委員の（経団連―筆者補足）意見書を見ると、要するにガバナンスというのは企業が自主的に決めるものだとされている。つまり、自分たちの経営権の根拠がなにかという話ではなくて、根拠は俺たちで決めるのだ、といわれているように聞こえる。（中略）

・経営による会社支配を根拠付けるシステムとは何かを論ずることが大事なので、それを経営者が決めるんだという言い方で通用するのか。（中略）いざとなれば違法行為、不正行為があればチェックできる人たちが信任しているということ自体に権威のよりどころがあるのだと思う。
・日本企業は株主のうち法人が占める比重が非常に高い。循環的な持合いも相当残っている。個人は二割ぐらい。機関投資家も余り育ってない。そういう意味で、日本の企業は、欧米のような市民社会の目を意識した場合の社会的な正当性の根拠が著しく弱い。今のグローバルなマーケット・システムの下で資本市場を大いに活用していく時代に過去の法人中心社会の正当性はもう強調できなくなってきている。

との趣旨のことを述べられた。

このことが、我が国における経営者支配の正当性問題を如実に表している。問題の本質としては、議決権の空洞化により株主総会が不活発であり、社長が実質的に決めている取締役・監査役選任案が、株主総会で何の抵抗もなく承認されている現実がある。専ら、物言わぬ（『商事法務』No. 2020によると、株主提案に対する国内機関投資家の賛成率は僅か二・七％と殆ど無関心である）国内の金融機関（銀行、生・損保、信託会社等）や事業法人間の相互株式持合い株主（含む循環持合い）からなる安定株主の存在がある。『商事法務』No. 2010、二五頁の、平成二四年度「東証」他五大証券取引所の投資部門別株式保有状況によると、金融機関（含む都銀・地銀・信託銀行、「生損保」、証券会社）三〇・〇％、事業法人等二一・七％、合計五一・七％と過半数を占める、また、『商事法務』No. 2016、二〇一三年版「株主総会白書」七二頁にある、安定株主比率を五〇％以上保有している企業数が四七・七％を占めている。また、ほとんどの上場会社において、株主総会の定足数を定款で定めることによって、三分の一以上の出席者と、その過半数の賛成で、取締役選任議案が承認される道（特殊普通決議）があるために、経営者支配が株主総会支配にまで至っている場合がかなり多いと推定される。株主総会の機能不全である。「株主を含むステークホルダーや社会からの信認」ではなく「自らを自らが信認」していることになる。バーリのいう「会社権力の正当性は社会的合意（public consensus）によって判定されるべきである」やバーナードの「経営者支配の正当性論は社会的受容による授権という権限受容説」などどこ吹く風で「会社とは俺のもの」と思っているのではないのか。また、バーリの「会社の経営者や『支配者』の株主に対する受託義務が弱められるか、あるいは消滅したとき、彼等は事実上の絶対者となる」との予言が不幸にして当たってしまっているのが、我が国の現状ではないであろうか。したがって、

① 会社は社会の公器であるとの立場にたって、第7章の5の本書の提案である「会社における経営者支配の正当性付与の七条件」が可能な限り満たされること。

② 第5章の7で本書が提案している、一七項目からなる発行体企業が遵守すべき「日本版コーポレート・ガバナンス・コード案」が「東証」の上場規程として、規定される必要がある。なぜならば、日本版スチュワードシップコードの七原則の前に、本来は英国の「コーポレート・ガバナンス・コード」のように、「日本版コーポレート・ガバナンス・コード」があり、これに準拠して、

機関投資家が各社のガバナンスのあるべき姿を描き、行動規範として、各企業との「目的ある対話」を進め、そのコードとの差を開示することが望まれる。その根拠は、「国内外機関投資家の動機付けと企業業績向上についての実証研究」として、宮島・新田（二〇一一）は、「海外機関投資家による株式保有の進展が企業業績に与えた影響を検証するため、東京・大阪・名古屋の三取引所第一部に上場する非金融事業会社の一九九一年から二〇〇八年までの一八年間のデータに基づいて、ある年度の外国人投資家の株式保有比率が大きいほど、次年度の業績（標準化したＲＯＡやトービンのＱの計測）がより大きく改善するとの有意義な結果を得ている」と述べている。宮島論文はまた、「国内機関投資家の株式保有についても、同様に有意な業績押し上げ効果があること、これに対し、より伝統的な銀行・生命保険の株式保有は、逆に業績にマイナス効果を与えていると報告している」（『商事法務』No. 2007、三七頁）。

③　二〇〇九年六月、金融庁の金融審議会「我が国金融・資本市場の国際化に関するスタディグループ報告（案）―上場会社等のコーポレート・ガバナンスの強化に向けて―」八頁で「株式の持合について、資本や議決権の空洞化を招き、株主によりガバナンス機能を形骸化させる等の問題点が指摘されている」と述べている。また、奥村宏教授はこれを「支配権の盗奪」であると述べている。この「企業間の相互株式持合い」の制限として、本書が第7章の4で提言した「相互保有株式の議決権行使の制限（現状の上限二五％）」の強化（引き下げ）が幾らかでも進むこと。及び、

④　会社法改正案の国会承認（二〇一四年四月二五日衆議院を通過し、今国会で成立する見通しであ

る）と附則に付いた「社外取締役の義務化について、施行されてから二年後の見直し」及び「東証」上場規程の強化・充実が進むこと。

等によって、株主総会や証券市場が一段と活性化することに期待したい。

また、「社外取締役の選任に関する最新動向と留意点（『商事法務』No. 2027、太田・森本、一二頁）」によると、「近時は、モニタリング・モデルの考え方が世界的にも支配的になっており、社外取締役を選任することで、経営の効率性と公平性の確保につき、実効的なモニタリングの実施が期待できるといわれている。そして、モニタリング機能の究極の目的が、経営者が法令または定款に違反する行為を行ったり、あるいは経営のパフォーマンスが悪い場合において、当該経営者を解任することにあることに照らすと、モニタリング・モデルの下では、社外取締役を複数選任することが望ましく、究極的には、社外取締役が取締役会の過半数を占め、社外取締役の意思のみで代表取締役ないし代表執行役を解職できることが望ましいことになる」と述べている。また、日本取締役協会が、二〇一四年三月七日付けで「社外取締役・取締役会に期待される役割について」と題する提言を公表した。これはモニタリング・モデルを前提としており、我が国においてもモニタリング・モデルが定着しつつある。

したがって、今後は、

(イ)　複数の社外独立取締役選任、望むべくは過半数（ＨＯＹＡの如く、定款で取締役会の半数以上を社外取締役にすると規定する会社も現れた）

(ロ)　公私混交のようなモラル・ハザードを行わないように、経営者としての倫理観等の資質を高め

る、ないしそのような人材の養成

(ハ)　取締役会構成において独立性に加え多様性・異質性・専門性等が求められる段階に入ってきたといえよう。

「経団連」とは異なり、経済同友会は、二〇一三年一〇月二八日に、「上場規則を通じた複数独立取締役の選任を強制するために、必要な政省令やガイドライン等の策定を含めた適切かつ実効的措置を講ずる方向を明確化されることを求める」との声明を公表している。経済界も変化しつつある。

また、二〇一四年五月二三日、自民党の日本経済再生本部は「日本再生ビジョン」で、有識者会議が「東証」と金融庁による共同事務局としてのサポートを受け、ベストプラクティスの内容やＯＥＣＤ原則を踏まえたコーポレート・ガバナンス・コードの基本的考え方を今秋までにまとめると述べていることは歓迎すべきことである。

我が国の「資本主義の父」といわれた渋沢栄一は、『論語と算盤』で「富をなす根拠は何かといえば、仁義道徳。正しい道理の富でなければ、その富は完全に永続することができぬ」と永続的利益確保のためには、「正しい道理」の必要性を唱えている。これは稲森和夫の「心の経営システム」に通底した概念である。この言葉を、経営者支配の正当性付与の条件に追加しなくてはならないと思う。

参考文献

序章　経営者支配の正当性とは

ACGA（二〇〇八）"White Paper on C/G in Japan" ACGA
ACGA（二〇〇九）"Statement on C/G Reform in Japan" ACGA
ACGA（二〇一二）「法制審部会に対する提言書 "Letter"」ACGA
江頭憲治郎（二〇一一）『株式会社法』有斐閣
浜辺陽一郎（二〇〇七）『会社法はこれでいいのか』平凡社新書
法務省法制審議会会社法部会第一回〜二四回の資料・議事録・「中間試案」・「会社法改正要綱案」
カーティス・J・ミルハウプト編（二〇一一）『米国会社法』有斐閣
河本一郎他（二〇一一）『日本の会社法』商事法務
宮島英昭（二〇一一）『日本の企業統治』（斉藤卓爾の実証研究を含む）東洋経済新報社
中田常男（二〇一二）『株式会社と経営者支配』八朔社
落合誠一・大田洋（二〇一一）『会社法制見直しの論点』商事法務
田中亘他（二〇一一）『会社法』有斐閣
上村達男（二〇〇八）「企業法制の現状と課題」日本評論社

第1部　コーポレート・ガバナンスの基礎知識と事例研究・歴史

第1章　コーポレート・ガバナンスの基礎知識

青木昌彦（二〇一一）『コーポレーションの進化多様性』ＮＴＴ出版
藤田純孝（二〇一三）「日本のコーポレートガバナンス」日本ＣＦＯ協会理事長
藤田友敬（二〇一三）「株式保有構造と経営機構―日本企業のコーポレート・ガバナンス」『商事法務』No. 2007
H. Kent Baker and Ronald Anderson (2010) *Corporate Governance*, WILEY
浜辺陽一郎（二〇一二）「監査役のアイデンティティの再検証（上）（下）」『商事法務』No. 1967, 1968
平田光弘（二〇〇八）『経営者自己統治論』中央経済社
平田光弘（二〇〇二）「日米企業の不祥事とコーポレート・ガバナンス」経営論集五七号
菊池敏夫・平田光弘（二〇〇〇）『企業統治の国際比較』文眞堂
菊池敏夫・平田光弘・厚東偉介（二〇〇八）『企業の責任・統治・再生』文眞堂
伊丹敬之（二〇〇〇）『日本型コーポレートガバナンス－従業員主権企業の論理と改革』日本経済新聞社
伊丹敬之（二〇〇〇）『経営の未来を見誤るな』日本経済新聞社
伊丹敬之（二〇〇八）『経営の力学』東洋経済新報社
神田秀樹他（二〇一一）『コーポレート・ガバナンスの展望』中央経済社
勝部伸夫（二〇〇四）『コーポレート・ガバナンス論序説』文眞堂
加護野忠男（二〇一四）『経営はだれのものか』日本経済新聞出版社
加護野忠男・砂川伸幸・吉村典久（二〇一〇）『コーポレート・ガバナンスの経営学』有斐閣
久保利他（一九九八）『日本型コーポレート・ガバナンス』日刊工業新聞社
久保田章市（二〇一三）『二代目が潰す会社、伸ばす会社』日経プレミアシリーズ

菊澤研宗（二〇〇四）『比較コーポレート・ガバナンス論：組織の経済学アプローチ』有斐閣
熊谷謙一（二〇一一）『動き出すISO26000』日本生産性本部
久保利英明他（一九九八）『日本型コーポレート・ガバナンス』日刊工業新聞社
宮島英昭（二〇一一）『日本の企業統治』（斉藤卓爾の実証研究を含む）東洋経済新報社
水尾順一（二〇一三）『セルフ・ガバナンスの経営倫理』千倉書房
水尾順一・佐久間信夫（二〇一〇）『コーポレート・ガバナンスと企業倫理の国際比較』ミネルヴァ書房
日本経営倫理学会編（二〇〇八）『経営倫理用語辞典』白桃書房
日本取締役協会（二〇一一）『取締役会規則における独立取締役の選任基準モデル』日本取締役協会
日本コーポレート・ガバナンス・フォーラム編（二〇〇六）「ＯＥＣＤコーポレート・ガバナンス」明石書店
OECD Steering Group on C/G (2010), "Corporate Governance and the Financial Crisis," OECD
OECD Steering Group on C/G (2009), "The C/G Lessons from the Financial Crisis," OECD
落合誠一・大田洋（二〇一一）『会社法制見直しの論点』商事法務
佐久間信夫（二〇〇七）『コーポレート・ガバナンスの国際比較』税務経理協会
田中宏司（二〇一二）『国際規格ISO26000とＣＳＲ経営』日本経営倫理学会研究交流例会
田中亘（二〇一三）「日本のコーポレート・ガバナンスの課題」『月刊監査役』No. 612, 2013. 4. 25
田中正継（一九九八）『日本のコーポレート・ガバナンス』経済企画庁経済研究所
高巌（二〇一三）『ビジネスエシックス（企業倫理）』日本経済新聞出版社
高巌（二〇〇六）『誠実さを貫く経営』日本経済新聞社
高橋浩夫編（二〇〇九）『トップ・マネジメントの経営倫理』白桃書房
高橋俊夫（二〇〇六）『コーポレート・ガバナンスの国際比較』中央経済社
高橋俊夫（二〇〇六）『株式会社とは何か』中央経済社

東京証券取引所上場部（二〇一〇）『東証の上場制度整備の解説』商事法務
吉村典久（二〇一二）『会社を支配するのは誰か』講談社選書メチエ
吉川吉衛（二〇〇七）「企業リスクマネジメント」中央経済社
ウィキペディア（Wikipedia）「渋沢栄一」

第2章　川崎重工等における社長解任事件の取締役会決議の正当性

有森隆（二〇一〇）『日銀エリートの挫折と転落―木村剛「天、我に味方せず」』講談社
福川裕徳（二〇一三）「オリンパスの事例にみる公認会計士監査及び監査役監査の役割と限界」如水会監査役懇話会講演資料
今井祐（二〇一四）「日本航空（JAL）の再建に見る、経営者稲盛和夫の経営哲学の学問的考察」日本経営倫理学会予稿集所収
井上泉（二〇一三）「オリンパス事件における統制環境の崩壊」日本経営倫理学会誌第二〇号所収
川崎重工㈱（二〇一三）「川崎重工グループの経営計画」川崎重工㈱
川崎重工㈱（二〇一三）「平成二四年度　有価証券報告書」川崎重工㈱
木村剛（二〇〇二）『日本資本主義の哲学』PHP研究所
木村剛（二〇〇三）『金融維新』アスコム
河村貢（一九八五）『解任、三越顧問弁護士の証言』講談社
久保克行（二〇一一）『コーポレート・ガバナンス、経営者の交代と報酬はどうあるべきか』日本経済新聞出版社
町田徹（二〇一二）『JAL再建の真実―再上場の功罪を問う』講談社現代新書
三品和弘（二〇〇四）『戦略不全の論理』東洋経済新報社
三品和弘（二〇〇七）『戦略不全の因果』東洋経済新報社

三品和弘（二〇〇七）『どうする日本企業』東洋経済新報社
森功（二〇一〇）『腐った翼』幻冬舎
日本航空グループ2010（二〇一〇）『JAL崩壊』文春新書
日本航空（二〇〇二〜二〇一二）「有価証券報告書」八冊、日本航空
「株主置き去りの社長解任劇」『NIKKEI BUSINESS』二〇一三年六月二四日
「解任劇の真相を話そう」『NIKKEI BUSINESS』二〇一一年一〇月三一日
「オリンパス、なお残る疑問と謎」『NIKKEI BUSINESS』二〇一一年一一月七日
「ウッドフォード氏、持ち合い批判」『NIKKEI BUSINESS』二〇一一年一二月五日
「巨額損失、苦闘の六ヶ月」『NIKKEI BUSINESS』二〇一二年四月一六日
岡田茂（一九八四）『なぜだ!!』徳間書店
オリンパス（二〇一一〜二〇〇〇）「有価証券報告書」一二冊、オリンパス株式会社
オリンパス第三者委員会（二〇一一）「オリンパス第三者委員会調査報告書」
オリンパス取締役責任委員会調査報告書二〇一二年一月八日（添付資料を含む）
大鹿靖明（二〇一〇）『墜ちた翼—ドキュメントJAL倒産』朝日新聞出版
大橋和成（二〇一三）「取締役会運営の法律問題」二重橋法律事務所、二〇一三年一〇月一六日、日本コーポレート・
ガバナンス・ネットワーク講演資料
『PRESIDENT』（二〇一三）「稲盛和夫の叱り方」二〇一三年三月一八日号、プレジデント社
『PRESIDENT』（二〇〇九）「なぜGMは倒産を回避できなかったのか」二〇〇九年一〇月五日号、プレジデント社
整理回収機構（二〇一一）「日本振興銀行役員責任追及訴訟について」㈱整理回収機構
週刊新潮（二〇一三）［特集］「川崎重工クーデター」『週刊新潮』二〇一三年六月二七日号
『週刊ダイヤモンド』「ニュース&アナリシス」二〇一一年一〇月二九日

斎藤憲（二〇〇七）『企業不祥事辞典』日外選書
杉浦一機（二〇一〇）『ＪＡＬ再建の行方』草思社
三洋電機（二〇〇二〜二〇〇八）「有価証券報告書」七冊、三洋電機株式会社
高橋篤史（二〇一一）『凋落』東洋経済新報社
坪井伸広・大内雅利・小田切徳美（二〇〇九）『現代のむら』農文協
吉村典久（二〇一二）『会社を支配するのは誰か』講談社選書メチエ
梅津光弘（二〇〇四）『ビジネス倫理学』丸善
ウィキペディア（Wikipedia）「オリンパス事件」及び「木村剛」
ウイキペディア（Wikipedia）「日本振興銀行」及び「木村剛」
ウイキペディア（Wikipedia）「三越」及び「岡田茂」
ウイキペディア（Wikipedia）「ゼネラルモーターズ」

第３章　米国のコーポレート・ガバナンス

アンドリュウ・ロス・ソーキン（二〇一〇）『リーマンショック・コンフィデンシャル（上・下）』早川書房
出見世信之（二〇一二）「企業不祥事と経営責任〜今求められているコンプライアンスとコーポレートガバナンス」
　ＪＡＢＥＳ＆ＢＥＲＣ共催経営倫理シンポジュウム所収
H. Kent Baker and Ronald Anderson (2010), *Corporate Governance*, WILEY
浜辺陽一郎（二〇〇七）『内部統制』ナツメ社
平田光弘（二〇〇二）「日米企業の不祥事とＣ／Ｇ」経営論集五七号
平田光弘（二〇〇八）『経営者自己統治論』中央経済社
藤井良広（二〇一四）経済教室「財務・非財務の統合の動き」『日本経済新聞』二〇一四年一月一四日

伊丹敬之（二〇一三）『よき経営者の姿』日経ビジネス人文庫
今井祐（二〇一一）「公的規制と企業倫理」日本経営倫理学会第一八号所収
今井祐（二〇一三）「海外から見た我が国のコーポレート・ガバナンス問題点と経営規律の強化」日本経営倫理学会第二〇号所収
今井祐（二〇一四）「米国大企業の経営破綻」日本経営倫理学会第二一号所収
一條和生（二〇一〇）「なぜＧＭは倒産を回避できなかったのか」『PRESIDENT Online』
桂木明夫（二〇一〇）『リーマン・ブラザーズと世界経済を殺したのは誰か』講談社
加護野忠男・砂川伸幸・吉村典久（二〇一〇）『コーポレート・ガバナンスの経営学』有斐閣
片山修（二〇〇九）『リーマンショック』祥伝社新書
黒沼悦郎（二〇〇四）『アメリカ証券取引法』弘文館
経団連（二〇一〇）「企業行動憲章」及び「企業倫理徹底のお願い」
菊澤研宗（二〇〇四）『比較コーポレート・ガバナンス論：組織の経済学アプローチ』有斐閣
菊澤研宗（二〇〇六）『組織の経済学入門』有斐閣
Ｌ・Ｓ・ペイン／梅津・柴柳訳（一九九九）『ハーバードのケースで学ぶ企業倫理』慶應義塾大学出版会
Ｌ・Ｓ・ペイン（二〇〇四）『バリューシフト―企業倫理の新時代』毎日新聞社
松本真輔（二〇〇五）『敵対的買収と防衛策』税務経理協会
水尾順一・田中宏司・池田耕一編（二〇〇七）『やわらかい内部統制』日本規格協会
水尾順一・佐久間信夫（二〇一〇）『コーポレート・ガバナンスと企業倫理の国際比較』ミネルヴァ書房
三戸浩編者／経営学史学会監修（二〇一三）『バーリ＝ミーンズ』文眞堂（六章あとがき今西宏次を含む）
日本コーポレート・ガバナンス・フォーラム編（二〇〇六）『ＯＥＣＤコーポレート・ガバナンス』明石書店
貫井陵雄（二〇〇二）「企業経営と倫理監査」同文舘

大塚章男（二〇一一）「コーポレート・ガバナンスにおける今日的課題」『筑波ロー・ジャーナル』一〇号
尾崎哲夫（二〇〇四）『アメリカの法律と歴史』自由国民社
OECD Steering Group on C/G (2010), "Corporate Governance and the Financial Crisis," OECD
OECD Steering Group on C/G (2009), "The C/G Lessons from the Financial Crisis," OECD
岡本大輔・梅津光弘（二〇〇六）『企業評価＋企業倫理』慶応義塾大学出版会
P・F・ドラッカー（一九四六）『企業とは何か』ダイヤモンド社
ローレンス・マクドナルド他（二〇〇九）『金融大狂乱―リーマン・ブラザーズはなぜ暴走したのか』
SEC (2008), SEC Handbook
西藤輝・安崎曉・渡辺智子（二〇一〇）『日本型ハイブリッド経営』中央経済社
佐久間信夫（二〇〇七）『コーポレート・ガバナンスの国際比較』税務経理協会
Stephen K. Henn (2009), *Business Ethics*, Wiley
商事法務（二〇一三）「日本型コーポレート・ガバナンスはどこへ向かうのか〔上〕」『商事法務』No. 2008（二〇一三年九月五日号）
佐藤剛（二〇一〇）『金融危機が変えたコーポレート・ガバナンス』商事法務
全米取締役協会編著（一九九九）『取締役のプロフェショナリティー』全米取締役協会
東証上場部編（二〇一〇）『東証の上場制度整備の解説』
東京証券取引所（二〇〇九）「有価証券上場規程」「コーポレート・ガバナンス白書」
田中宏司（二〇〇四）『コンプライアンス経営』生産性出版
鳥羽至英・八田進二・高田敏文（一九九六）『内部統制の統合的枠組み』白桃書房
高巌（二〇一三）『ビジネスエシックス〔企業倫理〕』日本経済新聞出版社
高巌（二〇〇六）『誠実さを貫く経営』日本経済新聞社

高巌（二〇〇一）『ECS2000このように倫理法令遵守を構築する』日科技連
高橋浩夫編（二〇〇九）『トップ・マネジメントの経営倫理』白桃書房
高橋俊夫（二〇〇六）『コーポレート・ガバナンスの国際比較』中央経済社
UK FRC (2010), "The UK Corporate Governance Code," UK FRC
梅津光弘（二〇〇五）『ビジネスの倫理学』丸善、及び「三田商学研究」二〇〇五年四月号
上村達男（二〇〇八）『企業法制の現状と課題』日本評論社
吉田邦雄・箱田順哉（二〇〇四）『富士ゼロックスの倫理・コンプライアンス監査』
吉川吉衛（二〇〇七）『企業リスクマネジメント』中央経済社
吉村典久（二〇一二）『会社を支配するのは誰か』講談社選書メチエ
若園智明・首藤恵（二〇〇八）「証券業の機能と倫理」早稲田大学ファイナンス研究所
ウイキペディア（Wikipedia）「ゼネラルモーターズ」
ウイキペディア（Wikipedia）「ドッド=フランク・ウォール街改革・消費者保護法」

第2部　コーポレート・ガバナンス理論と経営者支配の正当性付与の条件

第4章　コーポレート・ガバナンスにおけるエージェンシー理論

アダム・スミス著／山岡洋一訳（二〇〇七）『国富論（下）国の豊かさの本質と原因についての研究』日本経済新聞出版社
アダム・スミス著／水谷洋監訳／杉山忠平訳（一七七六）『国富論 一』岩波文庫
あずさ監査法人（二〇〇六）『ストック・オプション会計』中央経済社
デイビッド・フビーニ、コリン・プライズ、マウリツィオ・ゾロ（二〇〇七）『ポストM&A―リーダーの役割』FIRST

H. Kent Baker and Ronald Anderson (2010), *Corporate Governance*, WILEY
伊丹敬之（二〇一三）『よき経営者の姿』日経ビジネス人文庫
藤井良広（二〇一四）経済教室「財務・非財務の統合の動き」『日本経済新聞』二〇一四年一月一四日
加護野忠男・砂川伸幸・吉村典久（二〇一〇）『コーポレート・ガバナンスの経営学』有斐閣
菊澤研宗（二〇〇四）『比較コーポレート・ガバナンス論：組織の経済学アプローチ』有斐閣
菊澤研宗（二〇〇六）『組織の経済学入門』有斐閣
宮本俊昭（二〇〇二）「経営組織における正義」経営学史学会編『ＩＴ革命と経営理論』文眞堂
Life stream community（二〇〇七）「スチュワードシップ」Life stream community
三戸浩編／経営学史学会監修（二〇一三）『バーリ＝ミーンズ』文眞堂
水尾順一・佐久間信夫（二〇一〇）「コーポレート・ガバナンスと企業倫理の国際比較」ミネルヴァ書房
日興証券株主代表訴訟弁護団（二〇〇四）『訴える側の株主代表訴訟』民事法研究会
ＯＥＣＤ（二〇〇六）「ＯＥＣＤコーポレート・ガバナンス」明石書店
OECD (2010), "Corporate Governance and the Financial Crisis," OECD
松本真輔（二〇〇五）『敵対的買収と防衛策』税務経理協会
島田晴雄（二〇〇七）『これがＭＢＯだ！』かんき出版
佐久間信夫（二〇〇七）『コーポレート・ガバナンスの国際比較』税務経理協会
高橋浩夫（二〇〇九）編者、『トップ・マネジメントの経営倫理』白桃書房
高橋俊夫（二〇〇六）『コーポレート・ガバナンスの国際比較』中央経済社
堂目卓夫著（二〇〇九）『アダム・スミス―道徳感情論と国富論の世界』中公新書
渡辺章博・井上光太郎・佐山展生（二〇〇五）『Ｍ＆Ａとガバナンス』中央経済社
矢崎淳司（二〇〇七）『敵対的買収防衛策をめぐる法規制』多賀出版

吉村典久（二〇一二）『会社を支配するのは誰か』講談社選書メチエ

第５章　コーポレート・ガバナンスにおけるスチュワードシップ論

大和総研グループ（二〇一三）「スチュワードシップコード」大和総研グループ
H. Kent Baker and Ronald Anderson (2010), *Corporate Governance*, WILEY
伊丹敬之（二〇一三）『よき経営者の姿』日経ビジネス人文庫
菊澤研宗（二〇〇四）『比較コーポレート・ガバナンス論：組織の経済学アプローチ』有斐閣
菊澤研宗（二〇〇六）『組織の経済学入門』有斐閣
Life stream community（二〇〇七）「スチュワードシップ」Life stream community
三戸浩編／経営学史学会監修（二〇一三）『バーリ＝ミーンズ』文眞堂
水尾順一・佐久間信夫（二〇一〇）『コーポレート・ガバナンスと企業倫理の国際比較』ミネルヴァ書房
宮島英明（二〇一三）「日本企業の株式保有構造」『商事法務』No. 2007
西剛広（二〇〇四）「パラドックス・アプローチに基づくスチュワードシップ理論とエイジェンシー理論の統合可能性」商学研究論集第二一号
ＯＥＣＤ（二〇〇六）「ＯＥＣＤコーポレート・ガバナンス」明石書店
OECD (2010), "Corporate Governance and the Financial Crisis," OECD
佐久間信夫（二〇〇七）『コーポレート・ガバナンスの国際比較』税務経理協会
高橋俊夫（二〇〇六）『コーポレート・ガバナンスの国際比較』中央経済社
UK FRC (2010), "UK Stewardship Code," UK FRC

第６章　経営者支配の正当性の根拠

麻生幸（一九九三）『ドラッカーの経営学』文眞堂
江頭憲治郎（二〇一一）『株式会社法』有斐閣
藤田勉（二〇一〇）『上場会社法制の国際比較』中央経済社
伊丹敬之（二〇〇〇）『日本型コーポレートガバナンス―従業員主権企業の論理と改革』日本経済新聞社
伊丹敬之（二〇〇〇）『経営の未来を見誤るな』日本経済新聞社
伊丹敬之（二〇〇八）『経営の力学』東洋経済新報社
伊丹敬之（二〇一三）『よき経営者の姿』日経ビジネス人文庫
飯野春樹（一九七九）『バーナード経営者の役割』有斐閣新書
岩井克人（二〇〇五）『会社はだれのものか』平凡社
岩井克人（二〇一三）「株主主権の独り勝ちは終わったか」『日経ビジネス』二〇一三年一月七日、三五頁
勝部伸夫（二〇〇四）『コーポレート・ガバナンス論序説』文眞堂
加護野忠男・砂川伸幸・吉村典久（二〇一〇）『コーポレート・ガバナンスの経営学』有斐閣
加藤英明監修（二〇〇六）『金融経済学ハンドブック①コーポレートファイナンス』丸善
加藤英明監修（二〇〇六）『金融経済学ハンドブック②金融市場と資産価格』丸善
河野大機（二〇〇四）『経営者読解の修行―バーナード『経営者の役割』をケースにして』文眞堂
菊澤研宗（二〇〇四）『比較コーポレート・ガバナンス論：組織の経済学アプローチ』有斐閣
菊澤研宗（二〇〇六）『組織の経済学入門』有斐閣
日興証券株主代表訴訟弁護団（二〇〇四）『訴える側の株主代表訴訟』民事法研究会
水尾順一（二〇一三）『セルフ・ガバナンスの経営倫理』千倉書房
松本真輔（二〇〇五）『敵対的買収と防衛策』税務経理協会
三戸浩編／経営学史学会監修（二〇一三）『バーリ＝ミーンズ』文眞堂

宮本俊昭（二〇〇二）「経営組織における正義」経営学史学会編『ＩＴ革命と経営理論』文眞堂

口興証券株主代表訴訟弁護団（二〇〇四）『訴える側の株主代表訴訟』民事法研究会

ＯＥＣＤ（二〇〇六）「ＯＥＣＤコーポレート・ガバナンス」明石書店

OECD (2010), "Corporate Governance and the Financial Crisis," OECD

Ｐ・Ｆ・ドラッカー（一九四二）『企業人の未来』ダイヤモンド社

Ｐ・Ｆ・ドラッカー（一九四六）『企業とは何か』ダイヤモンド社

Ｐ・Ｆ・ドラッカー（一九六七）『経営者の条件』ダイヤモンド社

Ｐ・Ｆ・ドラッカー（一九六九）『断絶の時代』ダイヤモンド社

Ｐ・Ｆ・ドラッカー（一九七四）『マネジメント』ダイヤモンド社

Ｐ・Ｆ・ドラッカー（一九七六）『見えざる革命―来るべき恒例化社会の衝撃』ダイヤモンド社

Ｐ・Ｆ・ドラッカー（一九八〇）『乱気流時代の経営』ダイヤモンド社

Ｐ・Ｆ・ドラッカー（一九八五）『イノベーションと企業家精神』ダイヤモンド社

Ｐ・Ｆ・ドラッカー（一九九三）『ポスト資本主義』ダイヤモンド社

Ｐ・Ｆ・ドラッカー（一九九四）『すでに起こった未来』ダイヤモンド社

Ｐ・Ｆ・ドラッカー（二〇〇〇）『チェンジ・リーダーの条件』ダイヤモンド社

Ｐ・Ｆ・ドラッカー（二〇〇二）『ネクスト・ソサイエティ』ダイヤモンド社

Ｒ・Ｅ・フリーマン、訳者中村瑞穂『利害関係者志向の経営』白桃書房

Stephen K. Henn (2009), *Business Ethics*, Wiley

高巌（二〇一三）『ビジネスエシックス〈企業倫理〉』日本経済新聞出版社

高巌（二〇〇六）『誠実さを貫く経営』日本経済新聞社

高巌（二〇〇一）『ECS2000このように倫理法令遵守を構築する』日科技連

高橋浩夫（二〇〇六）「アメリカのビジネス・スクール教育のジレンマと企業倫理」『経営倫理』No. 44
高橋公夫（二〇〇二）「バーナード理論と企業経営の発展」経営学史学会編『ＩＴと経営理論』文眞堂
高橋伸夫（二〇〇七）『コア・テキスト経営学入門』新世社
田中求之（二〇〇九）「チェスター・バーナード『経営者の役割』を読む」研究ノート

第７章　本書における「経営者支配の正当性論」

江頭憲治郎（二〇一一）『株式会社法』有斐閣
藤井良弘（二〇一四）経済教室「財務・非財務の統合への動き」『日本経済新聞』二〇一四年一月一四日
藤田勉（二〇一〇）『上場会社法制の国際比較』中央経済社
伊丹敬之（二〇〇〇）『日本型コーポレートガバナンス―従業員主権企業の論理と改革』日本経済新聞社
伊丹敬之（二〇〇〇）『経営の未来を見誤るな』日本経済新聞社
伊丹敬之（二〇〇八）『経営の力学』東洋経済新報社
伊丹敬之（二〇一三）『よき経営者の姿』日経ビジネス人文庫
飯野春樹（一九七九）『バーナード経営者の役割』有斐閣新書
岩井克人（二〇〇五）『会社はだれのものか』平凡社
岩井克人（二〇一三）「株主主権の独り勝ちは終わったか」『日経ビジネス』二〇一三年一月七日、三五頁
神作裕之（二〇一三）「取締役会の独立性と会社法」『商事法務』No. 2007
勝部伸夫（二〇〇四）『コーポレート・ガバナンス論序説』文眞堂
加護野忠男・砂川伸幸・吉村典久（二〇一〇）『コーポレート・ガバナンスの経営学』有斐閣
加藤英明監修（二〇〇六）『金融経済学ハンドブック①コーポレートファイナンス』丸善
加藤英明監修（二〇〇六）『金融経済学ハンドブック②金融市場と資産価格』丸善

河野大機（二〇〇四）『経営者読解の修行―バーナード『経営者の役割』をケースにして』文眞堂
菊澤研宗（二〇〇四）『比較コーポレート・ガバナンス論：組織の経済学アプローチ』有斐閣
菊澤研宗（二〇〇六）『組織の経済学入門』有斐閣
三戸浩編／経営学史学会監修（二〇一三）『バーリ＝ミーンズ』文眞堂
ＯＥＣＤ（二〇〇六）『ＯＥＣＤコーポレート・ガバナンス』明石書店
OECD (2010), "Corporate Governance and the Financial Crisis," OECD
R・E・フリーマン／中村瑞穂訳『利害関係者志向の経営』白桃書房
Stephen K. Henn (2009), *Business Ethics*, Wiley
高巌（二〇一三）『ビジネスエシックス（企業倫理）』日本経済新聞出版社
高巌（二〇〇六）『誠実さを貫く経営』日本経済新聞社
高巌（二〇〇一）『ECS2000このように倫理法令遵守を構築する』日科技連
高橋公夫（二〇〇二）「バーナード理論と企業経営の発展」経営学史学会編『ＩＴと経営理論』文眞堂
高橋伸夫（二〇〇七）『コア・テキスト経営学入門』新世社
田中求之（二〇〇九）「チェスター・バーナード『経営者の役割』を読む」研究ノート

第8章　日本航空（ＪＡＬ）の再建に見る、稲盛経営哲学の普遍性

青山敦（二〇一一）『京セラ稲盛和夫、心の経営システム』日刊工業
青木良和（二〇一二）『変革のための16の経営哲学』幻冬舎ルネッサンス
今井祐（二〇一四）「米国企業の経営破綻」日本経営倫理学会第二一号所収
今井祐（二〇一四）「日本航空（ＪＡＬ）の再建に見る、経営者稲盛和夫の経営哲学の学問的考察」日本経営倫理学会予稿集所収

ダイヤモンド社（二〇一三）『稲盛経営解剖』ダイヤモンド社
出見世信之（二〇一二）「企業不祥事と経営責任」ＢＥＲＣ・ＪＡＢＥＳ経営倫理シンポジュウム２０１２
引頭麻美（二〇一三）『ＪＡＬ再生』日本経済新聞出版社
稲盛和夫（二〇〇一）『稲盛和夫の哲学』ＰＨＰ文庫
稲盛和夫（二〇〇四）『稲盛和夫のガキの自叙伝』日経ビジネス人文庫
稲盛和夫（二〇〇四）『生き方』サンマーク出版
稲盛和夫（二〇〇七）『人生の王道―西郷南洲の教えに学ぶ』日経ＢＰ社
稲盛和夫（二〇一二）『新版・敬天愛人―ゼロからの挑戦』ＰＨＰビジネス新書
稲盛和夫（二〇一三）「説き、順じて心を一つに」『日経ビジネス』二〇一三年一月一四日号
Ｌ・Ｓ・ペイン（二〇〇四）『バリューシフト―企業倫理の新時代』毎日新聞社
町田徹（二〇一二）『ＪＡＬ再建の真実―再上場の功罪を問う』講談社現代新書
皆木和義（二〇〇八）『稲盛和夫の論語』あさ出版
水尾順一（二〇一三）『セルフ・ガバナンスの経営倫理』千倉書房
森功（二〇一〇）『腐った翼』幻冬舎
日経トップリーダー（二〇一三）「稲盛哲学、中国に渡る　燃えろ！経営者」日経ＢＰ社
日本航空グループ２０１０（二〇一〇）『ＪＡＬ崩壊』文春新書
日本航空（二〇〇二〜二〇一二）「有価証券報告書」八冊、日本航空
大鹿靖明（二〇一〇）『墜ちた翼―ドキュメントＪＡＬ倒産』朝日新聞出版
PRESIDENT（二〇一三）『稲盛和夫の叱り方』プレジデント社
杉浦一機（二〇一〇）『ＪＡＬ再建の行方』草思社
島田裕巳（二〇一三）『七大企業を動かす宗教哲学』角川書店

高巖（二〇一三）『ビジネスエシックス（企業倫理）』日本経済新聞出版社
吉村典久（二〇一二）『会社を支配するのは誰か―日本の企業統治』講談社選書メチエ

第3部　独立社外取締役の必要性と取締役会構成の多様性・専門性

第9章　藤田（二〇一〇）の「独立取締役制度の是非」

ACGA（2008）, "White Paper on C/G in Japan," ACGA
ACGA（2009）, "Statement on C/G Reform in Japan," ACGA
ＡＣＧＡ（二〇一一）「法制審部会に対する提言書 "Letter",」ＡＣＧＡ
藤田勉（二〇一〇）『上場会社法制の国際比較』中央経済社
H. Kent Baker and Ronald Anderson（2010）, *Corporate Governance*, WILEY
浜辺陽一郎（二〇〇七）『会社法はこれでいいのか』平凡社新書
浜辺陽一郎（二〇一三）「一〇一四年会社法改正案の問題点」日本経営倫理学会　監査・ガバナンス研究部会
二〇一三年一二月二〇日資料
法務省法制審議会会社法部会第一回～二四回の資料・議事録・「中間試案」・「会社法改正要綱案」
石田猛之（二〇一三）「ＩＳＳの二〇一四年議決権行使助言に関するポリシー及び方向性」
カーティス・Ｊ・ミルハウプト編（二〇一二）『米国会社法』有斐閣
河本一郎他（二〇一一）『日本の会社法』商事法務
久保克行（二〇一二）『コーポレート・ガバナンス、経営者の交代と報酬はどうあるべきか』日本経済新聞出版社
宮島英昭（二〇一一）『日本の企業統治』（斉藤卓爾の実証研究を含む）東洋経済新報社
太田順司（二〇一四）「改正会社法と監査役制度」平成二六年四月三日、監査役懇話会資料
落合誠一・大田洋（二〇一一）『会社法制見直しの論点』商事法務

田中亘他（二〇一一）『会社法』有斐閣
上村達男（二〇〇八）「企業法制の現状と課題」日本評論社

第10章　米国における独立社外取締役の構成比

川口幸美（二〇一三）「日米の社外取締役制度について」DF監査役研修会資料
川口幸美（二〇〇四）『社外取締役とコーポレート・ガバナンス』弘文堂
NYSE Commission on C/G (2010), "Report of the NYSE Commission on Corporate Governance," NYSE
若林泰伸（二〇一四）「アメリカにおける非業務執行役員と取締役会の監査機能」『月刊監査役』No. 624

第11章　フィルムの巨人コダック社（Eastman Kodak）凋落の真因

Eastman Kodak（二〇〇一～二〇一一）「Annual Report」一一冊、Eastman Kodak
富士フイルムH／L（二〇〇一～二〇一二）「有価証券報告書」一二冊、富士フイルムH／L
H. Kent Baker and Ronald Anderson (2010), *Corporate Governance*, WILEY
平田光弘（二〇〇八）『経営者自己統治論』中央経済社
今井祐（二〇一四）「米国企業の経営破綻」日本経営倫理学会第二一号所収
J・コリンズ（一九九五）『ビジョナリーカンパニー時代を超える生存の法則』日経BP社
J・コリンズ（二〇一〇）『ビジョナリーカンパニー第三巻「衰退の五原則」』日経BP社
Jim Collins (2010), *How the Mighty Fall*, Harper Collins Publishers Inc.
川口幸美（二〇一三）「日米の社外取締役制度について」DF監査役研修会資料
川口幸美（二〇〇四）『社外取締役とコーポレート・ガバナンス』弘文堂
NYSE Commission on C/G (2010), "Report of the NYSE Commission on Corporate Governance," NYSE

ProNed（二〇一二）「米国のC／Gは何故企業破綻を防げなかったのか」ProNed
佐久間信夫・水尾順一（二〇一〇）『C／Gと企業倫理の国際比較』ミネルヴァ書房
高橋俊夫（二〇〇六）『C／Gの国際比較』中央経済社
梅津光弘（二〇〇二）『ビジネスの倫理学』丸善
若園智明（二〇〇八）「証券業の機能と倫理」早稲田大学ファイナンス総合研究所
ウィキペディア（Wikipedia）「コダック」

第12章　多様性、専門性のある取締役会構成（Board Diversity）

森まさこ女性活力・子育て支援担当大臣（二〇一四）「日本再興戦略と女性役員登用への期待」日本コーポレート・ガバナンス・ネットワーク新春シンポジュウム２０１４
『NIKKEI BUSINESS』（二〇一一）「ゼロックス、脱コピー加速」二〇一一年七月一八日
J・コリンズ（一九九五）『ビジョナリーカンパニー時代を超える生存の法則』日経ＢＰ社
J・コリンズ（二〇一〇）『ビジョナリーカンパニー第三巻「衰退の五原則」』日経ＢＰ社
Jim Collins (2010). *How the Mighty Fall*, Harper Collins Publishers Inc.
S・サンドバーグ（二〇一三）『ＬＥＡＮ ＩＮ女性、仕事、リーダーへの意欲』日本経済新聞出版社
Xerox Corp.（二〇〇一〜二〇一一）「Annual Report」一一冊、Xerox Corp.
デイビッド・カーンズ、デイビッド・ナドラー（一九九三）『ゼロックスの反撃』ダイヤモンド社

第４部　本筆者の意見・提案のまとめ

第13章　全体としての本筆者の意見・提案のまとめ

上記参考文献の全てを参照

著者紹介

今井　祐（いまい　たすく）

【略　歴】

一九四〇年　東京生まれ

一九六三年　一橋大学　商学部卒業、

　　同年　富士写真フイルム㈱入社

二〇〇〇年　富士写真フイルム㈱　代表取締役副社長

二〇〇二年　富士ゼロックス㈱　社外監査役

二〇〇三年　富士フイルムメディカルシステム㈱　代表取締役社長

【現　在】

日本経営倫理学会　理事兼監査・ガバナンス研究部会長／経営倫理実践研究センター　フェロー／KPS　アドバイザリー委員会　委員長／日本マネジメント学会　会員／地球システム・倫理学会　会員／日本コーポレート・ガバナンス・ネットワーク　独立役員研究会委員／㈱今井経済・経営研究所　代表

【主要論文等】

「公的規制と企業倫理」（『日本経営倫理学会誌　第18号』二〇一一年所収）／「海外から見たわが国コーポレート・ガバナンスの問題点と経営規律の強化策」（『日本経営倫理学会誌　第20号』二〇一三年所収）／「米国大企業の経営破綻」（『日本経営倫理学会誌　第21号』二〇一四年所収）／「米国COSOの倫理的価値観と稲盛和夫の経営哲学」（『旬刊経営情報』二〇一四年二月号所収）

経営者支配とは何か

平成二六年六月三〇日　第一版第一刷発行
平成二六年九月三〇日　第一版第二刷発行

検印省略

著　者　今　井　祐

発行者　前　野　弘

東京都新宿区早稲田鶴巻町五三三

発行所　株式会社　文　眞　堂

〒一六二－〇〇四一
電　話　〇三－三二〇二－八四八〇
ＦＡＸ　〇三－三二〇三－二六三八
振　替　〇〇一二〇－二－九六四三七番

印刷　モリモト印刷
製本　イマヰ製本所

http://www.bunshin-do.co.jp/

ISBN978-4-8309-4827-5　C3034